한국어로 내려온
New Bible

새로운 성경

제109권 7부 | 총10부

하얀마음

하나님 말씀 중에서

1. 사랑의 하나님

- 세상을 창조하신 하나님은 모두를 사랑하신다. 인간만 특별히 더 사랑하지 않고, 우주 만물을 다 똑같이 사랑하신다. 그러니 하나님이 창조하신 천지 만물과 화친하고, 미물까지도 소중히 대하라.

- 하나님은 특정 종파나 민족만을 더 사랑하지 않으신다. 자기 자신만 구원받겠다는 욕심을 버리고, 자기 종파만 구원받는다는 편협한 교리에서 벗어나야 한다. 종파를 초월해서, 모두를 사랑하라.

- 원수까지 사랑하라 했으니, 이 세상에 사랑하지 못할 자가 누가 있겠는가? 종파가 다르다고 해서 부모 형제와 원수처럼 지내는 자는 인간의 근본을 모르는 자다. 가장 가까운 가족부터 사랑할 때 남도 진심으로 사랑할 수 있다.

- 한 사람을 원수같이 생각하던 마음에서 사랑하는 마음으로 돌리면, 자기 자신의 마음이 가장 기쁘고 행복하다. 하나님께서는 인간의 마음속에 무거움이 없이 기쁘고 행복한 삶을 살기를 바라신다.

- 이웃을 "내 몸처럼" 사랑하라 했으니, 마지막 한 장 남은 천국의 티켓도 이웃에게 양보하라. 자기 중심적인 신앙에서 벗어나서 남을 위해 살아야 한다.

- 독초도, 약초도, 이단도 사탄도 천사도 다 필요하기에 존재한다. 독초일지라도 극소량을 사용해서 생명을 살릴 수 있고, 약초라 하더라도 남용하면 생명을 잃을 수 있다.

- 세상 모든 것을 명약으로 활용하는 것은 인간의 지혜에 달렸다. 어떤 것이든 어떤 사람이든 적재적소에 꼭 필요한 명약으로 승화시키라.

- 사탄도 이단도 천사도 모두 하나님의 주관하에 존재한다. 진정한 하나님의 백성은 사탄과 마귀까지도 감화시켜서 천사로 거듭나게 한다.

2. 기도

▪ 하나님은 인간의 생각까지 모두를 다 알고 계신다. 우리의 소원도 이미 알고 계시기에, 소원의 기도를 할 필요가 없다. 우리가 받을 자격이 되면 내려 주신다.

▪ 죄를 짓고 아무리 회개를 해도 용서받지 못한다. 도둑질한 자는 용서해 달라고 기도하고, 도둑맞은 자는 도둑을 잡게 해 달라고 기도하면, 공의의 하나님은 누구의 편에 서시겠는가?

▪ 자기가 잘못한 것은 그 사람에게 직접 갚고 용서를 구하라. 그가 용서하면 하나님도 용서하신다. 땅에서 매면 하늘에서도 매이고, 땅에서 풀리면 하늘에서도 풀리는 이치다.

▪ "회당에서 기도하지 말고 골방에서 기도하라" 했다. 눈에 보이는 골방이 아니라, 골방과 같이 고요한 마음이다. 잡념을 버리고 하나님을 향해 마음을 집중하며, 사랑하고 용서하는 아름다운 생각만 나오도록 하라.

▪ "두드리면 열릴 것이다." 하는 것은 육의 소원을 위해 두드리라는 것이 아니라, 진리의 깨달음을 얻기 위해 두드리라는 것이다.

▪ 기도하는 방법: 생활 속에서 수시로 기도하는 삶을 살아야 한다.

- "저의 죄를 용서하여 주옵소서." 하는 회개의 기도를 하라.
- 범사에 "하나님! 감사합니다." 하라. 현재 가진 것에 감사하며, 과욕하지 말라. 자기 노력 이상의 것을 더 갖고자 기도하는 것은 도둑놈심보다. 공의의 하나님은 각자 노력한 만큼 주신다.
- "하나님 뜻대로 살아가겠나이다." 하며 마음의 각오를 다지라.

▪ 기도는 하나님의 말씀을 받아서 "행하는 것"이다. 하나님이 계심을 굳건히 믿고, 하늘을 향하여 한 점 부끄럼 없이 사는 삶 자체가 가장 위대한 기도이며, 삶이 곧 예배다.

3. 지도자

▪ 똑같이 사랑한다는 말을 해도, 순수하게 하는 말은 천사의 말이지만, 사기 쳐서 재산을 가로채려고 하는 말은 사탄의 말이다.

- 종교 지도자가 아무리 훌륭한 설교를 해도, 신도의 재물을 거둬서 더 큰 교회를 짓고 자기의 부귀영화를 바라며 설교하면 사탄의 가르침이 된다.

- "저희 교회는 만원사례요, 믿음은 다 같으니 이웃의 개척 교회에 가서 예배를 드리시오." 하며, 이웃 교회의 부흥을 먼저 생각하여 제 신도를 보내는 종교 지도자가 있다면 그를 따르라. 그가 하나님의 사랑을 실천하는 자다.

- "부자가 천국에 들어가는 것은 낙타가 바늘구멍을 통과하는 것보다 더 힘들다" 하였거늘, 지금의 교회에서는 부자가 되기만을 기도하고 소원하니, 이는 곧 천국을 포기하고 지옥 행 열차의 티켓을 사는 것과 같다.

- 예수는 빈손이었다. 종교 지도자가 예수보다 더 호화롭고 편안하게 살아간다면 잘못된 것이다. 부귀영화와 명예를 바라는 자는 절대로 갈 수 없는 좁고 협착한 길이 종교 지도자의 길이다.

- 종교 지도자는 유리로 비춰 봐 한 점의 부끄러움이 없이 살아야 한다. 의식주도 직접 일해서 해결하고, 예수의 가르침과 행함을 그대로 따라야 한다.

- 종말은 없다. 지금의 잘못 가는 종교 집단에게만 종말이 있다. 보이지 않는 하나님은 보이는 육의 종말은 관여하지 않으신다. 환경 파괴로 인간이 스스로 멸망을 자초하는 것이다. 종파끼리 싸우기 전에, 무너진 인성을 바로잡고 지구의 몸살을 해결하는 데 뜻을 모으는 게 급선무다.

4. 성전이란

- 이 세상 자체가 하나님께서 만드신 성전이다. 자연보다 더 아름다운 성전이 있는가? 보이는 건물이 성전이 아니라, 성스러운 마음가짐이 성전이다.

- 반석 위에 교회를 지으라 했다. 지상의 단단한 돌은 인간이 쪼갤 수 있으나, 마음속의 굳은 결의는 세상 무엇으로도 쪼갤 수 없다. 바르고 굳건한 믿음으로 성경의 가르침을 실천하는 것이 마음의 반석 위에 교회를 짓는 것이다.

- 손으로 지은 건물의 교회에 모여서 복음을 전하는 것이 아니라, 교회를 개인과 가정에 심어 주어야 한다. 무너지고 부서지는 건물을 짓지 말고, 마음속에 영원히 불변하는 참진리의 교회를 지으라.

5. 십계명

- 십계명은 인간이 죽어서 반드시 통과해야만 하는 열 개의 관문이다.

- 부모를 공경하지 아니한 자는 “네 부모를 공경하라.” 하는 제5계명의 관문이 열리지 않으니 구원받을 수 없다.
- 살인, 간음, 거짓, 우상 등의 나머지 계명도 마찬가지다.

- 십계명은 하나님의 친필이다. 모기소리만 한 하나님의 음성이라도 들어 보겠다고 여기저기 찾아 헤매지 말고, 십계명부터 암송하고 지키라.

- 십계명은 영혼을 구원하는 양식이며, 십계명을 지키는 것이 구원을 받는 길이다. 인간이기에 지키고자 노력하고 또 노력한다면 지킬 수 있다.

- 십계명을 지키고 천사처럼 아름답게 살아가는 그 마음 하나면 세상에 이루어지지 않는 것이 없다.

6. 보물

- 하나님은 재물이 아니라 우리의 마음을 받으신다. 사랑을 실천하며 천사처럼 변하는 마음이 하나님께 바치는 보물이다.

- 보이지 않는 하나님께 재물을 바치려 하지 말고, 너희를 길러 준 부모에게 용돈 드리고, 찾아뵙고, 효성을 다하라. 그것이 하나님께 효도하는 것이다.

- 하늘에는 선과 악의 창고가 있다. 자기 창고에 선이 많으면 천국으로 구원을 받고, 악이 많으면 심판받아 지옥으로 간다. 그것이 바로 “선한 일을 행한 자는 생명의 부활로, 악한 일을 행한 자는 심판의 부활로” 나오는 것이다.

- “선악과를 따먹지 말라”는 것은 양심을 지키라는 것이다. 선과 악을 구분할 수 있는 양심을 최초에 인간에게 주셨다. 선한 열매는 취하고, 악한 열매는 버리며, 양심에 비추어 부끄럼 없는 삶을 살아가라.

- 가장 작은 거짓말을 하지 않고, 가장 작은 죄를 짓지 않으며, 가장 작은 선행을 하고, 가장 작은 악행을 멀리하는 것이 율법의 일점 일획도 빠뜨리지 말고 다 지키는 삶을 사는 것이다.

7. 우상

- 박물관에 있는 불상은 하나의 예술품이다. 그 조각품에 대고 제 소원을 빌 때 우상숭배가 된다. 십자가라 하여도 그 앞에서 소원을 빈다면 우상숭배하는 것이며, 하나님께 소원을 빈다면 하나님을 우상으로 전락시키는 것이다.

- 지금 기복신앙에 젖어 있는 모든 사람이 우상 앞에 절을 하고 있다. 조각품을 우상이라며 파괴하지 말고, 네 마음속에 있는 욕심의 우상을 무너트리라.

- 생수를 약초가 먹으면 약을 만들고 독사가 먹으면 독을 만든다. 같은 성경을 봐도 선한 지도자는 신도를 천사로 만드는 데 활용한다. 그러나 욕심이 가득한 지도자는 재물을 거두어들여 제가 부귀영화를 누리는 데 악용한다. 그가 바로 성경을 우상숭배의 도구로 전락시키는 거짓 선지자다.

- 성경을 한 획도 빼거나 더하지 말라는 것은, 그 가르침을 빠트리지 말고 온전히 지키라는 것이다. 성경 속에서 자기에게 유리한 구절만 보는 것은, 자기에게 불리한 구절들을 빼 버리는 것이다. 믿음이 제일이요, 행함은 구원과는 관계없다는 것은 자신에게 유리한 쪽으로 성경을 악용하는 것이다.

- 진정한 종교 지도자는 종파에 관계없이 어떤 종파든 어떤 책이든 접하고 보고 깨우쳐 견문을 넓히도록 인도한다. 참진리를 모르고 자신이 없는 자가 남을 이단이라며 배척하고, 신도들의 눈과 귀를 가린다.

8. 예수

- 예수의 재림은 없다. 예수가 다시 온다 해도, 과연 누가 그를 예수라고 믿겠는가? 예수와 같은 삶의 행함이 곧 예수의 재림이다. 각자 모두가 "재림 예수"가 되는, 차원 높은 믿음으로 가야 한다.

- 예수는 "주여 주여 하지 말고, 아버지의 뜻대로 행하라"고 했다. 예수가 전한 하나님의 뜻이 곧 "길이요, 진리요, 생명"이며, 그 가르침이 예수의 보혈처럼 소중한 것이다. 예수를 믿는 것은, 예수의 가르침을 믿고 따르는 것이다.

- 예수는 낮은 자로서 만백성을 섬기고자 했다. 만나는 모든 사람을 다 하나님이라 생각하라. 돈을 벌수록 겸손하고, 높은 지위를 얻을수록 낮아지라.

- 예수는 종파를 만들지 않았다. 인간이 만든 종교와 인간의 교리를 따르지 말고, 예수를 통해 전한 하나님의 참진리를 연구하고 따르라.

- 예수가 2천 년 전에 만백성을 위해 죽었으니, 지금 이 땅에는 예수의 가르침대로 사는 천사만 존재해야 한다. 예수가 죽어 가면서 바란 것은 만백성이 천사가 되어 예수의 자리를 채워 주는 것이지, 지금과 같이 재물을 바치면서 중언부언 제 소원만을 비는 백성들을 바란 것이 아니다.

9. 구원

- 천사가 사는 천국에는 천사만 갈 수 있으니, 천사 같은 마음을 길러야 한다.

- "천국 열쇠를 네게 주리니 땅에서 무엇이든지 매면 하늘에서도 매일 것이라" 했다. 땅에서 천사같이 사는 자가 하늘에서도 천사가 되어 천국에 들어간다. 모든 사람에게 천사같다는 말을 듣는 삶을 살아야 한다.

- 천사의 곱고 아름다운 마음은 부모를 공경하고 어른을 어른으로 대접하는 데에서 출발한다. 효도하는 자는 형제와 화목하게 지내기에 가정이 화목해지고, 이웃과 화목해지고, 국가가 화목해지고, 온 인류가 화목해진다.

- 그러므로 지상의 아름다운 소왕국은 가정에서부터 이루어야 한다.

- 선택된 14만 명만 구원받는 것이 아니라, 천사처럼 변하고자 하는 14만 명을 기초로 온 인류가 천사처럼 거듭나는 영적인 개혁이 시작되는 것이다.

- 천 년에 걸쳐서 하늘에서 이루어진 것같이 이 세상을 낙원으로 만들어, 만백성이 지상의 천국에서 살다가 죽어서 그대로 하늘의 천국으로 들어가는, 영원한 지상 낙원을 건설하는 것이 하나님의 계획이다.

- **이것이 구약과 신약에 이어 "새로운 성경"으로 역사하시는 하나님의 창조의 완성이다.**

- 지금의 믿음으로 구원받을 수 있다면 그 길을 가라. 그러나 자신이 없다면 하나님께서 직접 내리신 160권의 "새로운 성경"을 읽고 구원의 길을 보라!

하나님 머리말씀

이 새로운 성경을 읽는 너희 모두는
이 율법에 따라 행하면 영원히 구원받을 것이니라.

너희 인간이 수년, 수십 년, 평생
성서를 공부하고 기도하는 것은
하늘나라 나의 곁으로 오고 싶은 소망일진대,

몇천 년 전의 너희 인성과 생각이
지금의 너희와는 판이하게 다르니,

꺾여 가고 병들어 가는 너희를 고칠 수 있는 길은,
오늘 내가 선지자에게 내리는 새로운 성경과 같이
너희가 변화되는 것뿐이니라.

나의 예수가 태어난 것처럼
내가 아들 선지자를 선택하여
나의 새로운 성경을 온 세계에 전하고자 하니,

묵은 것은 버리고 새로운 것은 취하여,
너희 모두는
'여호와 하나님! 저의 죄를 용서하여 주옵소서.'
하는 기도문으로 기도하고, 죄를 뉘우치라.

이 새로운 성경은
수천 년간 내려온 성서를 요약한 것이니,
너희는 이 책을 정독하여 쉽게 깨달음을 얻고,
이대로 실천하여 하늘에 오르라.

대역자 머리말

■ 하나님의 율법을 지키는 선지자로 선택을 받도다.

저는 남들처럼 그저 열심히 살아온 평범한 사람이었습니다. 그러나 50대 중반에 사업에 실패하여 많은 부채에 시달렸으며, 건강도 악화되어 눈이 잘 안 보이고, 걷기도 어렵고, 두통이 심해서 잠을 이룰 수 없는 고통의 나날을 보냈습니다. 그때 제가 선택할 수 있는 것은 육의 삶을 끝내는 길뿐이었습니다.

죽기 직전에 그동안에 죄를 지은 이들에게 용서를 빌고 인생을 끝내기로 작정하였습니다. 어려서부터 지은 죄를 빌고 빌다 보니 끝이 없었고, 죽음으로도 그 많은 죄를 용서받을 길이 없다는 생각에 하염없이 눈물이 흘렀습니다. 그 순간 '재래식 화장실의 구더기는 죄를 짓지 않는데, 나는 인간으로서 구더기만도 못한 삶을 살았구나.' 하는 생각이 들면서 괴로움에 몸부림칠 때, 갑자기 하나님의 음성이 들렸습니다.

"나는 여호와 하나님이니라. 너는 십계명을 암송하고 내가 내려 주는 메시지를 받아 책으로 만들어 만백성을 구하라." 하시며, 제 눈을 손으로 문지르게 하시고, 아픈 머리와 다리를 손으로 두드리게 하셨습니다. 그러고 나니 눈도 잘 보이고 걸을 수 있었으며 머리의 통증도 말끔히 낫게 되었습니다. 그때부터 십계명을 암송하고 나면 들려주시는 말씀을 기록하였고, 1999년 8월부터 2004년 7월까지 권당 288쪽, 총 160권을 받아서 "새로운 성경"이라는 책으로 펴내게 되었습니다.

그러한 저에게 죽기보다도 힘든 길이 시작되었습니다. 모든 교인들이 저에게 사탄이요, 이단이요, 악마요, 마지막 시대에 온 거짓 선지자라 하면서 공격하였고, 저를 짐승을 보듯이 대하는가 하면, 편협한 종교 지도자들의 선동으로 신도들이 이 책을 직접 읽어 보고 평가할 기회마저 막아 버렸습니다. 그래서 하나님의 말씀을 세상에 내는 데 많은 어려움을 겪으며, 피를 토하는 심정으로 책을 전하고 있습니다.

그러나 아무리 인간의 힘으로 막으려 해도, 하나님의 뜻이 세상에 전해지는 위대한 역사는 계속될 것입니다. 책으로 전해지는 "하나님의 말씀"은 세상 끝날까지 항상 우리와 함께하실 것입니다. 사람은 죽어도, 책에 기록된 말씀은 영원히 남으니까요.

■ 따뜻한 실천

하나님께서는 어려운 사람들에게 삶의 터전을 마련해 주고, 미래를 열어 주는 것을 기뻐하십니다. 어려운 이웃이 스스로 자립할 수 있도록 이끌어 주는 것이 진정으로 이웃을 돕는 것이라고 말씀하셨습니다. 그래서 일자리가 없는 제자들에게 작은 사업장을 만들어 주는 "달란트 사업"을 하고 있습니다. 식당, 반찬 가게 등을 차려 주고, 기존의 어려운 사업장이 자립할 수 있도록 돕고 있습니다(커피숍, 미용실, 의상실 등).

하나님께서는 교회에 나와서 모든 시간과 재물을 쏟기를 원하지 않으시고, 그 시간과 재물을 교육에 투자하여 스스로 미래를 열어 가기를 원하십니다. 그래서 제때 공부하지 못한 제자들에게 학업을 이어 가도록 하였습니다. 중화요리 주방장을 하며 초등학교 검정고시부터 공부하여 2012년에 방통대를 졸업한 36세 남성, 만학도들의 2년제 중학교에 입학해서 2007년에 명지대학을 졸업한 38세 여성, 중학교 검정고시를 시작으로 숭의여자대학을 졸업한 47세 여성 등이 있습니다. 그밖에도 많은 제자들에게 나이를 초월하여 배우고 깨우쳐서 사회 속의 당당한 일원이 되도록 인도하고 있습니다.

학자금 대출로 힘겨워하는 젊은이들을 위해 "따뜻한 바람 장학회"를 발족하여(2016년 12월) 대출받은 학자금 전액을 매월 갚아 주고 있습니다. 또한, 다문화 가정을 위해 "다문화 가족 랜드"를 조성하여, 각종 시설을 무료로 활용하도록 하고 있습니다.

이러한 따뜻한 실천이 아직은 미약합니다. 그러나 책의 수입이 늘고, 저와 뜻을 같이하는 분들이 늘어나면 계속 확대할 것입니다. 지도자로서 신도의 재물을 헌금으로 거둬들여 착복하는 것이 아니라, 하나님께서 기뻐하시는 일에 사용하도록 중매 역할만 하며 살아가고자 합니다. 이런 제가 과연 사탄이고 이단인가요? 하나님께서 기뻐하시는 일이라면, 저에게 사탄이라 하든 거짓 선지자라 하든 굽히지 않고 실천해 나갈 것입니다.

끝으로, 일상의 삶 속에서 "지금 내가 하는 행동이 과연 하나님께서 기뻐하실까, 슬퍼하실까?" 생각하고, 매사에 하나님께서 기뻐하시는 길을 택하기 바랍니다. 교회에 모여서 집단적으로 예배 드리는 것이 아니라, 개인이나 가정 단위로 새로운 성경을 읽어 스스로 깨우치고 그대로 행하면 충분합니다. 그것이 마음속에 성전을 짓고, 신령과 진정으로 예배 드리는 길입니다. 그러면 천국의 문에 들어서게 됩니다.

2017. 2. 1.

하나님 말씀 대역자 김용철

차 례

- 하나님 말씀 중에서 ... 3
- 하나님 머리말씀 ... 9
- 대역자 머리말 ... 10
- 차 례 ... 12
- 십 계 명 ... 14

2003년 10월 ... 15

금요일

7,861 _ 2003년 10월 10일 12시 35분........*15*

토요일

7,862 _ 2003년 10월 11일 06시 22분........*16*
7,863 _ 2003년 10월 11일 06시 28분........*18*
7,864 _ 2003년 10월 11일 06시 32분........*19*
7,865 _ 2003년 10월 11일 07시 20분........*20*
7,866 _ 2003년 10월 11일 07시 23분........*21*
7,867 _ 2003년 10월 11일 07시 28분........*22*
7,868 _ 2003년 10월 11일 07시 35분........*23*
7,869 _ 2003년 10월 11일 07시 39분........*25*
7,870 _ 2003년 10월 11일 07시 46분........*27*
7,871 _ 2003년 10월 11일 22시 17분........*29*
7,872 _ 2003년 10월 11일 22시 22분........*30*
7,873 _ 2003년 10월 11일 22시 29분........*32*
7,874 _ 2003년 10월 11일 22시 33분........*33*
7,875 _ 2003년 10월 11일 22시 38분........*34*
7,876 _ 2003년 10월 11일 22시 43분........*36*
7,877 _ 2003년 10월 11일 22시 49분........*38*
7,878 _ 2003년 10월 11일 22시 52분........*39*
7,879 _ 2003년 10월 11일 22시 55분........*40*
7,880 _ 2003년 10월 11일 22시 59분........*41*
7,881 _ 2003년 10월 11일 23시 02분........*42*
7,882 _ 2003년 10월 11일 23시 06분........*43*
7,883 _ 2003년 10월 11일 23시 11분........*44*
7,884 _ 2003년 10월 11일 23시 17분........*46*
7,885 _ 2003년 10월 11일 23시 20분........*48*
7,886 _ 2003년 10월 11일 23시 24분........*49*
7,887 _ 2003년 10월 11일 23시 29분........*50*

일요일

7,888 _ 2003년 10월 12일 07시 20분........*51*
7,889 _ 2003년 10월 12일 07시 24분........*53*
7,890 _ 2003년 10월 12일 07시 28분........*54*
7,891 _ 2003년 10월 12일 07시 33분........*55*
7,892 _ 2003년 10월 12일 07시 37분........*56*
7,893 _ 2003년 10월 12일 11시 30분........*57*

월요일

7,894 _ 2003년 10월 13일 09시 22분........*59*
7,895 _ 2003년 10월 13일 09시 27분........*60*
7,896 _ 2003년 10월 13일 09시 32분........*61*
7,897 _ 2003년 10월 13일 09시 37분........*62*
7,898 _ 2003년 10월 13일 09시 43분........*64*
7,899 _ 2003년 10월 13일 09시 48분........*65*
7,900 _ 2003년 10월 13일 11시 28분........*67*
7,901 _ 2003년 10월 13일 11시 33분........*70*
7,902 _ 2003년 10월 13일 11시 39분........*71*
7,903 _ 2003년 10월 13일 11시 47분........*73*
7,904 _ 2003년 10월 13일 11시 58분........*75*
7,905 _ 2003년 10월 13일 12시 05분........*79*
7,906 _ 2003년 10월 13일 12시 09분........*81*
7,907 _ 2003년 10월 13일 12시 16분........*82*
7,908 _ 2003년 10월 13일 12시 21분........*84*

화요일
7,909 _ 2003년 10월 14일 00시 09분........*86*
7,910 _ 2003년 10월 14일 00시 20분........*87*
7,911 _ 2003년 10월 14일 00시 25분........*90*
7,912 _ 2003년 10월 14일 00시 29분........*91*
7,913 _ 2003년 10월 14일 00시 37분........*92*
7,914 _ 2003년 10월 14일 00시 41분........*94*
7,915 _ 2003년 10월 14일 00시 46분........*96*
7,916 _ 2003년 10월 14일 00시 51분........*97*
7,917 _ 2003년 10월 14일 00시 57분........*98*
7,918 _ 2003년 10월 14일 01시 01분.......*100*
7,919 _ 2003년 10월 14일 08시 39분.......*101*
7,920 _ 2003년 10월 14일 08시 46분.......*102*
7,921 _ 2003년 10월 14일 08시 54분.......*104*
7,922 _ 2003년 10월 14일 08시 59분.......*106*
7,923 _ 2003년 10월 14일 09시 04분.......*107*
7,924 _ 2003년 10월 14일 11시 27분.......*109*
7,925 _ 2003년 10월 14일 11시 32분.......*111*
7,926 _ 2003년 10월 14일 11시 36분.......*113*
7,927 _ 2003년 10월 14일 11시 41분.......*114*
7,928 _ 2003년 10월 14일 11시 44분.......*115*
7,929 _ 2003년 10월 14일 11시 52분.......*116*
7,930 _ 2003년 10월 14일 11시 57분.......*118*
7,931 _ 2003년 10월 14일 11시 59분.......*119*
7,932 _ 2003년 10월 14일 12시 03분.......*120*
7,933 _ 2003년 10월 14일 12시 07분.......*121*
7,934 _ 2003년 10월 14일 12시 24분.......*123*
7,935 _ 2003년 10월 14일 12시 28분.......*124*
7,936 _ 2003년 10월 14일 12시 32분.......*125*

수요일
7,937 _ 2003년 10월 15일 06시 47분.......*126*
7,938 _ 2003년 10월 15일 06시 52분.......*129*
7,939 _ 2003년 10월 15일 13시 40분.......*130*
7,940 _ 2003년 10월 15일 13시 43분.......*132*
7,941 _ 2003년 10월 15일 13시 48분.......*133*
7,942 _ 2003년 10월 15일 13시 54분.......*134*
7,943 _ 2003년 10월 15일 14시 00분.......*136*
7,944 _ 2003년 10월 15일 14시 06분.......*138*
7,945 _ 2003년 10월 15일 14시 11분.......*139*
7,946 _ 2003년 10월 15일 14시 16분.......*141*
7,947 _ 2003년 10월 15일 14시 20분.......*142*
7,948 _ 2003년 10월 15일 14시 22분.......*143*
7,949 _ 2003년 10월 15일 17시 51분.......*144*
7,950 _ 2003년 10월 15일 17시 58분.......*145*
7,951 _ 2003년 10월 15일 18시 02분.......*147*
7,952 _ 2003년 10월 15일 18시 06분.......*149*

부 록 ... 151
【하나님께서 가르쳐 주신 운동】 *151*

간 행 사 ... 152

십 계 명

이 책은 십계명을 암송하고 나면 내려 주시는 "하나님의 음성"을 듣고 그대로 받아쓴 기록입니다. 하나님께서 십계명을 모세에게 내려 주셨지만, 그것은 만백성에게 내려 주신 것입니다. 마찬가지로 이 책의 모든 말씀도 저에게 내려 주셨지만, 만백성 각자에게 들려주시는 말씀입니다. 여러분도 이 책을 접할 때마다 십계명을 암송하고 나서 정독해 주시기 바랍니다.

제일은, 너는 나 외에는 다른 신들을 네게 있게 말지니라.

제이는, 너를 위하여 새긴 우상을 만들지 말고, 또 위로 하늘에 있는 것이나, 아래로 땅에 있는 것이나, 땅 아래 물 속에 있는 것의 아무 형상이든지 만들지 말며, 그것들에게 절하지 말며, 그것들을 섬기지 말라.

제삼은, 너는 너의 하나님 여호와의 이름을 망령되이 일컫지 말라.

제사는, 안식일을 기억하여 거룩히 지키라.

제오는, 네 부모를 공경하라.

제육은, 살인하지 말지니라.

제칠은, 간음하지 말지니라.

제팔은, 도적질하지 말지니라.

제구는, 네 이웃에 대하여 거짓 증거하지 말지니라.

제십은, 네 이웃의 집을 탐내지 말지니라.

나 여호와가 존재함을 믿는 그 자체가 구원의 길에 들어서는 기본이요, 근본이며, 나의 새로운 성경을 가슴에 안고 정독하는 자, 반석 위에 서서 하늘에 오르는 찬란한 빛을 보게 되는 영광을 얻게 됨이니라. 진정 나를 따르고 믿는 자는 감히 사탄이나 마귀도 근접하지 못하느니라.

〈하나님 말씀〉

2003년 10월

7,861 번째 하나님 말씀

2003년 10월 10일 12시 35분

1 사랑하는 나의 아들아!
2 "네, 아버님! 말씀하옵소서."
3 지금의 종교 집단이요, 지도자, 그리
고 깨우쳤다는 자들, 단상에 성서를
놓고 손을 얹어 맹세하며, 죄짓지 아
니하며 정의롭게 산다고 하는 백성,
그들이 어떠한 믿음의 길을 가는 줄
알겠는가?
4 나를 원망하며 나를 수 없이 탓하는
자들이 그들이니라.
5 저희가 이루고자 역사하며 기대했던
것이 이루어지지 않을 때 그들은 누구
보다도 나 여호와를 원망하는 자들이
그들이니라.
6 그리고 그들은 누구보다도 범죄를 하
고 사는 자들이니라.
7 나 여호와를 원망하며 저희 스스로
범죄를 하고 사는 종교 집단이요, 가
르치는 자들이 뭐라 말하느냐?
8 모든 나의 백성에게 말하느니라.
9 나 여호와를 원망하는 자는 지옥 불로
가며 죄인이 되니, 절대로 나의 아들
예수를 원망해서도 아니 되며, 나 여
호와를 원망해서도 아니 되며,
10 남을 원망하는 것, 그리고 죄를 범하
는 행위를 절대 해서는 아니 되는 것
이라 소리 지르고 그리 강론하느니라.
11 그러나 너희는 여기서 알아야 할 것
이니라.
12 저희 자신이 나 여호와를 원망하며 범
죄를 행하는 자가 그와 같이 아무리
소리 지른다 해도 그것은 그들의 귀에
들리지 아니함이니라.
13 그와 같은 행위를 하면서 가르치는 것
이 오늘의 종교 집단이요, 지도자이
니, 너희는 여기서 깨우쳐야 할 것이
며 알아야 할 것이니라.
14 저 자신이 바로 서지 못했으며 저 자
신을 다스리지 못한 자가 나의 피조물
만백성을 깨우치고 전한다 그리 말해
도,
15 저 자신이 나를 원망하며 제가 죄를
두려운 줄 모르고 말하면서 나 여호와
를 원망해서는 안 되며 예수를 원망해
서는 안 되며,
16 오로지 경배요, 찬양이요, 나를 사랑
하며 모두를 바치고 살라 그리 말해
도, 그 소리는 그들의 귀에 들리지 아
니하는 것이니라.
17 진정 변화되지 않는 종교 지도자가 하
는 이야기는 너희에게 보탬이 되지 아
니하며 생수가 되지 아니하며, 너희의
병든 곳을 치료하는 약이 되는 것이
아니니라.
18 저 자신을 다스리지 못한 종교 지도자
가 가르치는 것은 진리가 아니요, 극
약으로서 변질되어 너희에게 전해진
다는 것을 알라.
19 그러니 종교 지도자는 한 점의 부끄럼
이 없는 삶을 살아야 하며, 그 역사 위
에 모두 이루어짐이니라.

20 종교 지도자가 유리처럼 깨끗하지 아
니한 자가 가르치는 것은 아무리 나를
원망하지 말며 죄를 짓지 말며 나를
경배하고 살라, 그리고 모두를 다 바
쳐 나를 사랑하라며 진리의 뜻을 갖다
울고불고 부르짖어도,
21 그것은 극약으로써 나의 피조물 만백
성들을 죽이는 것으로써 전해지며, 그
역사함이요,
22 그 머리에 생수로써 그들의 생명을 구
원하는 약으로써 쓰일 수 없는 것이
하늘의 법도요, 하늘의 뜻이라는 이
무서움을 안다면, 종교 지도자 너희가
어찌 서야 할 것인가?
23 성서를 들고 앞에 앉아 몇십 년 믿었
다는 자들, 그리고 무엇을 역사하려고
성서에 손을 얹고 약속하고 언약하는
자는 그와 같은 행위로써 역사하는
것이 아님이니라.
24 너희의 자세요, 행동이 어떠냐에 따라
서 그 행위가 빛이 될 수 있으며, 그것
이 썩어져 있는 행위요, 추한 냄새가
하늘을 진동하는 그와 같은 변화가 있
다는 것을 알지 못하는 것이 너희이
니, 이 뜻을 만백성과 종교 지도자에
게 전하도록 하라 사랑하는 나의 아들
아!
25 아무리 아름답고 고운 나의 뜻이라 해
도 완벽하게 변한 지도자요, 선택된
사람이 가르치고 강론하는 것은 너희
에게 약이 되며 생수가 되며 너희 생
활에 모두 피가 됨이니라.
26 그러나 그렇지 못한 자가 가르치는 것
은 아무리 좋은 진리요, 아름다운 말
을 가지고 만백성에게 전하고 깨우치
고 가르친다 해도, 그것은 너희에게
아무런 득이 되는 것이 없으며, 해가
된다 하였음이니라.
27 그러니 종교 집단의 지도자가 얼마나
바른 자세로 바르게 가야 하는 것을
알겠는가?
28 그러니 나의 아들을 따르는 제자들이
요, 그리고 나의 뜻에 따라 역사하는
너희는 모두 그와 같은 아름다운 모습
으로써 깨끗한 모습으로써 먼저 변화
되어야만 만백성을 가르치는 지도자
로서 선생으로서 모두 역사할 수 있
으며 자리를 지킬 수 있으며,
29 그가 전하는 말이야말로 나의 진리가
그대로 그들을 깨우쳐 줌이니,
30 피가 되고 살이 되며 생명수가 되며
치료하는 약으로써 역사한다는 것을
너희는 잊어서는 아니 될 것이니라.

7,862 번째 하나님 말씀

2003년 10월 11일 06시 22분

1 사랑하는 나의 아들아!
2 "네, 아버님! 말씀하옵소서."
3 오늘의 너희가 처한 길과 너의 제자들
이 각자 해야 할 그 임무가 무엇인 줄
알겠느냐?
4 "알고 있사옵나이다, 아버님!
5 제가 절벽이요, 암벽을 오름이니, 지
금 제 손이 닿아서 오를 수 있는 것은
다 오르고 있으며 그것까지는 올라왔
다고 생각을 하옵나이다.
6 100미터나 되는 그 높은 절벽이라면
그저 제 손이 닿고 발이 닿고 발판 있
는 것은 잡고 몸부림치며 제가 지금

50미터 정도의 중간은 올라왔으나,
7 거기에는 2미터의 더 높은 곳이 있으
며 잡을 곳이 없으며, 아무리 제 능력
으로 오른다 해도 오를 수가 없사오니,
8 거기만큼은 통과할 수 있도록 제자들
이 사다리를 갖다 놓아 주어야만 제가
그 사다리를 밟고 거기를 올라갈 수
있는 그와 같은 형국에 처해 있음을
알고 있사옵나이다.
9 제가 모든 노력을 다하여 제가 인간으
로서 오를 수 있는 그 한계까지는 지
금 올라왔음이니,
10 중간에 그 한 2미터가 넘는 길은 정녕
아무것도 잡을 수 없으며 제가 아무리
노력을 해도 거기를 넘을 수가 없으며
그곳을 넘어갈 수 없는 그와 같은 형
국에 처하여 지금 그곳에서 몸부림을
치고 있사옵나이다.
11 그러니 거기를 넘을 수 있는 그 높이
보다 더 높은 사다리를 저의 제자들이
갖다 주며 놓아 주어야만 제가 거기
를 반드시 넘으며, 그렇지 아니하면
하늘에서 아버님께서 밧줄을 내려 주
셔야만 거기를 넘을 수 있사옵나이
다."
12 너는 거기에 누가 사다리를 갖다 놓아
야 하는지 알고 있느냐?
13 "알고 있사옵나이다.
14 고기를 낚는 베드로보고 너는 나를 따
르라 하여 모두를 다 버리고 갔듯이,
그 사다리는 '김미향'이라는 제자가
놔주어야 하옵나이다."
15 그러니 미향이가 어떤 사다리를 갖다
주더냐?
16 "네, 아버님! 2미터짜리 사다리를 펴
서 일자로 되는 사다리를 갖다 주면
제가 오를 수 있는데, 미향이는 '기역'
(ㄱ) 자로 펴지는 그와 같은 사다리를
갖다 주고 올라가도록 그리하고 있사
옵나이다.
17 단단한 쇠줄로 묶여서, 펼 때 그것이
완전히 펴지는 것이 아니요,
18 디디려 할 때 사람들이 밟고 올라가는
것처럼, 그게 완전히 펴지지 않고 '기
역'자로 펴지는 그 사다리를 그가 갖
다 주고 오르라 하니 제가 오르지를
못하고 있사옵나이다.
19 그를 갖다 놓고 아무리 오르려 해도
'기역'자밖에 펴지지 않는 그 사다리
를 벽에 걸쳐 놓고 올라가려 해도 그
높이가 닿지 아니하여 올라가지 못함
이니, 미향이라는 제자가 지금 그와
같은 사다리를 갖다 주고 저보고 오르
라 하고 있사옵나이다.
20 그것이 아버님께서 저에게 보여 준
것이라 생각하옵나이다."
21 그러하니라.
22 그에게 그리하지 말라 전하라.
23 완벽히 펴지는 일자의 사다리를 갖다
놓고 그걸 잡아 주어야 네가 그를 넘
어 나머지 정상에 오르는 것은 네 힘
으로 오를 수 있으며, 그 강을 건너지
아니하면 아니 되는 그와 같은 오늘의
네가 최선을 다하여 왔음이니라.
24 네 제자 중에 그 사다리를 갖다 놓을
자가 있음이니, 그 사다리를 갖다 놓
을 자는 김미향이라는 제자가 그 사다
리를 갖다 놔주어야 하나,
25 그가 어찌하여 일자로 펼 수 있는 간
단한 사다리를 갖다 주는 것이 아니

요, 기역 자로 펴지는 그 사다리를 갖
다 놓고 너에게 올라오라 하니, 그에
게 이를 전해야 할 것이니 그리 알며,
그가 깨우침을 얻도록 그리하라.

7,863 번째 하나님 말씀

2003년 10월 11일 06시 28분

1 사랑하는 나의 아들아!
2 "네, 아버님! 말씀하옵소서."
3 내가 너에게 보여 준 그 형국이니라.
4 그와 같은 것으로써 역사하게 되어
있음이니, 그는 바로 무엇이더냐?
5 성령으로 임하는 그와 같은 너의 제자
들로 변해야 할 것이니, 성령으로 임
할 자가 지금 가장 빠르고 앞에 가는
게 내가 말하는 미향이라는 제자이니
라.
6 그리하여 그가 우선 그것을 놔주어야
함이니, 네가 지금 넘지 못하고 몸부
림치는 것을 넘긴다 하였음이니라.
7 성령이 임하지 아니하는 것은 죽음의
믿음이요, 성령이 임하지 않는 것은
살아 있는 것이 아니라는 것을 알아야
할 것이니라.
8 너희가 살아 있되 성령으로 임한 백성
이 아닌 자는 산 자가 아니니, 성령으
로 임하지 아니한 자는 죽은 자라 그
리 알아야 할 것이니라.
9 성령으로 임하여 살아 있는 것이 무엇
이며 죽어 있는 것이 무엇이더냐?
10 죽어 있는 것은 감각이 없느니라.
11 모든 동물은 산 자는 감각이 있음이니
그가 생각할 수 있으며 변화될 수 있
는 역사가 있으나,
12 죽어 있는 동물은 아무리 밟고 짓이긴
다 해도 그 살점을 도려낸다 해도 죽
은 동물은 감각이 없는 것이니라.
13 성령이 없는 것은 이와 같이 죽은 동
물과 같으며, 성령이 임한 백성은 살
아서 움직이는 동물이라는 그 차이를
너희는 알아야 할 것이니라.
14 지금의 모든 종교 집단이요, 지도자들
이 나에게 오르며 하늘에 오르는 길이
요, 만백성을 인도하는 자들이 지금
죽어 있는 동물이요, 살아 있는 동물
이 하나도 없음이니,
15 그들이 감각이 없으며 생각이 없으며
아무리 짓이긴다 해도 그를 알지 못하
고 있음이니라.
16 그러니 살아 있는 동물이요, 살아 있
는 감각이 있는 너희가 지금 세상에
존재함이니, 그리하여 너희로 하여금
나의 법전을 전하게 하며 너희가 나의
뜻을 기록하여 전하는 그 역사를 이룸
이니라.
17 성령이 임하는 백성이 되는 길이 어떠
한 것인 줄 알겠는가?
18 스스로 성령이 임할 수 있는 변화되는
그 삶이요, 그 생활을 이루고자 하지
아니하면 성령이 임할 수 없음이니,
19 곧 나의 법전을 읽고 깨우치며 나의
아들의 강론을 들으며 너희가 변하고
자 하는 그 삶이 바로 나의 성령이 임
하게 되어 있음이니,
20 너희는 감각이 있으며 아픔을 알며 슬
픔을 앎이니, 이제 곧 죄를 알며 죄가
아닌 것을 구분할 수 있는 깨달음이
있는 그와 같은 나의 아들을 따르는
백성이니라.

21 성령이 없는 자는 그와 같은 감각이
없으며 성령이 없는 자는 아무런 느낌
이 없음이니, 곧 그것이 죽은 자이니,
지금 성령이 없는 믿음의 길을 가는
백성이 그와 같은 백성이니 그를 알
라.

7,864 번째 하나님 말씀

2003년 10월 11일 06시 32분

1 사랑하는 나의 아들아!
2 "네, 아버님! 말씀하옵소서."
3 성령이 임하지 아니한 그 백성은 왜
죽은 백성이라 내가 말하는지 아느냐?
4 성령이 임하지 않는 그 백성은 사랑이
라는 것을 모르며 아름다움을 모르느
니라.
5 그리고 성령이 임하지 아니한 백성은
정의로움을 행할 수 없으며 소중히 인
생을 살아가면서 가장 원하는 평화요,
행복이라는 것을 모르느니라.
6 그리고 성령이 없는 자는 질서가 없음
이니라.
7 그리고 세상의 아름다움을 볼 수 없음
이니라.
8 그리고 제 판단으로써 옳고 그름을
행하는 것이 아니요, 세상의 방법이
요, 흐름과 주변의 여건에 따라 능력
있고 힘 있는 자의 편에서 손을 들어
주는 그와 같은 행위를 하는 것이 성
령으로써 임하지 않은 백성과 성령으
로 임한 백성의 차이점이니라.
9 성령이 임하지 않는 백성은 사랑이 없
으며 황폐함만이 남아 있으며, 이 세
상을 바라보는 것이 아니요, 모든 것
을 거꾸로 보는 그와 같은 형국의 마
음의 자세로 살아가게 되는 것이 성령
이 임한 백성이기 때문이니라.
10 그러니 성령이 임하지 아니한 백성은
온유함이 없으며 부드러움이 없으며
베풂이 없는 것이니라.
11 그와 같은 마음으로 역사할 수 없으
며 그와 같은 마음을 가질 수가 없는
것이니라.
12 세상사 모두를 다 계산적으로 생각하
며 이해관계에 따라서 모두 움직이는
것이 성령을 갖지 않은 백성이요,
13 성령으로 임한 자만이 모두 온유하며
사랑이 있으며 나눔이 있으며 거기에
만백성을 구하는 그 생수가 흐를 수
있는 그와 같은 길이 있음을 너희는
알아야 할 것이니라.
14 성령이 없는 자는 그저 황폐하고 황폐
하여, 오아시스가 없는 사막처럼 가도
가도 끝이 없는 고통과 시련과 삭막함
밖에 없음이니,
15 제가 남을 삭막한 것으로써 끌고 인도
하고자 함이니, 그게 저 자신의 고통
이요, 시련이라는 것을 모르고 있음이
니라.
16 지금의 모든 종교 집단이요, 지도자
요, 그들은 성령이 없는 백성으로서
나의 백성을 인도한다 하기 때문에,
17 그게 하늘에 오르는 길이요, 참진리의
길이 아니라 죽음의 길로 인도하는 그
와 같은 짓을 하고 있다 함이니라.
18 이제 그들의 말에 현혹되어 그와 같은
길을 가는 백성이 되어서는 아니 됨이
니라.
19 그를 일깨워 줘 너희가 바로 보고 바

로 서게 하려고 나의 법전이 세상에 나가는 그 뜻을 너희가 알아야 할 것이니라, 사랑하는 나의 아들딸들아!

7,865 번째 하나님 말씀

2003년 10월 11일 07시 20분

1 사랑하는 나의 아들아!
2 "네, 아버님! 말씀하옵소서."
3 네가 오를 수 있는 한계까지 최선을
다하여 올랐음이니, 오늘에 네가 나의
법전 100권을 만드는 그 역사를 이룸
은 네가 인간으로서 할 수 있는 모든
노력이요, 모든 것을 다 바쳤음이니라.
4 내가 너에게 뭐라 말하였느냐?
5 네가 절벽을 오름이니, 거기에 너의
제자들의 도움이 필요하며 그들의 힘
이 필요할 때가 왔다 하였음이니,
6 이는 너의 제자가 너를 따르지 못하
며 네가 역사하고 가는 그 길을 그들
이 따르지 못함이니, 잠깐 내가 중단
시킴을 알아야 할 것이니라.
7 이제 네가 그 길을 오르려면 너의 제
자들의 힘이 필요함이니, 그 제자들의
힘이라는 것이 무엇이더냐?
8 일반 종교 집단에서 말하는 재물을 바
치며 금화와 은화를 바치는 것이 아니
요,
9 성령으로써 거듭난 그 마음의 자세로
너의 제자들이 변하는 계기가 되지 아
니하면 아니 되기에 내가 지금 네가
올라갈 수 있는 그 길을 중단하고 있
음이니라.
10 사랑하는 나의 아들이 아무도 못 오르
는 그 고통의 길을 가는 것을 내가 어
찌하여 그를 막겠는가?
11 다만, 너에게 휴식을 취하게 하고자
하는 내 생각이니, 너는 그 기다림을
갖도록 그리하라.
12 너의 제자 중에서 깨우쳐 거기를 오를
수 있는 사다리요, 줄사다리를 놓을
자가 있을 것이니,
13 너의 제자 중에서 그와 같은 자격이
있는 자, 그와 같이 변하는 자가 있을
때까지 내가 기다리고자 함은, 너의
제자들이 지금 네가 가는 그 깨달음이
요, 나의 법전이 내려오는 그 내용을
아직 따라가지 못하며, 그들이 거기에
미치지 못함이니,
14 그리하여 불의의 어떠한 역사가 이루
어질 때 너희가 감당치 못하는 그와
같은 일이 생겼을 때, 너의 제자들 또
한 예수의 제자처럼 감당치 못하고 등
을 돌리고 떠날 수 있는 그와 같은 역
사가 있기에,
15 그들을 좀 더 굳히며 그들을 좀 더 훈
련시키며 그들을 좀 더 단단히 역사
하여 너를 따라갈 수 있도록 하고자
함이니라.
16 그리하여 너에게는 휴식의 시간을 주
고자 하는 것이며, 너의 제자들에게는
성령이 임하는 그 깨우침이요, 가르침
을 주고자 함이니, 그와 같은 뜻을 그
들에게 전해 주어야 할 것이니 그리
알라.
17 그리하여 그들이 이제는 변해야 할
것이며, 지금의 이 형태요, 이 생각이
아닌 더 깊고 더 넓은 깨달음의 길을
바라보지 아니하며 느끼지 아니하며
그들이 그것으로써 변화되는 삶을 살

지 아니하면 결코 따라갈 수 없음이니
라.
18 네가 앞에 올라가며 그들이 따라오지
못한다면 그 역사가 이룰 수 없음이
니, 하늘에서 나 여호와가 성령을 너
에게 내려보내며,
19 네가 그를 전하며 너의 제자들이 준비
하고 만들며 따라가는 그들의 마음이
또한 그와 같이 변해야 함이니, 이것
이 하나가 되는 그 역사가 되어야 할
것이니라.
20 치우쳐서는 아니 됨이니라.
21 너는 지금 암벽을 오를 수 있는 만큼
손발이 저리도록 다 올라왔음이니, 잠
깐 너에게 휴식을 주고자 하는 것이
며, 너의 제자들을 지금 훈련에 돌입
하도록 하고자 하는 그 뜻이 거기에
있음을 너는 알아야 할 것이며, 너의
제자들에게 그리 전하라.

7,866 번째 하나님 말씀

2003년 10월 11일 07시 23분

1 사랑하는 나의 아들아!
2 **"네, 아버님! 말씀하옵소서."**
3 나의 성령을 너를 통하여 세상에 내려
보내니, 이보다 귀중하고 소중한 것이
세상에 어디 있단 말이던가?
4 내가 너희에게 마시지 아니하면 아니
되는 공기보다도 더 소중하며 물보다
도 더 소중한 것이 나의 법전이라 하
였음이니,
5 너희가 그를 취하지 아니할 때는 백
년의 삶으로 끝나는 것이나, 너희가
나의 법전을 접하고 깨우쳐 변화되는
삶을 사는 백성은 영원히 사는 그 세
상을 오게 됨이니라.
6 나의 법전을 만들고 전하는 백성 너희
가 얼마나 귀하고 소중한 임무를 수행
하는 것인지 알겠느냐?
7 너희는 알아야 할 것이니라.
8 나의 법전을 만들어 전하는 그 고통이
요, 시련의 그 길을 가는 너희는 나 여
호와를 믿는 것이요, 나 여호와의 뜻
에 순종하며 나 여호와를 따르고자 하
는 그와 같은 굳건한 마음이 있으니,
9 나 여호와가 너희들에게 기대 이상의
해당하는 그 은혜를 내릴 것이며, 그
상이 반드시 내려진다는 것을 너희는
알고 가야 할 것이니라.
10 성경에 기록하여 내가 너희에게 일찍
이 전한 내용을 가르쳐 주지 아니하였
더냐?
11 '너희를 영접하는 자는 나를 영접함이
요, 나를 영접하는 자는 나를 보낸 이
를 영접하는 것이요, 선지자의 이름으
로써 선지자를 영접하는 자는 선지자
의 상을 받을 것이요, 의인의 이름으
로 의인을 영접하는 자는 의인의 상을
받을 만큼 너희에게 내린다'고 말하지
않느냐?
12 나의 아들 예수가 너희에게 일찍이 그
리 전하여 깨우쳐 주며 기록한 그 내
용을 본다면, 너희가 오늘에 나로부터
받은 은혜가 얼마나 위대한 것이며 귀
한 것인가를 알게 될 것이니라.
13 '또 누구든지 제자의 이름으로 이 소
자 중 하나에게 냉수 한 그릇이라도
주는 자는 내가 너희에게 진실로 이르
니, 그 사람의 상은 결단코 잃지 아니

할 것이니라.' 내가 기록하여 전한 그
대목을 너희는 기억해야 할 것이니라.
14 지금 나의 아들을 따라 내가 내리는
성령으로써 만백성을 구원하기 위해
법전을 만드는 나의 아들을 따르는
너희는 나의 성령이 임하는 믿음이요,
나의 성령이 임함을 믿는 것은 그 은
혜가 끝이 없을 것이니라.
15 하물며 그 성령을 보내는 나 여호와를
너희가 믿는 것이 아니더냐?
16 이 세상 너희보다도 더 큰 은혜요, 너
희보다 더 축복을 받은 자가 없거늘,
그 감사함과 그 은혜를 모르고 사는
것이 너희이니 나의 이 뜻을 그들에
게 전하며,
17 성서의 그 구절을 음미하며, 저희가
나의 법전을 전하는 그 뜻이요, 나로
부터 받을 은혜와 상이 얼마나 크고
위대한 것인지,
18 그 누구도 감히 상상할 수 없으며, 너
희가 그림으로써 그릴 수도 없으며 머
리로써 상상할 수 없는 그와 같은 은
혜요, 상을 받는 것이 너희라는 것을
너의 제자들에게 깨우치도록, 그 대목
을 읽어 보도록 그리 전하라.

7,867 번째 하나님 말씀

2003년 10월 11일 07시 28분

1 사랑하는 나의 아들아!
2 "네, 아버님! 말씀하옵소서."
3 나의 이 소중한 뜻을 다시 한 번 기록
하여 너의 제자들에게 전하며 만백성
들이 이를 읽도록 그리해야 할 것이
니라.
4 나의 아들을 따르는 제자들이요, 그리
고 나의 법전을 읽고 깨우친 만백성
너희는 들어야 할 것이며,
5 꼭 이 대목을 너희 가슴 깊이 새기기
위해 내가 다시 한 번 너희에게 명하
느니라.
6 나의 법전을 믿는 자는 곧 무엇이더냐?
7 나 여호와의 성령을 태워 내리는 나의
법전이요, 하늘에 오르는 길이요, '하
나님! 말씀하옵소서'라는 이 책이 나
의 성령임을 믿는 자요, 그를 따르는
자들이니라.
8 그러니 나의 성령을 믿는 자는 곧 나
의 성령이라 하여 내려보낸 나 여호와
를 믿는 백성이요, 너희가 그와 같은
백성으로 선택되며 그 깨달음을 얻은
것이 아니더냐?
9 나의 성령을 내려보내어 법전으로 만
들어 만백성을 구하는 것을 믿는 것은
이를 내려보내는 나 여호와를 믿는 것
이라 함을 잊지 말라.
10 그 중하고 소중함이 거기에 있음이니
라.
11 나의 아들을 통하여 내려보내는 나의
법전과 나의 아들을 통하여 내려보내
는 강론을 듣고 믿는 자, 이 또한 무엇
이더냐?
12 내려보낸 자요, 창조주 나 여호와를
너희가 믿음이니, 나 여호와를 믿고
따르는 너희의 그 역사의 은혜는 무엇
이더냐?
13 이제 내가 너희에게 다시 한 번 전함
이니라.
14 너희는 나의 낙원의 동산에 이름이
기록된 자요, 구원을 받은 자라 말한

그 의미는, 나로부터 너희는 내가 내
린 그 상을 받음이니라.
15 나를 믿고 나를 따르는 것은 너희가
나로부터 내가 내릴 수 있는 그 모든
상을 받을 수 있는 것이니라.
16 나 여호와로부터 내리는 그 위대한 사
랑이요, 그 소중한 선물이요, 그 상이
무엇이겠느냐?
17 너희는 여기서 알아야 할 것이니라.
18 너희에게 가장 소중하고 귀하며 너희
가 그리 갈망하는 천국의 황금 문을
들어설 수 있는 그 문을 열어 줌이요,
비단길을 따라 나에게 오는 그와 같은
은혜를 내가 내려 주는 것이니라.
19 나의 법전을 믿으며 나의 성령을 믿으
며 나의 아들이 내리는 강론을 믿는
너희는 내려보낸 이요, 보낸 자, 나 여
호와를 믿는 것이니,
20 내가 너희에게 내릴 수 있는 그 상은
바로 천국의 문을 들어설 수 있는, 황
금의 문을 열어 주는 그와 같은 은혜
를 내가 너희에게 내림이니라.
21 그것이 낙원의 동산에 이름이 기록되
었다 함을 너희는 알라.
22 그리하여 성서의 그 구절을 너희가
다시 한 번 읽고 깨우친다면, 내가 오
늘 나의 아들을 통하여 법전에 전하는
그 내용을 알 것이니,
23 이 법전을 읽은 자는 하늘을 향하여
감사한 마음을 잠시도 잊어서는 아니
될 것이며, 나를 믿는 그 마음이 어떠
한 상황에서도 흔들려서는 아니 됨이
니라.
24 너희는 한 번 흔들리고 두 번 흔들림
으로써 습관이 생김이니, 나로부터 버
림을 받는 백성이요, 나를 등지고 떠
나는 백성이 된다는 것을 절대 잊어서
는 아니 됨이니 그리 알라.
25 너희는 선택의 길에 들어섰으며, 나를
믿으며 나의 법전을 믿으며 나의 성령
을 믿으며 나의 아들을 믿으며 그를
통하여 내리는 강론을 믿음이니,
26 그 모두가 너희는 나와 관계된 것이
요, 내 품 안에 있어 내가 이루는 모든
것을 믿는 너희에게 바로 내가 내리
는 그 상이 천국의 문에 들어서는 그
와 같은 은혜를 내린다 하며 그 상을
내린다 함이니,
27 그리하여 너희는 구원된 자라 하는
나의 가르침을 절대 잊지 말며, 거기
에서 낙오자가 되는 그와 같은 삶을
살지 말라.
28 육의 백 년도 안 되는 그 삶을 위하여
내가 내린 그 누구도 들어올 수 없는
영원히 사는 천국의 황금의 문을 열어
주는 그 은혜요, 그 비단길을 따라 나
에게 와 감사의 절을 할 그때까지,
29 너희는 어떠한 것과도 바꿔서도 아니
되며, 어떠한 것에 현혹되어서도 안
되며, 어떠한 것에 무너져도 아니 되
는 것이 너희임을 알라.
30 나의 상을 받은 그대로 취할 수 있도
록 그 길을 가도록 그리하라.

7,868 번째 하나님 말씀

2003년 10월 11일 07시 35분

1 사랑하는 나의 아들아!
2 "네, 아버님! 말씀하옵소서."
3 내가 내려다보는 나의 지상에 있는 백

성 중에 가장 가련하고 불쌍한 백성이
누군 줄 알겠는가?
4 지금의 종교 지도자와 그 광신도들,
그저 나의 아들 예수를 부르기만 하며
믿기만 하면 그 보혈로써 구원을 받아
천국에 오른다고 깨우치고 가르치며
그를 믿고 가는 자들,
5 나로부터 상을 받으며, 그 상은 구원
을 받은 백성이라 생각하고 그 믿음의
길을 가는 착각의 꿈속에서 헤매는
그 백성이 가장 가련하고 불쌍한 백
성임을 너희는 알아야 할 것이니라.
6 그리하여 그 가련하고 불쌍한 백성이
지옥으로 감이니, 그들을 구원하고자
하는 것이 나의 뜻이니라.
7 너희는 상도 구원도 받은 것이 하나도
없는 백성이니라.
8 지금 구원을 받았다 말하는 백성, 너
희 조상은 그 누구도 상을 받아 구원
의 영광을 얻은 자가 하나도 없다 함
을 깊이 깨우쳐야 할 것이며, 이를 거
짓된 것이라 하지 말라.
9 머지않아 너희가 나에게 와 심판대에
섰을 때, 지옥문을 들어가지 아니하려
고 몸부림치는 그 고통이 얼마나 무섭
고 두려운가를 알 날이 머지않았음이
니라.
10 참진리의 깨달음과 그 길을 가지 못
한다는 백성은 나로부터 상이 없는 백
성임을 너희는 알라.
11 나의 계명을 지킬 수 없다고 감히 말
하는 그와 같은 백성이 어찌 나로부
터 상을 받을 수 있다는 그와 같은 생
각을 감히 하는가?
12 내가 다시 한 번 너희에게 전함이니라.
13 이는 지금의 믿음을 잘못 가는 백성,
너희를 위하여 다시 한 번 내가 이 구
절을 백 번 전한다 해도 다시 전함이
니라.
14 자기 자신을 버리고 가는 그와 같은
믿음이 아니고는 절대 구원의 '구'자
도 찾지 말라.
15 자기를 버리고 가는 그 믿음이 아니거
든 너희는 하늘에 오르는 길이요, 영
광의 은혜라는 것은 생각하지도 말라.
16 오로지 제 욕심에 의하여 너희 자신이
지옥으로 가는 욕심만을 부추기는 그
와 같은 믿음의 길을 가는 자가 너희
이니라.
17 너희 자신을 위하여 무엇인가 구원하
고 얻고자 하는 믿음의 길을 가는 백
성이기 때문이니라.
18 너희 자신을 위하여 육의 세상의 무엇
을 얻기 위하여, 너희 자신의 욕망과
욕구를 충족시키기 위하여 존재하는
것이 오늘의 너희의 믿음이며 너희가
가는 길이니라.
19 자신의 욕망과 욕구를 충족하기 위하
여 믿음의 길을 가는 자가 바로 어떠
한 자들이냐?
20 너희 가슴속에 있는 욕심의 공장에서
품어 내는 그 욕심 때문에 너희는 욕
심의 노예가 되어 있는 자요, 나의 백
성으로서 되어 있는 자가 아니니라.
21 이미 너희는 욕심의 노예가 되어 타
락될 대로 타락되었으며 버려질 대로
버려져 있으며 썩을 대로 썩은 것이
너희라는 것을 알라.
22 육신의 자신을 위하여 복 받고 부귀영
화를 누리도록 해 달라 기도하는 것이

너희의 구원의 길이요, 그와 같이 얻고 이루는 것만이 너희가 천국에 들어가는 길이요, 하늘에 오르는 길이라 그리 착각하니, 얼마나 타락된 믿음의 길에서 헤매고 있는가?
23 너희는 기도하는 것을 이루어 달라 구원해 달라 함이니, 곧 그것은 무엇이더냐?
24 육의 세상에서 부귀와 영화를 받으며 권력을 누리며 남들을 지배할 수 있는 그와 같은 삶의 길을 가도록 해 달라 기도함이며,
25 그리고 그와 같이 역사하는 것이 너희가 나로부터 은혜 받은 자라 함이니, 그 은혜가 곧 하늘에 와 천국의 문에 들어서는 길이라 그와 같이 생각을 하고 있음이니라.
26 그러면서 성서에 가르쳐서 깨우치기를 뭐라 하느냐?
27 부자는 천국에 갈 수 없는 것이라 아우성치며 소리 지르면서, 부자가 되고 부귀영화를 누리게 해 달라 기도하며,
28 그것이 이루어진 것만이 너희가 천국에 들어오는 나로부터 선택된 길의 연장이라는, 그와 같은 생각할 수도 없는 타락 되고 추한 모습으로써 오늘의 믿음의 길을 가는 자들이라는 걸 잊지 말라.
29 그러나 너희는 가진 것 외에 은혜와 영광을 얻는 참진리의 어렵고 힘든 길을 가고자 하는 것이 아니니라.
30 너희는 그저 얻고 그저 더 부귀와 영화를 얻는 것이 구원의 길이요, 하늘에 오르는 길이라 하는 그것만을 생각하는 자들이니,
31 거기에서 깨달음이 있으며 진리를 어찌 아는가?
32 그러니 너희가 오늘 가는 건 육의 욕심에 의하여 내가 내려 준 그 인간이 가진 기본의 본성이요, 그리고 나로부터 받을 수 있는 기본 점수까지도 다 버리며 팔아먹는 행위를 하는 것이 너희의 오늘의 믿음임을 알라.
33 내가 60점이라는 그 기본의 점수를 너희에게 주었음이니, 이 60점은 너희가 인간의 세상에 살아가는 은혜를 준 것이요, 너희가 60점이라는 아름다운 인성을 가지고 살 수 있도록, 내가 누구나 다 세상에 내보낼 때 너희에게 그 인성의 아름다운 상을 내려 주었거늘,
34 지금 믿음의 길을 가는 백성은 내가 너희에게 무상으로 내려 준 깨달음의 60이요, 은혜 받을 수 있는 그 60점, 그것마저 다 버리고 그것마저도 팔아먹는 행위를 하는 것이 오늘의 믿음의 길을 가는 것이니라.
35 기본으로 내가 준 60점의 은혜를 받을 수 있는 그것마저도 팔아먹는 행위가 오늘의 믿음의 길을 가는 백성이요, 종교 지도자요, 광신도들이 가는 길이라는 그 무서움을 알라.
36 제 살을 갉아먹는 병균을 육성시키는 것이 너희면서도 그걸 모르느니라.

7,869 번째 하나님 말씀

2003년 10월 11일 07시 39분

1 사랑하는 나의 아들아!
2 "네, 아버님! 말씀하옵소서."

3 똑같은 인간 세상의 삶이요, 똑같은
믿음으로 간다는 것도 진정한 참진리
요, 진정한 나 여호와의 뜻을 거역하
고 가는 자와 그 길을 위하여 좁고 힘
든 믿음의 길을 마다하지 아니하고 가
는 백성의 그 차이가 무엇인 줄 알겠
는가?
4 나로부터 참진리를 공부하며 깨우치
지 않는 백성은 나로부터 받아 나간
60점이라는 그 인간의 아름다운 인성
을 가지고 나간 그것마저도 팔아먹는
자들이라 하였음이니라.
5 너희는 그와 같은 것을 저버리고 팔면
서 재물을 거둬들이는 것이 아니요,
너희의 재물과 시간과 그 모두를 갖다
사탄들에게 바치면서 네 물건을 사 달
라 함이니,
6 그것이 보배보다도 더 귀중한 나로부
터 받은 인성을 떼어 팔면서 그 파는
대가로 너희의 재물과 금화와 은화요,
시간을 바치는 것이 오늘의 너희가
가는 짓이요, 그와 같은 행위를 하는
것이 사탄이 지금 하고 있음이니라.
7 세상에서 남의 물건을 가져가면서 그
물건을 치워 주는 대가로 재물을 받아
들인다면 과연 그것을 믿겠느냐?
8 이것이 바로 너희가 사랑의 잔재마저
도, 마지막 가슴에 남아 있는 내가 너
희에게 내려 준 기본의 60점의 그 사
랑을 모두 재물을 얹어 팔아 버린 그
와 같은 행위를 하는 것이 너희이니
라.
9 그러면서 너희는 뭐라 말하느냐?
10 성령으로 충만한 백성이요, 우리는 구
원을 받았으며 천국의 문에 들어선 백
성이라 그리 믿고 있음이니라.
11 사탄들이 그리 말하느니라.
12 너희가 가진 그 아름다운 인성을 다
뽑아냈을 때 그 사악한 사탄들이 임할
수 있기에, 너희에게 빼오는 것을 잘
하며 갖다 바치는 것을 잘한다며 더욱
이 물질과 시간과 모두를 바치는 것을
잘한다고 부추기는 사탄의 말에,
13 그것이 나에게 오르는 길이요, 나의
음성이요, 내가 너희를 사랑하는 것으
로 착각하고 모두 지금 타락의 길이
요, 지옥으로 흘러가는 그와 같은 행
위를 하는 것이 나의 불쌍하고 가련한
백성이 역사하며 가는 길이니라.
14 그러니 그를 바로잡으며 그를 깨우치
는 것을 무엇으로 할 수 있단 말이더
냐?
15 아무것으로도 할 수 없느니라.
16 이미 사탄의 말에 현혹된 자를 돌리기
는 너희가 말로써 강론으로써 절대 이
룰 수 없음이니라.
17 그러니 태워 버리고 찢어 버려도 계속
존재하는 나의 법전만이 역사할 수
있음이니라.
18 오늘의 믿음으로 구원을 받았다는 그
백성, 굳게 문 닫고 굳어져 있는 자들
과 대화하며 그들에게 강론하고 논할
때, 과연 그들의 마음을 돌릴 수 있다
고 생각하는가?
19 그들의 마음을 돌릴 수 없으며, 나 여
호와 또한 인간의 그 욕심의 마음을
돌릴 수 없는 것이 너희가 오늘에 처
해 있는 형국이니라.
20 그러니 그들을 돌릴 수 있는 것은 너
희가 설교하는 것이요, 강론하는 것이

요, 말로써 깨우쳐도 그를 행할 수 없음이니라.

21 그저 저희가 보지 아니하면 아니 되도록 나의 법전이 세상에 많이 전해지며, 모든 세상에 하얀 눈이 세상을 덮은 것처럼 나의 법전이 덮지 아니하면 그들을 깨우칠 수 없다는 것이 거기에 있음이니라.

22 나의 법전으로 하여금 숨을 쉴 수 없으며, 나의 법전에 걸려 저희가 행동하지 못할 만큼 나의 법전이 세상에 많이 전해지고 전해졌을 때,

23 그들은 그때 읽어 그 깨달음을 얻게 될 것이며, 보지 아니하고는 갈 수 없는 생활의 고통을 느끼는 그와 같은 역사를 이루지 아니하면 그들을 돌릴 길이 없음이니, 이를 어찌하면 되겠는가?

24 그리하여 나의 법전을 만들어 만백성에게 전하는 일에 게을리하지 말며 소홀히 하지 말라 함이니라, 사랑하는 선택된 나의 아들딸들아!

7,870 번째 하나님 말씀

2003년 10월 11일 07시 46분

1 사랑하는 나의 아들아!

2 "네, 아버님! 말씀하옵소서."

3 지금의 어리석은 그 백성이요, 잘못 가는 백성이요, 육신의 욕구요, 욕망을 채우기 위해 기도하고 경배하는 그 백성에게 너는 전하라.

4 그들이 믿는 그 믿음이 무엇이더냐?

5 바로 지금까지도 없는 그 부활을 믿고 있으며, 그 부활의 영광을 얻기 위해 믿음의 길을 가는 자들이 너희가 아니던가?

6 그러나 지금까지 없던 부활을 얼마나 더 기다리고 더 역사해야만 너희에게 그와 같은 영광이 이루어지는 것이며 은혜가 있을 것인가 이제 한번 생각해 보라.

7 오로지 부활의 역사가 너희 자신에게 이루어질 것이라는 것을 위한 믿음이요, 그와 같이 가르치는 자들의 믿음을 위하여 모두를 다 던지고 가는 것이 아니던가?

8 그러나 수천 년 동안 흘러오면서 부활한 자가 없으며, 인간의 그 형태처럼 지금 다시 부활한 자가 없거늘, 너희는 얼마나 더 무엇을 기다리고 기다려야만 그 부활의 역사가 있다 생각하는가?

9 이제 너희는 꿈에서 깨어나야 함을 알라.

10 너희는 그러면서 나의 사랑하는 피조물 만백성들을 어찌 유혹하며 가르치는가?

11 너희는 원죄가 있는 자이며, 아담과 이브가 뱀의 유혹에 의하여 그 죄를 자각하게 되었으며 죄지은 자들이니,

12 그 후손으로서 태어난 너희는 바로 그 원죄가 있기에 그를 용서받으려면 기도하고 경배해야 하며,

13 또 나의 아들 예수는 너희의 그 원죄를 다 씻어 주고 용서하기 위하여 세상에 나가 그와 같은 고통스러운 죽음을 당했으며, 또한 그 부활의 역사를 너희에게 깨우쳐 주고 보여 주었다 그리 말하느니라.

14 그리고 속죄양이 되어 죽은 나의 아들
을 믿고 예수를 찾기만 하면 구원을
받는다고 말함이니, 오늘의 너희의 그
믿음이 어떠한 신앙인 줄 알겠는가?
15 너희는 속죄양의 신앙에 매달리며 속
죄양의 그것만을 바라는 믿음 속에 가
는 자들이요,
16 부활의 역사가 너희에게 이루어지는
것을 기대하며 그것을 이루어 주기를
소원하고 비는 자들이요, 그것이 너희
의 오늘의 모든 신앙의 근본이며, 그
를 위하여 가르치는 것이 오늘의 종교
집단의 지도자이니라.
17 그러나 너희는 속죄양의 믿음의 신앙
에서 벗어나며 너희가 부활할 것이라
는 그 믿음의 깨달음을, 지금까지 부
활한 자가 없는 그와 같은 부활을 너
희만 이루어 주겠다는 것을 더 이상
기다리며 그 욕구를 가져서는 아니 될
것이니라.
18 이제 너희는 알아야 할 것이니라.
19 심지어 너희는 나의 아들 예수는 성
령으로 태어나 아무런 죄가 없으며
깨끗한 자로 태어났으니,
20 그를 태어나도록 한 그 어머니도 죄가
없는 자라 하여, 어떤 종파는 예수가
성령으로 태어났으니, 성령으로 잉태
한 그 어머니도 죄가 전혀 없다 하여
그 어머니를 믿고 그 어머니를 따르는
그와 같은 종파들이 지금 세상에 있지
아니하는가?
21 그러나 너희는 여기서 알아야 할 것
이니라.
22 사랑하는 나의 아들 예수도 세상에 태
어났을 때 그도 죄가 있었음이니라.
23 그가 세례를 받으며 사탄과의 싸움에
서 이겨 나 여호와의 뜻을 알며 거듭
나는 그와 같은 역사를 이루지 아니했
을 때는 나의 아들도 죄를 가지고 있
었음을 알라.
24 나의 아들 예수가 성령으로 태어나 죄
없이 30년을 살았음이니, 그 어머니
도 죄가 없는 여인이라 하여 그 어머
니를 숭배하고 따르는 종파들까지 지
금 세상을 지배하는 형국이 되지 않았
던가?
25 나의 아들이요, 너희는 알라.
26 예수가 세례를 받으며 사탄과의 그 싸
움에서 이기기 이전의 생활은 나의 아
들 예수도 죄가 있었음을 알며, 죄 속
에서 있었으며, 그를 제거하며 그를
벗어나는 그와 같은 능력이 없었음이
니라.
27 다만, 세례를 받고 사탄과의 싸움에서
이긴 후에 나의 아들 예수는 너희가
생각할 수 없는 나의 뜻에 의한 삶을
살아온 자이니라.
28 그 어머니가 죄가 없다 하여 믿는 자,
지금 모든 은혜요, 부활의 역사를 기
다리며 속죄양의 신앙의 믿음의 길을
가는 것, 이 모두를 다시 돌아다보고
그것들을 놓고 다시 깨달음의 길을 가
도록 하라.
29 사랑하는 나의 아들 예수가 세례를 받
기 전에 사탄과 싸워서 이기기 전까
지 그도 죄가 있었음을 너희에게 전
함이니라.
30 죄지은 생활을 하며 죄지은 삶을 산
것이 나의 아들 예수였음을 잊지 말라.
31 지금 나의 아들이 60평생을 살아오면

서 너희가 상상할 수 없는 잘못된 죄
요, 잘못된 삶을 살아왔기에, 그를 반
성하며 회개하고 몸부림치며 지금서
부터 거듭나는 나의 아들이니,
32 그가 머리가 백발이 됐을 때, 완벽한
성령으로 임한 나의 아들이 될 것이니
라.
33 예수도 30년 동안 죄가 있었음이니,
죄 없는 아들을 낳은 어머니도 죄가
없고 깨끗하다고 생각하는 믿음에서
또한 깨우쳐야 할 것이니 그리 알라.

7,871 번째 하나님 말씀

2003년 10월 11일 22시 17분

1 사랑하는 나의 아들아!
2 "네, 아버님! 말씀하옵소서."
3 모든 종교 집단이요, 지도자들이 지금
세상에서 가르치기를 구약의 시대요,
신약의 시대요, 그리고 너희가 말하는
말세요, 마지막 시대의 3단계의 시대
로 구분되었다고 그리 가르치고 나의
백성을 그리 현혹하고 있음이니라.
4 그러나 내가 너희에게 일찍이 깨우쳐
주었듯이, 말세요, 3단계의 종말의 시
대는 없다 함을 너희는 알아야 할 것
이니라.
5 나 여호와가 지금 나의 아들을 통하여
160권의 법전을 세상에 내려보내는
것은, 나의 사랑하는 아들딸 너희가
거듭나기를 바라며 새로운 생명으로
써 태어나는 그 역사를 위하여 오늘에
이와 같은 대장정의 역사가 이루어짐
을 알아야 할 것이니라.
6 그러니 너희에게 종말의 시대요, 마지
막 재앙의 시대는 없음이니라.
7 오로지 너희가 거듭나는 시대요, 새로
운 시대가 역사하며, 심판의 시대가
지금 역사한다는 것을 알아야 할 것
이니라.
8 구약의 시대가 역사함이 잘못되어서
신약의 시대가 역사하였으며, 그 신약
의 시대에 나의 피조물 만백성 너희를
구원하고자 나의 아들 예수의 생명을
너희에게 던져 주며, 내가 사랑하는
나의 아들딸 너희를 구원하고자 했던
것이 바로 그 역사가 아니던가?
9 그러나 그 모두가 다 실패작이며, 그
모두가 지금에 와서는 잘못되었음이
니라.
10 그당시 나의 아들을 죽도록 했던 믿음
의 길을 가는 그 백성의 후예들이 2천
년이라는 세월이 흐르고 흐르는 그 세
월 속에 너무나 변질될 대로 변질되
고 타락될 대로 타락된 이와 같은 형
국이, 나의 아들이 목숨을 던져 너희
를 구원하고자 했던 나 여호와의 뜻이
역사하지 못한 오늘의 이 형국이니라.
11 그리하여 내가 나의 법전이요, 나의
성령을 나의 아들을 통하여 너희에게
한 번의 마지막 기회를 주며 심판의
시대를 열어 간다 하였음이니, 이게
바로 제3의 시대니라.
12 구약과 신약 시대 다음에 말세의 시대
가 온다고 가르치는 그것은 종교 집단
지도자 너희가 만들어 낸 것이며 너
희 생각이며 너희 교리라는 것을 이
제 따르는 백성은 알아야 할 것이니
라.
13 내가 너희를 사랑하기에 나의 아들

예수의 목숨까지도 내가 너희에게 던
져주며 너희를 구원하고자 했던 사랑
하는 나의 아들딸 너희이니라.
14 그러니 내가 너희를 말세요, 종말의
시대로써 다스리지 아니함을 알아야
할 것이며, 그를 막기 위하여 나의 성
령이요, 나의 법전을 세상에 지금 내
려보내는 이 역사가 이루어진다는 것
을 절대 잊어서는 아니 될 것이며,
15 그와 같은 말로써 너희를 현혹하는
자의 그 말에 너희 자신을 파는 그와
같은 일이 있어서는 절대 아니 됨이니
라.
16 그리하여 이 대목이 소중하고 귀하기
에, 내가 다시 한 번 나의 아들을 통하
여 너희에게 전함이니,
17 너희는 이 대목을 읽고 읽어 너희 것
으로 만들어 그와 같이 변화된 삶을
살지 아니하면 아니 됨을 알라.

7,872 번째 하나님 말씀

2003년 10월 11일 22시 22분

1 사랑하는 나의 아들아!
2 "네, 아버님! 말씀하옵소서."
3 나의 사랑하는 모든 백성이요, 믿음의
길을 가는 그 백성이 그리도 갈구하는
하늘에 오르는 그 길은 간단하거늘,
4 어찌하여 너희는 그 간단하고 편안한
길을 선택하지 아니하며, 오로지 지금
까지 흘러온 관습이요, 인간의 교리에
현혹되어 모두를 다 저버리면서도 그
길이 구원의 길이라 그리 가는가?
5 이제 내가 다시 나의 아들을 통하여
너희에게 전함이니라.
6 제3의 시대에 너희를 구원하기 위해
나의 법전을 세상에 내려보내니,
7 너희들이 이와 같이 나의 법전처럼 내
뜻을 그대로 반영하여 기록된 책이 과
연 어디 있는가?
8 그리고 책이란 무엇이더냐?
9 글로써 기록됨이니 그 모두를 증거함
이니라.
10 이 세상에 수천 년 동안 흘러오며 그
많은 종교 집단이요, 지도자요, 나로
부터 성령을 받았다는 그 백성, 또 인
도하는 자들이 과연 나의 법전처럼 그
많은 내 뜻을 그대로 반영하여 이와
같이 160권의 책으로 역사하는 그와
같은 길을 간 자가 있는가?
11 이 많은 내용을 과연 어찌 역사한 것
인지 한번 생각해봤는가?
12 너희는 그저 성서를 가지고 들춰내며
성서를 가지고 한두 권의 책을 쓴 종
교 지도자라 그리 말하니, 그는 바로
제 꼬리를 잘라 먹는 그와 같은 한계
에서 벗어나지 못한 자들이 이 세상에
한두 권의 책을 만들어 내는 것은 있
으나,
13 이와 같이 160권의 대장정의 책으로
써 나 여호와의 뜻을 그대로 하나하나
빼놓지 아니하며 모두를 다 반영하여
기록하여 만백성을 구하는 그와 같은
역사가 일어날 수 있단 말이던가?
14 너희가 이를 이대로 읽고 깨우치면 그
것이 하늘에 오르는 길이라 함이니라.
15 그러나 이를 듣지 아니하는 것이 오늘
의 믿음의 길을 가는 그 백성이니라.
16 나의 법전이 나의 성령이요, 새로운
성령임을 믿는 자는 정녕 나로부터

상을 받는 은혜를 받을 것이며,

17 이를 믿지 않는 자, 이를 인정하지 아니하는 자는 정녕 나로부터 은혜를 받을 수 없으며 내가 너희를 모른다는 그 대답밖에 할 수 없다는 것을 내가 다시 한 번 기록해 전함이니 그리 알라.

18 지금 나의 아들을 통하여 내리는 160권의 법전의 내용보다도 더 상세한 내용을 기록하여 세상에 만드는 자, 그보다 더한 역사를 이루는 자가 있다 하면,

19 너희가 나의 법전을 찢어 버리고 태워 버린다 해도 내가 말하지 아니할 것이며, 나의 아들을 믿지 아니하며 나의 법전을 믿지 아니해도 될 것이니라.

20 그러나 너희에게 답을 정확히 내려 줌이요, 가야 할 길과 가지 말아야 할 길, 너희가 취할 것과 취하지 말아야 할 것, 그 모두를 모두 상세히 기록하여 이 법전에 전함이니,

21 나의 법전의 결론은 무엇이더냐?

22 나 여호와가 이루고자 하는 크나큰 사랑을 이루는 그 한 구절구절에 너희가 변해 가는 내용을 상세히 기록해 놓았으며,

23 너희가 처하고 부닥치는 그 생활 속에서 어찌 가는 것이 사랑의 길인가, 이를 상세히 나 여호와의 뜻을 그대로 반영하여 책으로 역사하여 만든 것이니,

24 이와 같이 너희가 만든 것이 있는가?

25 그렇다면 나의 법전을 버려도 된다 함이니 그를 알라.

26 너희는 지금까지 역사한 자도 없으며 앞으로도 이와 같은 역사는 있을 수 없을 것이니라.

27 그리하여 마지막 시대요, 내가 너희에게 마지막 한 번의 기회를 주며 심판의 시대를 열어 가고자 하는 것이니, 마지막이라는 그 모두를 너희는 잊지 말라.

28 나의 법전이요, 내 뜻이요, 내가 생각하는 것, 내가 역사하는 것, 그리고 하늘의 뜻이요, 하늘의 진리요, 참진리를 모두 하나하나 기록하여 역사한 책이니,

29 이보다 더 방대한 장서로써 나오는 것이 있다면 너희가 그를 따라도 내가 말하지 아니할 것이니라.

30 그러니 이와 같은 역사는 이루어질 수 없음을 너희는 알아야 할 것이니라.

31 나의 법전이 새로운 성경임을 믿고 이대로 살아가며 이대로 행하는 것이 하늘에 오르는 길이거늘,

32 너희가 갈구하는 천국에 오르는 그 길을 가르쳐 주고 인내하는 것은 그보다 더 확실한 길잡이는 이 세상에 없다 함이거늘,

33 어찌하여 그 간단한 방법을 선택하지 아니하며, 집단적으로 재물을 바치며 제한된 시간 속에 기도하고 경배하고 찬양하며 울고불고하는가?

34 그와 같은 행위로써 구원을 받는다는 지금까지 잘못 흘러온 그 악습을 버리지 못하면 내가 너희를 모른다 한다는 것을 절대 잊지 말라.

35 나 여호와가 내리는 이 법전에 모두 상세히 기록하여 전함이니, 이를 읽고 간단히 깨우쳐 구원을 받도록 그리하

라, 사랑하는 나의 아들딸들아!

7,873 번째 하나님 말씀

2003년 10월 11일 22시 29분

1 사랑하는 나의 아들아!
2 "네, 아버님! 말씀하옵소서."
3 2천 년 동안 믿음의 길을 오며 하늘에
오르는 길이라 하며, 구약의 시대는
접어 두며 신약의 시대를 역사한다
하여 오늘에 새로운 믿음의 길을 간다
는 그 백성, 그들은 진정한 나 여호와
의 뜻이요, 내가 역사하는 길이요, 내
가 원하는 길을 온 것이 아니니라.
4 그들은 지금까지 저희가 하늘에 오르
는 길이요, 구원의 길이라 하여 많은
재물을 거둬들이며 성전을 짓고 교회
를 짓고 오늘과 같이 역사하였으나,
5 그들은 모두 그것이 진품이 아니요,
모조품을 전시하는 것, 모조품을 만드
는 것, 그리고 모조품을 세상에 만들
어 낸 그것밖에 역사한 것이 없음을
알아야 할 것이니라.
6 지금까지 왔던 그 믿음을 그들이 역사
한 것은 그것이 세상에 진실한 믿음이
아니요, 가짜와 진짜를 구분할 수 없
는 모조품을 만드는 세상이 되어 버렸
으며, 그 믿음의 세상이 되어 버렸음
을 너희는 알아야 할 것이니라.
7 나의 아들 예수의 시대는 구약의 시대
에 역사했던 백성이 그 모조품의 시
대를 종식하고 나 여호와의 참모습이
요, 진정한 나의 뜻을 보여 주고자 하
여 그를 역사하고자 했던 것이 그가
갔던 길이었으며 그가 세상에 내려와
서 하고자 했던 뜻임을 너희는 알라.
8 구약 시대는 모조품의 시대요, 그리하
여 신약 시대는 그 구약 시대의 모조
품의 시대를 완전한 보석으로써 완전
한 진품으로써 만들어 내는 그 역사를
하려 했으나, 그것도 모두 실패하고
말았음이니라.
9 구약의 모조품 신앙의 믿음의 길을 가
는 길, 그리고 저희만의 아집으로 우
월주의에 젖어 있는 종교 집단이요,
지도자들이 모조품만을 만들고 있었
기에,
10 그들에게 진품을 만드는 그 길을 잡아
주고 역사하고자 했던 것이 나의 아
들 예수가 세상에 내려와 이루고자 했
던 것이니라.
11 2천 년 전에 나의 아들 예수가 그 모
조품을 완전한 진품으로 만들고자 하
였으나, 아무리 역사하고자 하며 아무
리 나 여호와의 뜻이라 해도, 그 또한
실패작으로써 모두 거기에 끝나고 말
았음이니라.
12 그러니 지금의 너희는 바로 어떠한
백성이더냐?
13 구약의 4천 년의 모조품의 신앙이요,
신약 시대의 2천 년의 그 모조품의 시
대가 지금 이와 같이 이루어지고 있
음이니라.
14 그러니 이 세상의 모든 것이 악으로
덮였으며, 사탄이 지배하는 그와 같은
세상이 되었다 내가 그리하지 않더냐?
15 이제는 내가 더 이상 모조품을 볼 수
없음이니라.
16 2천 년의 모조품의 시대를 너희가 지
금까지는 지탱하고 이끌어 왔으나, 이

모두를 바로잡고자 하는 것이 나 여
호와의 뜻임을 너희는 알라.
17 이 모두를 바로잡는 것은 나의 법전
밖에 없으며, 나의 법전이 세상에 나
와 그 모조품들을 다 불태우며 진품으
로서 모든 역사를 하는 길잡이요, 그
길을 안내하고자 함이니,
18 제3의 시대라는 그 명칭을 붙여 새로
운 역사가 임하지 아니하면 아니 되
는 이와 같은 형국에 이르렀음을 알
아야 할 것이니라.
19 그리하여 제3의 시대를 열어 내가 나
의 성령을 나의 아들을 통하여 '하나
님! 말씀하옵소서', '하늘에 오르는
길'이라는 책으로써 내가 너희에게 임
함이니,
20 이 모두를 바로잡고 이끄는 것은 지
금 나의 아들을 따르는 제자 너희가
아니면 역사할 수 없다는 것을 알라.
21 너희가 말하는 모조품이 아닌 진짜
보석이요, 아름다운 신앙이요, 아름다
운 믿음의 그 길을 보여 주고자 하며,
너희 눈을 뜨도록 하게 하며, 너희를
깨우쳐 주고자 하며, 너희 귀를 들을
수 있도록 열어 주어,
22 너희가 바로 진품과 모조품을 구분할
수 있는 그와 같은 깨달음을 깨우쳐
주기 위하여 나의 법전을 지금 세상에
내려 전해 줌을 명심하고 또 명심해
야 할 것이니라.
23 그러니 지금 모조품에 매달려 진품이
라 아우성을 치는 그 백성이 진품과
모조품을 구분할 수 있는 그 길은,
24 나의 아들을 따르는 제자 너희가 나
의 법전을 세상에 전하며, 만백성을
구하려 피나는 노력을 하여,
25 진품과 모조품을 구분할 수 있도록 깨
우친 자, 그리고 그를 볼 수 있는 자,
그리고 그를 구분할 수 있는 능력을
너희로부터 받은 그들이 너희에게 감
사할 것이며, 그 감사함은 끝이 없을
것이니 그리 알라.
26 정녕 모조품에 의하여 그 모두를 바쳤
던 자들에게 진품의 진위를 알려 주
며, 너희가 옥석을 가리는 그와 같은
역사로써 나의 피조물 만백성들을 일
깨워 주니,
27 그 은혜를 받은 자가 너희에게 영원히
그 감사함을 잊지 아니하는 그와 같은
백성으로서 너희와 더불어 또한 그들
이 나의 법전을 이고 지고 만백성을
구하는 그와 같은 역사가 이루어질 것
이니 그리 알라.
28 너희가 나의 법전을 만들어 세상에 전
하지 아니하면, 지금의 모조품 신앙에
모두를 바치는 나의 사랑하는 백성이
구원의 길을 볼 수 없다는 것을 너희
는 명심하고 또 명심해야 함을 잊지
말라, 사랑하는 나의 아들딸들아!

7,874 번째 하나님 말씀

2003년 10월 11일 22시 33분

1 사랑하는 나의 아들아!
2 "네, 아버님! 말씀하옵소서."
3 예수를 따랐던 그 제자들이요, 그리고
예수를 믿고 그와 더불어 역사하겠다
하여 따랐던 그 제자들은 나의 아들
예수 앞에 그와 같은 말을 하며 그와
같이 언약했으나,

4 한편 그들의 마음 한구석에는 항상 예
수를 의심하는 마음이요, 의혹하는 마
음이요, 저희 나름대로 생각이 끊이지
않는 그와 같은 자들이 나의 아들 예
수를 따랐음이니라.
5 그러나 그 제자들이 결국 어디에서 바
른 마음이요, 바른 신앙의 자세로 돌
아왔던가?
6 의혹과 의심하는 마음으로써 나의 아
들 예수를 따르던 그들이 예수가 부활
하는 것, 그리고 부활하는 그 현장을
보고 나서 그들의 마음이요, 믿음이
굳건히 되었던 것이 아니더냐?
7 그러니 지금 나의 아들을 따르는 제자
너희도 또한 알아야 할 것이니라.
8 너희도 그와 같은 기적의 역사가 이루
어져야만 나의 법전을 믿으며 나의 아
들이 선택된 나의 아들이라는 것을 믿
겠는가?
9 그러나 너희는 그와 같은 역사가 이
루어지지 아니한다 하여 등을 돌리는
그와 같은 선택된 백성이 되어서는
아니 될 것이니라.
10 너희는 알아야 할 것이니라.
11 너희가 순수한 마음으로써 계산 없는
그 마음으로써 나의 법전을 믿으며 나
의 아들을 따르는 그와 같은 길을 갈
때, 너희가 나로부터 받을 수 있는 그
은혜와 상이 어떠한 것인가를 알아야
할 것이니라.
12 내가 너희에게 여기에서 깨우쳐 줌이
니라.
13 두 마음을 가진 자는 언제든지 변화될
수 있으며 변질할 수 있다 했듯이,
14 한번 등을 돌린 자는 열 번 백 번 등을
돌릴 수 있음이니, 등을 돌렸던 그 백
성이 깨우치고 다시 돌아오는 것은 그
못지않은 고통과 시련의 대가 없이
그 노력함이 없이는 정녕 두 번 다시
등을 돌리지 아니한다 할 수 없음이니
라.
15 인간의 마음은 한 번 등을 돌린 자는
두 번 세 번을 돌리기 쉬운 것이 너희
가 아니던가?
16 그것이 바로 인간 세상의 너희 마음이
니라.
17 인간 세상에서 그와 같은 마음을 가지
고 육의 세상에서 이루어지는 것이 수
없이 이루어짐이니라.
18 무너진 자가 또 쉽게 무너지는 그와
같은 삶을 너희는 보지 않는가?
19 그와 같이 한번 등을 돌린 자는 백 번
천 번도 등을 돌릴 수 있음이니,
20 그가 깨우쳐 돌아온다 해도 너희가
등을 돌리지 않는 그와 같은 깨달음으
로써, 또한 내가 너희를 믿을 수 있어
너희에게 명령을 내릴 수 있는 그와
같은 길은,
21 너희가 그만큼 노력의 대가요, 고통의
변화를 이루지 아니하면 나는 정녕 너
희를 알지 못한다고 말할 것이니 그
리 알라.

7,875 번째 하나님 말씀

2003년 10월 11일 22시 38분

1 사랑하는 나의 아들아!
2 "네, 아버님! 말씀하옵소서."
3 나의 아들 예수가 세상에 내려간 그
뜻은 무엇이더냐?

4 사랑하는 나의 백성에게 하늘에 존재
함이 있으며, 나 여호와가 존재함을
그들에게 깨우쳐 주며,
5 나 여호와가 만백성 너희에게 생명을
주어 세상에 내보냈음이니, 내가 살라
는 그 계획대로 그 뜻에 따라 살지 않
는 자는 반드시 나에게 와 심판을 받
음이니,
6 그 심판의 결과는 천국에 구원받은 백
성으로 태어날 수 있으며, 그렇지 않
은 자는 지옥이라는 한번 들어가면 출
구가 없는 그곳에서 영원히 그 대가를
치른다는 것을 나의 백성에게 깨우쳐
주고자 했던 것이 나 여호와의 뜻이니
라.
7 그리하여 너희가 나 여호와의 뜻에
살다 나의 나라 천국의 나라에 나의
품에 돌아와 나의 아들딸로서 거듭날
수 있도록 너희를 위하여 나의 아들
은 그와 같은 역사를 이루었으며,
8 너희에게 깨우쳐 주고자 했던 참뜻이
거기에 있음을 알아야 할 것이니라.
9 그러면서 너희가 나의 아들딸로서 거
듭날 때는 바로 어떠한 역사와 은혜가
있는가?
10 창조주 나 여호와로부터 너희는 상상
할 수 없는 많은 상속의 은혜를 받게
되는 자들이니, 곧 너희가 나의 아들
딸이 되는 것은 상속의 은혜를 받게
되는 것이니,
11 그와 같이 나로부터 많은 상과 상속의
은혜를 받게 하려고 나의 아들 예수
는 저 자신을 버려서 너희에게 그 이
치를 깨우쳐 주고자 했던 것임이니라.
12 나의 아들 예수는 목숨을 바쳐 너희를
깨우치고자 했으나, 2천 년이 흐른 지
금의 종교 집단이요, 지도자요, 믿는
다는 그 백성은 어떠한 신앙이더냐?
13 그들은 대속 신앙으로써 전락되어 버
렸으며, 오로지 예수의 보혈로써 너희
죄를 다 대속했다는 그것 하나만을
믿고 매달리며, 그것이 전부인 것처럼
하고 살아감이니,
14 너희의 신앙이요, 믿음이 대속 신앙으
로 전락하여 있음을 알라.
15 믿기만 하면 구원이라는 것, 그리고
간편하고 평탄한 그 길을 제공해 주는
것이 오늘의 종교 집단의 지도자들이
아니던가?
16 너희가 협착하고 어렵고 힘든 길을 개
척해서 하늘에 오르는 그 길을 만들고
와야 하는 것을, 그 길을 만든 백성이
없으니,
17 하늘에 오르는 그 길이 막혀 있는 것
은 당연하며 길이 없음이니라.
18 진정한 종교 지도자라면 그 백성이요,
신도들과 더불어 나 여호와의 뜻에 따
라 하늘에 오르는 협착한 그 길을 만
드는 어렵고 힘든 역사를 함이 구원의
길이요, 기초라 할 수 있거늘,
19 너희는 그저 편안하고 평탄한 길, 그
리고 그저 생각 없이 나의 아들 예수
를 울고불고 부르기만 하면 된다는 아
주 편안한 방법으로써 하늘에 오르는
그 방법을 제공해 주며, 나의 백성의
마음을 현혹하여 그들에게 너희는 무
엇을 원하는가?
20 너희가 그와 같이 간단한 방법이 하늘
에 오르는 길이라 너희가 나의 피조
물 만백성들을 세뇌시켜 놓고,

21 그들이 그것이 진정한 믿음이라 하여
'믿습니다, 아멘, 할렐루야'를 찾을 때
그들에게 너희는 금전 바구니요, 재물
을 거둬들이는 바구니를 돌려, 그 대
가로 나의 사랑하는 백성으로부터 재
물을 거둬들이고 갈취하는 그 방법을
일삼은 것이 오늘의 종교 지도자의 집
단이요,
22 또 거기에 현혹되어 제가 나의 재물을
함부로 써 제 죄만 하나씩 늘어나는
것을 모르고 가는 광신도들, 그와 같
은 관계가 이루어진 것이 오늘의 믿음
이니라.
23 그리하여 나 여호와는 아무런 관계도
없으며 내가 너희를 기억할 수 없도
록 타락되었으며 무너진 것이 오늘의
종교 지도자요, 그 백성이요, 성도라
는 것을 너희는 잊어서는 아니 될 것
이니라.
24 그러니 너희가 하늘에 오르고자 나의
뜻에 따라 내 집에 오는 그 영광을 얻
고자 한다면, 나의 아들이 너희에게
전하고자 한 그 뜻을 알라.
25 하늘에 나 여호와가 존재함이니, 너희
는 심판을 반드시 받으며,
26 그 심판의 대가는 너희가 어찌 살았
으며 어찌 행했느냐에 따라서 그 점수
에 따라서 희비가 엇갈린다는 그와 같
은 간단한 이치를 나의 피조물 만백성
들에게 전해 줘,
27 저희가 그저 대속의 신앙에서 벗어날
수 있도록 그리하라.
28 대속의 은혜를 받은 그 신앙이 바로
무엇이던가?
29 너희가 이룰 수 없는 것, 역사할 수 없
는 것을 남을 빙자하여 남의 이름을
팔아 거둬들이고자 하는 것이니, 바로
기복 신앙의 대표자가 너희라 함이
여기 있음이니라.

7,876 번째 하나님 말씀

2003년 10월 11일 22시 43분

1 사랑하는 나의 아들아!
2 "네, 아버님! 말씀하옵소서."
3 나의 백성 너희를 내가 내려다보는
그와 같은 형국이 어떠한 것인지 아느
냐?
4 인간 세상에 동양의 백성 너희가 하는
말이 있느니라.
5 '비렁뱅이끼리 자루를 찢는다'는 그와
같은 말이 있지 않으냐?
6 얻어먹는 자, 가난한 자들이 곡식을
담는 자루를 서로 찢는 어리석은 행
위를 하는 백성이 있다는 말이 있듯
이, 지금 너희가 그와 같은 형국에서
벗어나지 못하는 자들이라면 정녕 너
희는 믿지 아니할 것이니라.
7 나 여호와가 너희를 구원하고자 내렸
던 구약을 제대로 이해하고 그 뜻을
아는 백성이 없으며 그를 제대로 해명
하고 가르치는 백성이 없다면 너희는
믿겠는가?
8 그뿐이던가?
9 너희는 새로운 역사를 이룬다는 신약
시대에 내가 내린 신약도 제대로 아는
자가 없으며 그 비유의 뜻을 아는 자
가 없으며, 내가 너희에게 전해 준 그
참진리의 뜻을 아는 자가 없음이니라.
10 그러니 서로 알지 못하는 자들끼리

논쟁을 벌이고 있으며, 구약의 시대가
어떻고 신약의 시대가 어떠하며, 구약
의 시대는 끝났으며, 신약의 시대가
다시 역사하는 것이며 새로 역사한다
는 것은 위를 잘라 내는 그와 같은 형
국이 지금의 형태임이니라.
11 너희는 나무를 모두 잘라 내고, 다시
거기에서 움터 나오는 것이 그 나무가
아니고 새로운 나무라 아무리 발버둥
치며 소리쳐도,
12 위를 잘라 내고 거기에서 새순이 난다
해도, 그 나무 뿌리의 양분을 받을 것
이며,
13 결국 성장해서 그 나무의 모형을 그대
로 갖추지 아니하려 해도 그대로 갖춰
질 수밖에 없는 것이니라.
14 그러니 구약의 시대가 뿌리요, 신약의
시대 또한 같이 더불어 가는 역사가
이루어진다는 것을 모르고,
15 서로 논쟁을 벌이며, 내 것이 옳고 네
것은 아니라며 구약과 신약이요, 나
여호와가 내린 나의 성령을 가지고도
그리함이니,
16 그러한 습성에 젖어 있으며 제 앞의
욕심에 젖어 있는 너희기에 지금 내
가 마지막 시대에 너희를 구원하기
위해 내리는 나의 법전을 놓고 똑같은
시시비비를 벌이고 있으니,
17 너희가 과연 그 정답을 어디서 찾겠느
냐?
18 너희는 그 정답을 찾을 수 없음이니라.
19 구약에 대한 신약의 시시비비요, 신약
을 믿는 백성이 또한 나의 법전을 가
지고 시시비비를 함이니,
20 2천 년 동안 나의 아들의 생명의 대가
로써 받아들인 자들이 오늘에 하는 행
동이니, 그것을 내가 어찌하여 나의
뜻에 따라가는 백성이라 하겠는가?
21 위의 것을 인정하지 아니하며 다시 오
는 것도 인정하지 않는 너희는 어리
석은 자들이니라.
22 그러나 나는 너희를 사랑하기에 지금
이 모든 정답을 나의 법전에 기록하여
너희에게 내려보냄을 알라.
23 그리하여 나의 법전을 접하지 아니하
는 자는 깨달을 수 없으며, 진리의 길
을 볼 수가 없으며, 심판대에 설 수 없
다는 그 무서운 가르침을 너희는 잊어
서는 아니 될 것이니라.
24 정녕 나 여호와의 뜻이 아니라면 어찌
하여 내가 책으로써 글로써 증거하는
이와 같은 대역사를 이룰 수 있단 말
이던가?
25 사탄이요, 악마가 하는 짓은 말로써
전하며 너희에게 자극을 주어 전하며
너희를 순간적으로 이용하는 그와 같
은 방법은 쓸 수 있으나,
26 지금 같이 160권의 대장정이요, 책으
로 근거하며, 읽는 자가 바로 읽고 깨
우치는 자가 나올 수 있는 이와 같은
역사를 이룰 수 없는 것이니,
27 이는 나 여호와의 성령이요, 나의 뜻
이요, 이는 모두 정답이기 때문에 이
역사가 이루어짐을 알아야 할 것이니
라.
28 내가 글로써 증거하여 너희를 구원하
고자 내려보내는 나의 법전을 믿지 못
하는 어리석은 그와 같은 행위를 하는
것이, 지금 신약의 시대만 위대한 것
이요, 그것만이 구원을 받는다고 말하

는 자들이니라.
29 그러니 그들의 말에 현혹되어, 거듭나
는 그 삶을 버리는 어리석은 삶을 살
지 아니하도록 나의 법전을 만들어 그
들에게 전하라, 사랑하는 나의 아들아!

7,877 번째 하나님 말씀

2003년 10월 11일 22시 49분

1 사랑하는 나의 아들아!
2 "네, 아버님! 말씀하옵소서."
3 나 여호와가 종교 지도자요, 그 성도
라는 백성, 나의 아들딸 때문에 피눈
물을 흘리고 있음을 너희는 알겠는가?
4 그들이 하는 행위요, 그들이 하는 짓
을 바라보는 나 여호와가 그들을 정녕
바로잡을 길이 없음이니, 나 여호와가
피눈물을 흘리고 있다는 것을 너희는
알아야 할 것이니라.
5 그들이 어떠한 행위를 하고 있는지 알
겠는가?
6 가장 천박하게 살며 가장 추하고 더러
운 생각을 하고 사는 종교 집단이요,
지도자들이 저희가 외형으로 어떠한
행위를 하느냐?
7 가장 고귀한 체하며 저희가 가진 직
분이 가장 고귀한 직분이며, 그리하여
저희는 고귀한 행위요, 남들이 봐서
존경받을 수 있는 그와 같은 생각을
한다는 그들이 위선자이며 자신을 속
이는 자들이니,
8 그를 보는 나 여호와요, 그 밑에서 구
원을 받는다고 울고불고하는 그 성도
들을 바라보는 나 여호와의 가슴이 얼
마나 아프면 내가 피눈물을 흘리고 있
는지 너희는 알겠느냐?
9 천박하기 이를 데 없으며 추하기를 이
를 데 없는 자들이 고귀한 체 모두 너
울을 뒤집어쓰고 있으니 그게 무엇이
더냐?
10 늑대가 바로 양의 가죽을 쓴 그와 같
은 형국인 자들이니라.
11 그들만이 우글거리며, 그들에게 먹혀
가는 나의 사랑하는 백성 그들을 볼
수 없어 내 마음이 저려 눈물을 흘린
다 함이니,
12 정녕 나의 아들을 따르는 제자들이요,
나의 법전을 읽고 깨우친 만백성 너희
는 나의 피눈물을 닦아 주는 것은 그
들의 문을 닫을 수 있도록 나의 법전
을 하얀 눈이 세상을 덮듯이 세상을
다 덮어 만백성이 읽을 수 있도록 그
역사를 너희가 이루는 것이 그 길임을
알라.
13 저희를 위하여 내려가는 나의 법전을
그들은 어찌하는가?
14 위선자요, 추하고 더러우며 천박한 짓
을 하고 사는 자, 그러면서 고귀한 체
하는 그 위선자들을 구원하고 살리기
위해 내가 내려보내는 법전이거늘,
15 저희는 이것마저도 받아들이려 하지
아니하며 이것마저도 거부하며 그를
믿지 아니하는 것이 그들이니라.
16 그러니 과연 그들의 믿음이라는 것이
무엇이더냐?
17 그들이 가는 믿음은 이루 말할 수 없
는 추한 모습이니라.
18 저희가 말로써는 창조주 나 여호와요,
아버지라 말하며, '아버지께서 하시는
말씀이 곧 만백성을 구하는 성령이요,

빛이요, 하늘에 오르는 길이라' 말하
며 그와 같이 가르치느니라.
19 그러나 결국 그들의 마음속은 어떤 것
인지 알겠느냐?
20 그들은 나 여호와는 아버지요, 나를
믿음으로써 구원을 받으며, 사랑의 아
버지라 그리 말하느니라.
21 그리고 창조주 아버님의 말씀만이 구
원을 받을 수 있다고 말하나, 그들의
속에는 나 여호와를 생각하는 마음이
정녕 없음을 알라.
22 저희가 흥분하여 광분할 때는 소리 지
르고 찾으나,
23 정녕 나 여호와를 가슴에 안고 산다
하면 그리고 저희 말대로 그리 나 여
호와를 따르며 내가 내리는 나의 말씀
을 성령이요, 구원의 말씀이라 믿고
산다면,
24 오늘과 같이 행함이 아무것도 아니며
그저 믿음만을 가며, 행함은 소중함이
아니니, 인간의 세상에서 죄를 지어도
죄가 두려운 줄 모르며 무서운 줄 모
르도록 그리 가르치지는 아니하였을
것이니라.
25 그게 바로 너희가 나를 피눈물을 흘
리게 하는 짓임을 알라.
26 그들에게 너희는 전하라.
27 이제는 그들에게 시간이 없다 함을
전하라.
28 조금만 더 지나간다면 그들에게는 정
녕 구원할 수 있는 그 시간이 없는 것
이 그들이 지금 처해 있는 형국이니,
29 정녕 영원히 나에게 구원을 받고자 한
다면 지금 이 순간부터 법전을 들고
깨우치며 그 뜻에 따라 살아가는 삶으
로 대변화의 역사를 이루지 아니하면
그들에게는 영원히 구원의 기회가 없
다는 것을 전해 주라, 사랑하는 나의
아들딸들아!

7,878 번째 하나님 말씀

2003년 10월 11일 22시 52분

1 사랑하는 나의 아들아!
2 "네, 아버님! 말씀하옵소서."
3 너희가 그리 갈구하는 하늘에 오르는
길이요, 천국의 그 비단길을 걸어올
수 있는 것은 간단한 것이거늘 어찌하
여 너희는 그와 같은 길을 역사하지
아니하느냐?
4 너희가 성령을 받아 성령으로 임하는
그 삶을 산다면 모두 다 편안한 길이
요, 평탄한 길이요, 행복한 마음으로
써 그리 갈구하는 천국의 문을 들어서
비단길을 걸어 나에게 올 수 있거늘,
5 어찌하여 그와 같은 성령으로 임하는
변화되는 삶을 살지 못하는가?
6 너희는 지금 마음속에서 어떠한 생각
으로써 살아가는 줄 알겠는가?
7 모든 종교 집단이요, 지도자들이 울고
불고 개구리처럼 소리 지르며 찬송한
다 해도, 그들의 마음속에서는 나 여
호와가 원하는 것이 나오지 아니하는
자들이니라.
8 내가 원하는 것, 내가 역사하고자 하
는 것, 내가 바라는 그 뜻이 그들의 가
슴속에서는 나오지 아니하며, 그것을
역사하지 못하는 것이 그들이니라.
9 그러니 그들은 바로 어떠한 자들이냐?
10 나 여호와가 원하지 않는 것만 생산해

서 전하며, 나 여호와가 원하지 않는
것만 가지고 만백성에게 하늘에 오르
는 길이라 하는 추한 모습을 하고 있
음이니라.
11 그들이 바로 재물을 거둬들이며 내가
짓지 말라는 교회를 웅장하게 지으며
궁궐보다도 더 아름답게 지어 놓고 차
려놓는 것만 나를 기쁘게 하는 것이
요, 나에게 오는 길이요, 나에게 오는
그 은혜를 받는다고 말하니,
12 그 모두가 나 여호와가 원하는 것을
그들의 마음속에서 끌어내는 것이 아
니요, 나 여호와가 원하지 아니하는
것만 저희 마음속에서 끌어냄이니,
13 그들이 천박하고 천하고 추하고 더러
운 인생을 살아가는 자들이 지도자라
지금 말하는 자들이라 함이 여기 있음
이니라.
14 나 여호와가 원하지 않는 것만 나오도
록 하는 자, 그리고 내가 원하지 않는
것만 역사하는 그와 같은 길을 가는
자들이 바로 어떠한 백성이냐?
15 성령이 임하지 않는 백성이요, 사탄이
요, 악마가 그들의 가슴속에 임함을
알아야 할 것이니라.
16 하늘에 오르는 길이요, 그리 갈구하는
천국에 오르는 길은 너희가 성령을
받아 성령으로써 임하는 그와 같은 삶
으로 변화되는 것, 너희 자신에게 성
령이 임할 수 있는 깨끗한 마음으로
육을 다스리며 변화되는 삶을 사는 것,
17 그것만이 평탄하고 편안한 길로써 나
에게 오는 길이라는 것을 알라, 사랑
하는 나의 아들딸들아!

7,879 번째 하나님 말씀

2003년 10월 11일 22시 55분

1 사랑하는 나의 아들아!
2 "네, 아버님! 말씀하옵소서."
3 인간 세상에 모든 종교 집단이요, 지
도자들이 어찌 가르치던가?
4 육은 완전하지 못하며 육을 가진 자는
완전할 수 없다고 그리 말하느니라.
5 그러기에 너희는 실수할 수 있으며
죄를 지을 수 있으며 그리하여 너희
손으로 지은 성전이요, 교회라는 곳에
울고불고 재물을 바치고 회개하면 죄
가 깨끗해진다 함이니, 너희는 이 말
을 들을 때 타당하다 생각하며 그럴
수밖에 없다 생각하느니라.
6 너희 자신이 마음을 비우고 살아가려
해도, 육을 가진 자는 완전하지 못하
다는 것을 느끼며,
7 스스로 무너지는 그와 같은 삶 속에서
그 말은 타당하며 일리가 있다 생각하
는 것이 나의 피조물 만백성들이니,
8 그 마음을 이용하여 저희가 나의 피
조물 만백성들을 애완용처럼 고리를
끼워 끌고 다니는 그와 같은 형국이
되었음이니라.
9 그러나 나의 아들을 따르는 제자요,
나의 법전을 읽고 깨우친 만백성 너희
는 알라.
10 성령이 임하면 그 모두가 다 역사하며
이루어진다는 것을 알아야 할 것이니
라.
11 그리고 너희는 또 하나를 더 깨우쳐
그들에게 전하라.
12 저희는 육의 행함은 소중히 생각하지

아니하나, 너희가 나에게 오르는 길은
육과 영혼이 바르게 가는 그와 같은
삶이 아니면 절대 나에게 오를 수 없
다는 것을 알라.
13 너희는 육과 영혼이 바르게 사는 그
길을 가지 아니하면 구원의 길을 만날
수 없다는 것을 전하라.
14 너희는 누구나 하늘에 오르는 그 빛을
볼 수 있다고 생각하나, 육과 영혼이
바로 가지 않는 자는 구원을 받을 수
없으며, 하늘에 오르는 빛을 볼 수 없
다는 것을 그들에게 깨우쳐 주고 전해
줘야 할 것이니라.
15 그러니 너희는 그와 같은 말을 하지
말라.
16 육은 완전하지 못하나니, 육을 가지고
온 자는 완전한 백성이 될 수 없으며
사람이 될 수 없다는 것,
17 그 말은 너희 경험에 비춰 봐도 타당
하고 맞는 것 같으나, 그 말에 현혹되
지 말라.
18 너희가 마음을 비우고 성령이 임한다
면 그와 같은 길을 갈 수 있다는 것을
잊지 말며, 너희 스스로 육과 영혼을
바르게 다스리는 데 최선을 다하는
삶을 살도록 그리하라.
19 그러면 너희에게 성령이 임하며 그
길이 열릴 것이니, 그리 알라, 사랑하
는 나의 아들딸들아!

7,880 번째 하나님 말씀

2003년 10월 11일 22시 59분

1 사랑하는 나의 아들아!
2 **"네, 아버님! 말씀하옵소서."**
3 너희가 인간 세상에 살아가면서 하는
말이 있지 않더냐?
4 콩을 심은 곳에서는 반드시 콩이 나며
팥을 심는 데서는 반드시 팥이 나는
것이 너희가 살아가는 순리요, 질서가
아니더냐?
5 그것이 잘못되면 이 세상은 균형이 깨
지며 이 세상은 아무도 통제할 수 없
으며 존재할 수 없는 것이 아니더냐?
6 그러니 참진리 또한 마찬가지니라.
7 참진리도 너희가 심은 대로 나는 것
이며, 심은 대로 참진리를 얻는다는
것을 잊어서는 아니 될 것이니라.
8 그러니 너희가 참진리를 받아들이며
참진리의 길을 가는 데 모두를 다 바
치고 살아가는 그와 같은 삶을 살아야
할 것이니라.
9 사랑하는 나의 아들딸들아!
10 너희 가슴속에 악을 심지 말라.
11 너희가 악을 심으면 거기에서 나오는
것이 무엇이더냐?
12 악이 싹이 터 악이 자람이니라.
13 그러니 너희는 악을 심지 말고 선을
심는 데 최선을 다하라, 사랑하는 나
의 아들딸들아!
14 너희가 선을 심는 그와 같은 마음으로
변화될 때, 곧 성령이 임하는 것이 아
니라 내가 너희에게 다시 한 번 가르
쳐 줌이니라.
15 너희가 선한 일을 하고자 선을 행하여
살아가고자 하나, 그 선의 행함이 너
무 무리하며 힘에 버거운 그와 같은
변화를 하루아침에 이루려 하지 말라,
사랑하는 나의 아들딸들아!
16 서서히 역사하며 서서히 변해 가도록

그리해야 할 것이니라.
17 너희가 무리하게 먼저 변하며 앞에 가
고자 하며 일시에 변하고자 한다면,
곧 그것이 무엇이더냐?
18 너희 자신의 육의 고통이요, 정신적인
그 고통이 같이 수반됨이니, 너희가
멀리 가지 못하며 끝까지 가지 못하고
주저앉는 그와 같은 백성이 될 것이니
라.
19 너희가 선을 심는 일에 최선을 다하
되, 선을 심는 것도 무리하지 말며, 네
힘에 버거운 그와 같은 역사를 하루아
침에 이루려 하지 말라, 사랑하는 나
의 아들딸들아!
20 그럼으로써 어려움과 고통이 모두 너
희에게 동반하게 되어 있음이니, 서서
히 가는 길이 바름을 알라.
21 이제는 너희는 알아야 할 것이니라.
22 그와 같은 이치를 깨달은 백성 너희는
서서히 살아가면서 작은 일에 대해 게
을리하지 아니하는 그와 같은 삶을 살
라.
23 사랑하는 나의 아들딸 너희가 작은
일을 하는 것이 나 여호와를 기쁘게
함이요, 그것이 곧 사랑이니라.
24 너희가 작은 일을 하는 그 기쁨이 나
여호와에게 더 기쁨이요, 더 영광이
요, 그 속에서 너희가 존재할 수 있음
을 나는 알고 있음이니라.
25 그러니 그것이 나의 진리요, 나의 선
을 따라 너희가 하늘에 오르는 길이라
는 것을 너희는 깨우쳐야 할 것이니
라.
26 작은 일을 아름답게 하는 것, 그리고
작은 일을 가지고 이웃에 있는 사람을
기쁘게 하는 것, 이웃 사람에게 작은
것을 선사하여 가장 큰 기쁨을 얻을
수 있는 그와 같은 일을 역사하는 것
이 나 여호와의 뜻이요, 내 진리요, 너
희가 나에게 올 수 있는 가장 값진 정
도의 길이라는 것을 절대 잊지 말라,
사랑하는 나의 아들딸들아!

7,881 번째 하나님 말씀

2003년 10월 11일 23시 02분

1 사랑하는 나의 아들아!
2 "네, 아버님! 말씀하옵소서."
3 사랑하는 너의 제자들에게 이르라.
4 나의 아들 네가 역사하는 것처럼 큰
일이요, 대역사요, 감히 누가 이룰 수
없는 그와 같은 일을 이루며 그와 같
은 아름다움을 행하고자 하는 조급한
마음을 갖지 말라 그리 전하라.
5 너희는 나의 아들을 따라 법전을 만들
면서 작은 빛을 비추고 살아가는 그와
같은 생각이요, 마음 자세로 살아가도
록 그리하라.
6 너희가 작은 빛을 비출 때도 그 빛을
받는 만백성들은 구원이요, 구원을 받
지 못하는 그와 같은 기로에서 저희가
얻고 못 얻는 것은 하늘에 닿는 것보
다도 더 무서운 역사가 이루어짐이니
라.
7 너희는 작은 빛을 비추고 살겠다는 생
각을 하며 그리 살라.
8 큰 빛을 비추며 큰 것을 이루겠다고
생각하지 말라.
9 160권의 법전이 나오며 너희가 깨달
음이 있을 때 또한 내가 너희에게 큰

빛이 될 수 있도록 그리 역사할 것이
니라.
10 그러니 나의 아들을 따르는 너희는
지금은 작은 빛을 만백성에게 그저 비
추어 주는 그와 같은 작은 마음으로,
욕심내지 말며 변해 가는 길을 서서히
닦아 가도록 그리하라, 사랑하는 나의
아들딸들아!
11 그러면서 너희는 어찌 사는가?
12 이 모든 백성이요, 믿음의 길을 가는
백성이 어찌 사느냐?
13 남의 것을 가지고 제가 편하고자 하
며, 남의 것을 가지고 생색을 내고자
하며, 남을 갈취해서라도 저희가 편하
고 부귀영화를 누리고자 하는 것이 그
들이 아니던가?
14 그와 같이 욕심을 버리지 못하는 백성
을 거울삼아, 너희는 남의 것을 가지
고 네가 편하게 살고자 하는 그와 같
은 욕심을 버리며 그리 살면 그것이
하늘에 오르는 길이요, 하늘의 참진리
요, 나 여호와에게 오는 길이라는 것
을 알라.
15 이제 나의 아들이 160권의 법전을 세
상에 내보내는 것은 이 세상의 모두를
다 버리는 대역사요, 큰 역사의 물줄
기를 틀어 놓는 것이니,
16 너희가 그와 같은 일을 역사하려 하
지 말며, 나의 아들을 따르는 너희는
나의 아들의 분신이요, 나의 분신으로
서 작은 빛을 비추는 그와 같은 생각
으로써 너희 스스로 살아가도록 그리
하며, 낮은 자로서 살아가도록 그리하
라.
17 그 작은 빛이 비쳤을 때 나의 아들이
요, 내가 비추고자 하는 그 빛의 힘이
하나의 물줄기가 되어 만백성을 구하
는 대변화를 이루는 데 작은 빛이 중
요하며 그 빛이 소중히 쓰일 때가 있
음이니 그를 명심하고,
18 욕심내지 말며 앞서 가려 하지 말며
성급하게 생각하지 말며, 힘에 부친
변화를 이루고자 하지 말라.
19 서서히 가라, 사랑하는 나의 아들딸들
아!

7,882 번째 하나님 말씀

2003년 10월 11일 23시 06분

1 사랑하는 나의 아들아!
2 "네, 아버님! 말씀하옵소서."
3 너를 따르는 그 제자들을 내가 사랑함
이니라.
4 그러니 그들에게 너무 성급히 생각하
지 말며 큰 역사를 이루려 하지 말라
내가 그리 말하지 아니하였더냐?
5 밤에 내리는 이슬을 마시고 성장해 가
는 작은 미물과 식물들처럼, 밤에 내
리는 그 이슬을 마시고 성장하는 것처
럼, 너희는 그리 서서히 성장하는 그
길을 가도록 가르치라.
6 너희는 그리 서서히 성장해 가면 되느
니라.
7 너희에게는 나의 아들이 있으며, 그리
고 너희를 이끌어 가며 너희에게 빛
이 되는 나의 아들이 있으며, 그리고
내가 성령으로 직접 써 내린 나의 법
전이 있지 않으냐?
8 만백성을 다스리는 진정한 빛이요, 하
늘에 오를 수 있는 그 길이 상세히 하

나하나 빼놓지 않고 기록되어 있음이
니라.
9 그를 읽으면 만백성이 구원을 받을 수
있는 나의 법전이 너희를 받쳐 주고
있으며, 위로는 나 여호와가 너희와
같이하고 있지 않으냐?
10 그러니 너희는 두려워할 것 없으며,
겁먹지 말며, 마음가짐을 성급히 하지
말라.
11 마음만 성급하다 해서 너희가 변하는
것이 따라가지 아니함이니, 서서히 변
화되며 너희 마음을 다스려 가도록
그리하라, 사랑하는 나의 아들딸들아!
12 밤에 내리는 이슬을 마시고 서서히 성
장하는 그 풀잎이요, 꽃잎처럼 그리고
미물들처럼 서서히 성장하는 것이 나
에게 오르는 길이요, 무너지지 아니하
며 중단하지 아니하는 것이니라.
13 마음이 급하다 하여 멀리 달리는 장
거리 선수가 있는 힘을 다하여 초반에
뛴다면, 그는 결국 풀밭에 앉아 저 자
신을 잘못 다스린 것을 후회하며 낙
오자가 되지 않더냐?
14 너희가 그와 같은 낙오자가 되어서는
아니 되느니라, 사랑하는 나의 아들딸
들아!
15 이슬을 마시는 작은 미물이요, 그 꽃
잎처럼 그와 같은 현명함을 가지고 살
아가도록 그리하라, 사랑하는 나의 아
들딸들아!
16 그 길만이 너희가 나에게 올 수 있는
길이요, 중단하지 아니하며 포기하지
아니하며 힘에 겨워 쓰러지지 않는 그
와 같은 역사를 함이니라.
17 오늘에 서서히 가는 것이 미래에 탄력
이 붙으며 힘이 생겼을 때, 그리고 너
희 가슴에 나의 성령이 그득히 찼을
때,
18 너희는 앞산의 동산을 밀어붙이고도
갈 수 있음이니, 아무도 너희를 막을
수 없음이니라.
19 그때까지는 서서히 조용히 성장해 가
는 그와 같은 생각을 하라.
20 작은 빛을 비추면서 서서히 성장하는
너희의 그 힘이 이 세상의 모두를 다
통제하고 지배하는 그와 같은 큰 물줄
기로서 역사할 때가 있음이니 그리
알라, 사랑하는 나의 아들딸들아!

7,883 번째 하나님 말씀

2003년 10월 11일 23시 11분

1 사랑하는 나의 아들아!
2 "네, 아버님! 말씀하옵소서."
3 성서에 기록되어 전한 내용이 있을 것
이니라.
4 가르치는 지도자요, 종교 지도자들은
정녕 나 여호와에게 오르지 못하며,
너희로부터 배우고 깨달은 제자들만
하늘에 오르는 그와 같은 일이 있다
하지 아니하였던가?
5 이제 내가 나의 법전에 기록하여, 하
늘에 오르는 그 길을 아직도 너희의
모든 조상이요, 뿌리가 다져 놓은 것
이 없기에,
6 어렵고 힘들게 옷이 찢어지며 살결이
뜯기는 그 고통 속에 그 길을 만드는
것이 나의 법전을 접한 백성이요, 나
의 아들을 따르는 제자 너희라 하지
아니하였더냐?

7 내가 성서에 기록해 놓았듯이, 내가
너희에게 일깨워 주었음이니라.
8 너희가 그 길을 만들고 너희를 따르
는 그 제자들을 인도하고자 내려왔을
때, 너희는 올라가지 못하며 제자들만
올라가는 그와 같은 형국이 되지 말라
하지 않았더냐?
9 그와 같은 지도자가 되지 말라 하였으
니, 이 내용이 또한 성서에 기록되어
있을 것이니 너희는 그리 알라.
10 지금의 믿음의 길을 가는 종교 집단이
요, 지도자들이 어떠한 자들인지 알겠
는가?
11 그들은 정녕 지금의 내가 말한, 저희
가 가르치는 성도는 깨달은 자가 있을
지언정 저희는 절대 나에게 올 수 없
으며 되돌아올 수 없는 자들이 그들
이니라.
12 그러니 나 여호와 앞에 있는 그들의
모든 이름이 생명록에서 다 지워지고
있음을 너희는 알라.
13 너희가 죄를 짓고 지을수록 그 생활기
록부에 죄목이 오름이니, 그게 가득
차고 넘칠 때 너희는 나에게 오를 수
없음이니,
14 그게 다 너희 스스로 이름이 지워지
는 그와 같은 역사가 이루어진다는 것
을 알아야 할 것이니라.
15 사랑하는 나의 아들아!
16 모든 종교 집단이요, 지도자 그들이
지금 어찌 가고 있느냐?
17 저희는 나 여호와의 뜻에 따라서 모두
일했으며 모든 역사를 한다고 그들은
말하느니라.
18 그러나 그들은 나의 뜻에 의해 역사한
다면서 나 여호와로부터 빚을 지고 죄
를 짓는 그 행위를 하는 것이 그들이
니라.
19 저희가 나의 사랑하는 피조물 만백성
들에게 진리를 가르치며 하늘의 뜻을
가르치며, 예수가 전하고자 했던 그
사랑이요, 나 여호와의 뜻을 가르친다
고 말하며, 나의 뜻을 가르치고 행한
다고 말하면서, 그들은 어떠한 짓을
하느냐?
20 나의 피조물 만백성으로부터 저희가
상전의 대우를 받으며 대왕과 같은 대
우를 받으며,
21 때로는 저희가 나 여호와를 능가하는
그와 같은 말과 행동을 하며, 그와 같
은 대우를 받고자 하는 자들이니,
22 아무리 그들이 가르치고 또 가르친다
해도 저희가 상전의 대우를 받고자
하는 그와 같은 행위를 한다면 그들은
나에게 수없는 빚을 지는 것이며,
23 그 빚보다도 더 무서운 죄를 짓는 행
위를 하는 것이 그들이니라.
24 이제 나의 아들을 따르는 제자 너희가
전사로서 만백성을 깨우쳐 나가며, 너
희가 깨우치는 그 백성에게 상전이요,
제왕적인 그와 같은 선생으로서 대우
를 받고자 한다면,
25 너희는 나의 뜻을 아무리 가르치며
나의 성령의 뜻으로 강론을 한다 해
도, 너희가 그 백성을 위하여 역사하
는 것보다, 나의 뜻을 거역하며 나에
게 죄를 지으며 나에게 갚을 수 없는
빚을지는 행위를 하는 그와 같은 지도
자요, 전사가 되어서는 절대 아니 된
다는 것이니라.

26 상전과 같은 대우를 받는 선생이 되지 말며 지도자가 되지 말라, 사랑하는 나의 아들딸들아!
27 너희가 아무리 만백성에게 법전을 만들어 이고 지고 전하며, 또 법전을 연구하여 만백성의 가슴에 심어 준다 해도,
28 너희가 오만하고 교만한 자세를 갖는다면, 만백성을 구하는 그 역사보다도 나에게 빚을 지고 죄를 짓는 행위를 너희 스스로 짓고 있음이니,
29 그는 정녕 씻을 수 없으며 지울 수 없으며 돌이킬 수 없는 죄라는 것을 너희는 명심해야 할 것이니라, 사랑하는 나의 아들딸들아!
30 내가 오늘 나의 아들을 통하여 기록해 전하는 나의 그 뜻을 너희가 충분히 이해하고 깨우쳐 너희 것으로 만들어, 바른 삶을 살지 아니하면 아니 됨을 알라, 사랑하는 나의 아들딸들아!

7,884 번째 하나님 말씀

2003년 10월 11일 23시 17분

1 사랑하는 나의 아들아!
2 "네, 아버님! 말씀하옵소서."
3 나의 법전에 기록하여 전하며 나의 아들이 너희에게 강론하기를, 이유 없이 받지 말며, 남에게 대우를 받는 것을 조심하고 삼가라 내가 그리 가르치고 법전에 전함이니라.
4 그러나 또한 어떠하던가?
5 너희가 남에게 좋은 일을 역사할 기회를 준다 할 수 있는 것도 있다 할 것이니,
6 너희를 핍박하는 자들은 그리 말할 것이니라.
7 그 법전이라는 것에 남이 좋은 일을 할 기회를 주는 것도 남이 복 받게 하는 기회를 주는 것이니, 너희가 지금 말하는 받지 말며 거둬들이지 말라 하는 것은 잘못된 것이니라.
8 그러니 남이 주는 것은 그저 받아들이며, 줄 수 있는 것을 끌어내서 챙기는 것이 바로 그 사람에게 좋은 일을 하는 것이며,
9 그가 나에게 와서 복을 받을 수 있는 일이며 축복을 받을 수 있는 그와 같은 기회를 만들어 주는 것이니,
10 긁어 들이는 것이 잘하는 것이며, 주는 대로 사양하지 않고 받아들이고 그저 챙기는 것이 그 사람이 하늘에 오르는 길의 기회를 주는 것이기 때문에 좋은 일을 하는 것이요,
11 그렇기에 너희는 받아들이는 것이 당연하다 그리 종교 집단이요, 지도자들이 말할 것이니라.
12 그리고 그를 거역하는 자는 그가 축복받을 수 있는 것을 막는 자요,
13 그러기 때문에 도리어 너희가 죄인이라 말할 것이니라.
14 그러나 너희는 알라.
15 너희가 꼭 받아야만 그가 은혜를 받는가?
16 그가 그와 같은 마음을 가지고 그와 같은 생각으로써 너희에게 전하고자 했으면 그것으로써 상을 받을 수 있는 것이니,
17 물질을 거둬들이는 행위는 너희가 잘못된 것임을 알아야 할 것이거늘,

18 모든 종교 집단이요, 지도자들이 이제
너희를 핍박하다 보면 핍박할 것이 없
을 때 그를 가지고 핍박할 것이며, 그
와 같은 것을 듣는 백성은 그게 '옳소,
맞습니다.' 하며 손뼉을 치니,
19 너희가 모깃소리만도 못한 그 진리의
아름다움을 가지고 전한다 해도 그는
묻혀 버리며, 그들의 악쓰는 소리에
너희 음성이 들리지 아니할 것이니 어
찌하겠는가?
20 그리하여 내가 법전에 기록하여 내려
보내니, 너희가 나의 법전을 전하고
또 역사하는 길뿐이니라.
21 그들이 시시비비하며 파도 소리보다
더 큰 그들의 음성이요, 그들의 광란
의 짓 앞에, 너희가 모깃소리만 한 것
으로써 절대 깨우치고 전할 수 없음을
알라.
22 주고자 하는 것으로 그는 이미 상을
받았음이요,
23 그리고 받고자 하는 것은 너희 마음
이요, 욕심이요, 챙기는 것은 네 몫이
아니니라.
24 그러니 챙기는 것은 네 몫으로써 네가
원하니, 네가 바로 악과 선을 구분하
지 못하는 자들이 되어 있음이니라.
25 받지 아니하여도 그가 주고자 했다면
그것으로써 그는 복을 받음이니,
26 챙기고 받아들이는 것은 네 욕심에서
이루어지는 것임을 알라.
27 사랑하는 나의 아들아, 여기서 너희는
깊이 깨우치고 가야 할 것이니라.
28 그러니 선과 악의 길은 쉬우면서도 가
장 어려운 것이며, 가장 판단하기 어
려운 것이 그 기준임을 알라.
29 선과 악은 너희가 보기에 가장 쉽게
판명이 되나 과연 어떠한 것이 선이
요, 어떠한 것이 악인지를 모르듯이,
30 남이 주는 것을 거절하는 것은 그 사
람이 좋은 일을 할 수 없기에 너희가
그를 받아들이어야 한다는 것이 선한
것 같으나 그건 아니지 않더냐?
31 그와 같이 어려운 길이니라.
32 가장 어렵고 힘든 길이니라.
33 그리하여 그 길을 찾지 못하며 그 길
을 보지 못하면 아니 됨을 알아야 할
것이니라.
34 이제 나의 아들을 따르는 제자 너희는
알라.
35 너희가 선과 악을 구분한다 해도 그
지혜가 있다 해도, 한 길이요, 한 가지
방법으로만 치우쳐서 그것이 옳다고
고집하는 그와 같은 생각으로써는 선
과 악을 구분할 수 없음을 알아야 할
것이니라.
36 너희는 외곬으로 한곳에 치우치며 한
곳에 빠지는 그와 같은 마음의 자세를
가져서는 아니 될 것이니라.
37 돌이켜 생각하며 또 생각하면 거기에
정답이 있을 것이니, 오로지 그 정답
이 너희가 행할 것이니라.
38 너희가 선을 깨우치는 것, 그리고 악
을 구분하는 것은 어렵고 힘드니라.
39 그러니 나 여호와의 뜻을 너희가 버리
게 되며 저버리게 되며,
40 때로는 그 능력을 발휘하고자 하나,
너희는 구분할 수 있는 능력이 없어
그를 깨우치며 행하지 못하기에,
41 그 모든 밑받침이요, 너희가 행할 수
있도록 역사하는 것이 나의 법전이요,

이가 세상에 내려가는 것임을 알라,
사랑하는 나의 아들딸들아!
42 외곬으로 젖어서 선과 악을 구분하려
한다면 아니 됨이니,
43 나의 법전을 읽을 때 그 모든 깨우치
는 것이 거기에 있음이니라, 사랑하는
나의 아들딸들아!

7,885 번째 하나님 말씀

2003년 10월 11일 23시 20분

1 사랑하는 나의 아들아!
2 "네, 아버님! 말씀하옵소서."
3 너희는 작은 빛을 비추는 그 역사를
하라 했으며, 작은 빛이 되어 주는 그
것이 나 여호와의 뜻이요, 너희가 큰
뜻을 이루는 그와 같은 기초를 다짐이
라 말하였느니라.
4 그러니 너희는 작은 빛이 되어 그저
성의껏 비춰 주며 그리 살아가면 되
며, 그 속에서 어떠한 삶을 살아야 하
는지 알겠느냐?
5 너희는 어려워서 우는 자를 달래 주
며 그의 고통을 더불어 하는 것, 그리
고 힘들고 어려운 자를 위로하고 달래
주는 그와 같은 삶이니라.
6 어렵고 힘들어 우는 자를 말로라도 달
래 주며, 정녕 그들을 위로할 수 있는
그와 같은 길을 진실되게 찾아가는 것,
7 그것이 바로 하늘에 오르는 길이요,
나에게 올 수 있는 그 역사의 기본이
요, 기초임을 가슴에 안고 살아야 할
것이니 그리 알라.
8 그리 살면서 너희가 하나하나 행동하
는 것은 어찌해야 하겠느냐?
9 너희는 나로부터 선택된 백성이요, 오
로지 나의 법전이요, 나의 참진리를
나 여호와의 뜻이라 그리 아는 자니,
그만큼 상을 받을 수 있는 너희는 바
로 어떠한 백성이더냐?
10 너희는 너희 얼굴이 아니요, 나 여호
와의 얼굴임을 알아야 할 것이니라.
11 너희가 생긴 것은 각자 다르나,
12 그 생긴 형태가 다 너희 얼굴이 아니
요, 나 여호와의 얼굴이며, 너희의 모
든 형체는 나 여호와의 것이니라.
13 그러니 너희는 나를 욕되게 살지 아니
하면 되며, 나를 욕되지 않는 얼굴의
형태로써 살아가면 그것이 바로 구원
의 길이요, 나를 기쁘게 하는 그 역사
를 함이니 이를 잊어서는 아니 될 것
이니라.
14 어렵고 힘든 곳에서 먼 곳에서 무엇인
가를 찾으려 하지 말라.
15 그와 같은 것은 너희 주변에 있는 그
모든 것부터 먼저 해결하는 그 속에서
모두 얻을 수 있다는 것을 절대 잊어
서는 아니 될 것이니라, 사랑하는 나
의 아들딸들아!
16 어렵고 힘들어서 우는 자들을 위로해
주고 달래 주는 것, 짐수레를 힘들게
끌고 가는 자를 그저 두 손으로 성의
껏 밀어 주는 것,
17 그것이 모두 나의 얼굴로 사는 백성이
요, 그것이 바로 너희가 작은 빛이 되
는 것이니,
18 그와 같은 것을 잊지 말고 살아가라,
사랑하는 나의 아들딸들아!
19 너희는 내 얼굴이며 나의 형체라는 걸
절대 잊지 말라.

20 나를 욕되게 살아서는 아니 됨이니라.

7,886 번째 하나님 말씀

2003년 10월 11일 23시 24분

1 사랑하는 나의 아들아!

2 "네, 아버님! 말씀하옵소서."

3 인간 세상에 살아가면서 너희가 저지른 일, 너희가 만든 것은 너희가 책임을 지며 수습하는 그와 같은 삶을 사는 것이 인간의 도리가 아니더냐?

4 너희가 해 놓고 책임을 지지 못하며 수습을 하지 못한다면 이 세상은 질서가 지탱하지 못함이니, 그것은 잘못된 백성의 삶이 아니던가?

5 그러나 오늘의 종교 집단이요, 광신도인 그 백성이야말로 저희가 만들어 놓고 저희가 저질러 놓은 것을 저희가 어렵게 수습하려 하지 아니하며, 그 고통의 길을 피해서 가는 자들이니라.

6 저희가 잘못하고 저희가 역사한 것을 나 여호와의 이름을 찾아 기도함으로써 그를 이루려 하며, 나를 찾아 모든 것을 해결하려는 그와 같은 심성을 가진 것이 오늘의 믿음의 길을 가는 백성이요, 그 광신도들의 속셈이니라.

7 그러니 그들이 어떠한 마음인 줄 알겠는가?

8 나의 아들 예수요, 우리 부자의 이름을 찾아서 기도라는 것으로써 그 모두를 해결하고자 하는 그와 같은 생각을 하는 자들이니라.

9 그러니 그들이 어떠한 자들이던가?

10 이웃을 이용해서라도 저희가 편한 쪽으로 제가 득이 되는 쪽으로 모두를 해결하여 제 것으로 만들고자 하는 욕심으로 뭉쳐진 자들이라는 것을 알라.

11 그들은 남을 이용하여 어떠한 것이든지 이루고자 하는 것, 그리고 남을 벗겨서라도 제가 역사하고자 하는 것, 그와 같은 마음을 가지고 가는 것이 오늘의 백성이요, 오늘의 믿음의 길을 가는 자들이니,

12 너희는 그들의 말에 현혹되어, 거듭나는 그 영광을 잃지 말라 그리하라.

13 그와 같은 종교 집단이요, 지도자요, 광신도인 백성이 어떤 행위를 하는지 너희는 알지 않느냐?

14 그들은 나와 나의 사랑하는 백성의 관계를 멀게 하며, 우리가 정녕 만날 수 없게 하며, 돌이킬 수 없이 거리가 멀도록, 나의 사랑하는 백성이 천국에 오는 것이 아니요, 지옥으로 보내는 그와 같은 사악한 짓을 하는 것이 오늘의 종교 집단이요, 지도자요, 신도들이 하는 행위이니라.

15 그들을 단죄해야 할 것이며, 그들을 다스리며, 그들이 웅거하는 죄의 온상이요, 공동묘지와 같은 그곳에서 형체를 알 수 없는 흉악한 자들이 모여 있는 거기를 내가 다 태우고 문을 닫고 이 지상에서 쓸어버리고자 함이니,

16 그 역사의 힘은 나의 법전밖에 없음을 너희는 알라.

17 이 모두가 다 저희가 저지른 것을 스스로 해결하지 아니하며 남의 힘을 이용하며 남을 이용하여 역사하고자 하는 그 사악한 자들, 그들이 나와 나의 백성의 거리마저도 떼어 놓으며 다시

만나지 못하도록 그리하는 자들이라
는 걸 잊지 말라.
18 그 죄는 그들이 죽어 내 앞에 왔을 때
알 날이 머지않았음이니라.

7,887 번째 하나님 말씀

2003년 10월 11일 23시 29분

1 사랑하는 나의 아들아!
2 "네, 아버님! 말씀하옵소서."
3 나의 법전이 세상에 나오기 시작함이
니, 내가 뭐라 말하였더냐?
4 이 세상의 사탄이요, 악마요, 그 모두
가 저희 시대가 얼마 남지 않을 것을
알고 있으며 그들은 공포에 떨고 있다
하였음이니라.
5 그리하여 그들은 나의 백성을 몰아
인의 장막으로써 그를 지키려는 사악
한 행위를 하는 자들이 그들이라 하지
아니하였더냐?
6 그들은 저희가 머지않아 멸망의 시대
가 온다는 것을 아는 자들이니라.
7 그리하여 그들은 수단과 방법을 가리
지 아니하며, 그래서 나의 법전이 세
상에 나오지 못하도록 하며, 새로운
성경이 나오지 못하도록 하며, 나의
아들이 존재하지 못하도록 그들은 방
법을 가리지 아니하고 공격할 것이니
라.
8 그리하여 내가 서서히 나의 법전이 세
상에 전해지는 그 역사를 하고 있음
이니 그리 알라.
9 너희가 존재하는 한 나의 역사는 이루
어질 것이며, 법전은 세상을 덮을 것
이며, 내 뜻은 결국 역사한다는 것을
너희는 알라.
10 두 번 다시 나 여호와가 그들에게 기
회를 주지 아니할 것이니, 너희가 존
재하는 한 나의 역사는 이루어질 것이
며 내가 이루고자 하는 결과는 나올
것이니라.
11 지금 나의 뜻에 의해 역사한다고 하
며 신앙을 가진 자들이 어떠한 형태인
줄 알겠느냐?
12 지금 나의 뜻에 따라서 나를 경배하며
나의 아들 예수의 이름을 찾으며 우리
부자의 이름을 찾으면 구원을 받는다
고 울고불고하는 자들, 그 신앙인들이
하는 그 믿음이 어떠한 형태인 줄 알
겠느냐?
13 너희는 알고 있을 것이니라.
14 그들은 나 여호와를 부정하는 행위를
하고 있음이니라.
15 그러면서 그들은 나를 부정하는 것만
이 아니요, 감히 나 여호와에게 채찍
질하는 행위를 하면서, 저희 자신도
나에게 채찍질하며 나를 능멸하는지
그 자체를 모르는 자들이 오늘의 종
교 집단이요, 지도자요, 광신도들이니
라.
16 저희가 죄를 짓는 것을 알지 못하며,
나 여호와에게 채찍질하는 것을 모르
며, 나의 뜻을 부정하고 사는 것을 모
르는 자들이 지금 거기에 속해 있는
자들이기 때문에, 그들은 변화될 수
없으며 새로 날 수 없으며 거듭날 수
없다 함이니라.
17 그와 같이 잘못된 것을 아는 그 지도
자들은 붉게 물든 사탄들이 뿌리깊이
자리 잡고, 모든 나의 백성의 목에 고

리를 걸고 그 끈을 쥐고 흔듦이니,
18 거기서 나의 사랑하는 백성이 헤어나
지 못하는 불쌍한 형국이 되어 있음을
알라.
19 나 여호와가 나의 아들의 목숨을 주고
너희를 구원하고자 했건만, 과연 나의
뜻을 바라보고 행한 자가 있느냐?
20 내가 사랑하는 예수의 목숨을 너희를
위해 던져 주었으며, 그 던져 준 이유
는 너희를 구원하고자 하는 하나의
사랑의 뜻이었음이니라.
21 그러나 너희는 나 여호와의 진리를
따르는 것이 아니요, 비진리를 따라
나의 뜻을 거역하는 행위를 했으며,
나 여호와가 존재하는 것까지도 부정
하는 그와 같은 행위를 하는 자들이
라면 믿겠는가?
22 너희가 나 여호와가 존재하는 것을 진
심으로 믿으며 진정으로 믿는다면, 감
히 죄가 두렵고 너희의 삶이 두려워
어떠한 자세로써 세상을 살아가야 하
는가 그것을 알아야 할 것이니라.
23 정녕 그를 알지 못하겠거든, 나의 법
전을 읽고 깨우쳐 나의 아들을 따르는
제자들의 그 모습을 보라.
24 그리고 네 모습을 비춰 볼 것이니, 그
보다 더 좋고 깨끗한 거울은 없으니
그리 알라.

7,888 번째 하나님 말씀

2003년 10월 12일 07시 20분

1 사랑하는 나의 아들아!
2 "네, 아버님! 말씀하옵소서."
3 이 세상에 너희가 나로부터 생명을
받아서 나갔음이니, 같은 인간으로서
태어난 그것 하나로써 모두를 다 초월
할 수 있다 내가 그리 말하지 아니하
였던가?
4 나의 법전을 읽고 깨우쳐 지금 이 길
을 가는 백성 너희는 나로부터 선택
된 백성이니라.
5 그러니 이 세상에서 너희와 더불어
살아가는 너희 형제요, 이웃도 나로부
터 생명을 받아 나간 자들이니, 너희
와 같은 형제라는 그 마음으로써 모두
를 다 초월하고 넘는 그와 같은 마음
을 가져야 함을 절대 잊어서는 아니
되느니라.
6 너희가 나로부터 생명을 가지고 나간
같은 형제요, 소중하다 생각한다면,
어떠한 감정이요, 어떠한 생각도 넘지
못할 담이 없거늘,
7 너희는 말로는 그와 같은 것을 깨닫고
안다 하며 행동은 그리하지 못함이니
라.
8 그러니 너희는 미워하는 사람, 싫어하
는 사람, 저주하는 사람, 그와 같은 사
람에 대한 감정을 가져서는 절대 아니
됨이니라.
9 그 감정보다도 나로부터 생명을 받아
세상에 나간 그것이 더 소중하고 귀한
것이며, 그리하여 모든 종파가 관계없
다고 내가 그리하지 아니하였더냐?
10 그러니 너희 마음을 그리 돌려야 함
을 절대 잊지 말라.
11 너희가 소원했던 형제지간이요, 또한
이웃이요, 친구요, 벗 간에 그 모두를
다 장점을 보며 사랑하는 마음으로써
그를 바라보며 용서하는 마음으로써

바라볼 때,
12 그 모두는 너희를 위해서 잘하고자
했으며 너희를 위해서 너희를 깨우치
고자 한 것을 너희 스스로 느낄 수 있
을 것이니라.
13 너희는 사람을 미워하는 감정을 가져
도 안 되며 저주하는 감정을 가져도
아니 되며, 미워하고 의심하며 싫어하
는 것, 그리고 같이하며 같이 견디고
가고자 하는 생각이 없는 그런 마음을
너희 마음속에 가지면,
14 너희는 배움의 그 길이요, 그리고 나
의 아들을 통하여 들은 강론이요, 나
의 법전을 읽은 의미가 없으며, 하나
도 변하지 못하고 제자리에 서 있는
그와 같은 형국인 것을 알아야 할 것
이니라.
15 그러니 모두 사랑하는 마음을 갖고 모
두를 다 용서하는 마음을 가지라.
16 너희는 백 년도 안 되는 삶을 살면서
이 세상에서 같이 대화하고 볼 수 있
는 것, 그리고 언쟁하는 것, 시시비비
하는 것, 싸움을 하는 것, 그 모두도
너희에게 다 소중한 것이니라.
17 오늘에 너희가 나로부터 생명을 받아
나가 같은 시대에 같은 세상에 살지
아니하면 그와 같은 인연의 관계가 없
음이니,
18 그 모두를 다 소중하고 아름다운 그와
같은 마음으로 생각할 수 있는 그 마
음을 가져야 함이니라.
19 그러니 미워하는 것, 저주하는 것, 싫
어하는 것, 그와 같은 마음이 있어서
는 아니 되느니라.
20 너희는 나로부터 생명을 받아 나간 귀
중한 한 형제라는 그것으로써 모두 다
초월할 수 있음을 알라.
21 그러니 내가 너희에게 말했듯이, 돼지
머리 놓고 절하는 자, 소원을 비는 자,
너희가 말하는 이방인이라는 자, 기복
신앙의 대표자요, 미신을 믿는 자라는
말을 감히 할 수 없으며,
22 그것은 다 육의 생각이요, 육의 욕심
이요, 나로부터 한 생명으로 나의 아
들딸로서 태어난 자라 생각하면 어찌
그리 보겠는가?
23 너희는 인간의 형제지간에도 서로 잘
못한 걸 덮고 용서하는 것이거늘, 모
두는 다 나의 아들딸로서 같은 형제
이며 같은 핏줄이라 생각한다면, 어찌
그와 같은 행위를 할 수 있는가?
24 모두를 다 용서하고 이해하는 마음만
가지고 살아가야 되는 것이 너희가
가야 하는 길이요, 도리라는 걸 알라.
25 이제 너희는 이 세상에 같이 숨을 쉬
고 존재하는 백성으로서 감사함을 알
아야 하며, 그것보다도 더 큰 감사요,
은혜가 없으며 그보다 더 소중한 것이
없음이니,
26 너희의 생각이요, 감정을 가지고 시시
비비하는 것은 얼마나 어리석은 자들
인가?
27 그러니 그와 같은 마음을 가지고 너의
제자들이 아직도 살아간다면 사랑이
없는 것이요, 믿음이 없는 것이요, 진
정 나의 법전을 읽고 깨우침이 없는
자들임을 알라, 사랑하는 나의 아들아!

7,889 번째 하나님 말씀

2003년 10월 12일 07시 24분

1 사랑하는 나의 아들아!
2 "네, 아버님! 말씀하옵소서."
3 너희가 인간 세상에 살아가면서 모르
는 사이라 해도 인간이 위험에 처해
있으며 급박한 상황에 있으면 그를
알려 주고 위험을 통보해 주며 살아가
는 것이 아니더냐?
4 그러니 위험에 처해 있는 사람을 보면
서 외면하는 자는 없을 것이니라.
5 위험에 처해 있는 자는 무의식적으로
구하고자 하며 보호하고자 하는 것이
인간이 가진 마음이 아니더냐?
6 그것이 너희의 마음이거늘, 지금 너희
는 어떠한 형국으로 이 지상에 존재하
는지 알고 있느냐?
7 지금 수천 년 동안 믿음이요, 그리고
나에게 오른다는 그 종교 집단이요,
지도자들, 그 백성이 지금 너무나 위
험한 상황에 처해 있는 것을 알아야
할 것이니라.
8 정녕 천 길 낭떠러지 벼랑 끝에 서 있
는 자들과 똑같음을 너희는 알아야
할 것이니라.
9 나에게 오른다 하며 나의 진리를 깨우
치고 연구한다는 자들이 나의 뜻을 거
역하며 어기는 그와 같은 행위만 하는
것이 그들이니, 모두 다 사탄의 자식
이요, 후예로 전락되었다 하지 않더냐?
10 그러니 그들보다 더 위험에 처해 있는
백성은 지금 없음이니라.
11 너희와 같은 형제요, 더불어 살아가는
그들이 지금처럼 위험한 상황에 처해
있던 적은 없었음이니,
12 그들을 구원하기 위하여 당연히 너희
스스로 몸을 던지며 위험을 알리는 것
은 어떠한 손해가 있으며 어떠한 위험
이 닥친다 해도, 너희는 무의식적으로
그들을 구하는 인간의 습성이 있듯이,
그들을 구원하는 데 최선을 다해야 할
것이니라.
13 지금의 백성보다 더 위험에 처해 있는
상황은 여태껏 없었음이니라.
14 세월이 가면 갈수록 그들은 더욱 벼랑
에서 떨어져 가며, 위험한 끝으로 지
금 한 발짝 한 발짝 걸어감이니, 그것
은 영원히 돌아올 수 없는 지옥으로
들어가는 자들이니라.
15 입구는 있으나 출구가 없는 그 지옥을
향하여 가는 그들이 얼마나 위험한 길
에 처해 있고 위험한 상황에 있느냐?
16 그러니 그들을 구원하는 것은 너희밖
에 없음이니라.
17 그들을 구원할 수 있는 것은 너희요,
나의 법전밖에 없으니,
18 나의 법전을 만들고 전하는 데 힘들고
어렵다 해서 중단해서는 아니 되느니
라.
19 지금의 종교 집단 속에서 신앙생활을
하는 그 백성보다 더 위험한 백성이
세상에 없음이니,
20 지금 벼랑에서 바람만 불어도 떨어질
것같이 지옥으로 가는 그들을 구원하
는 그와 같은 마음이요, 그와 같은 자
세로써 세상을 봐야 하며,
21 그 벼랑에 서 있는 자를 구원하는 자
가 어찌해야 할 것인가?
22 그것은 너희가 해야 할 대목이라는 것

을 절대 잊지 말라.
23 너희가 아니면 그를 구원할 수 없기
때문에, 내가 너희에게 이 세상의 나
의 피조물 모든 백성이요, 더욱이 믿
음을 간다는 백성이 벼랑 끝에 서서
한 발짝 한 발짝 다가감이니, 그는 결
국 떨어지면 어떠한 처참한 형국이 이
루어지겠느냐?
24 그 위험한 자를 보고 등을 돌리는 너
희가 되어서는 아니 되기 때문이니
그리 알라, 사랑하는 나의 아들딸들아!

7,890 번째 하나님 말씀

2003년 10월 12일 07시 28분

1 사랑하는 나의 아들아!
2 "네, 아버님! 말씀하옵소서."
3 나 여호와의 천국에 들어오고 못 들어
오는 것은 너희가 어찌 살았느냐 하는
그 삶에 의하여, 살아온 그 행적이 너
희의 생명책에 기록된 대로 조사된
대로 그를 기준으로 하여 심판을 받아
구원을 받고 나로부터 버림을 받는 그
와 같은 결과가 있다 하였음이니라.
4 그러나 지금의 종교 집단이요, 지도자
들은 어찌 가르치는가?
5 너희가 육의 삶을 마치는 순간 그러한
심판대에 서는 것이 아니라 그리 가르
침이니라.
6 그러나 너희는 알아야 할 것이니라.
7 너희가 죽는 그 순간, 육이 끝나는 그
순간에 너희는 바로 심판대에 서는
것을, 오늘의 모든 종교 집단은 그를
인정하지 아니하는 것이니라.
8 심판은 일정한 기간이 정해져 있는 것
처럼 그와 같이 죽은 자와 산 자를 동
시에 심판을 정하며 역사해 주는 것
처럼 그리 나의 피조물 만백성들에게
가르치고 있음이니라.
9 그것이 바로 무엇이더냐?
10 너희는 죽은 자도 다시 살아나는 것이
며 구원을 받을 수 있으며 거듭날 수
있다 하여 믿음의 길을 가는 자들, 그
것이 바로 너희가 말하지 아니하여도
그리 가르치는 것이나 똑같음이니라.
11 너희는 지금 어떠한 일정한 기간에 내
가 정해 놓는 그 순간에 너희를 한 번
에 심판을 함이니, 그리하여 그때 죽
은 자와 산 자가 모두 동시에 무더기
로 심판을 받는다고 가르치고 그리
행하는 것과 무엇이 다르던가?
12 그러니 하늘의 뜻을 얼마나 모르는 어
리석고 불쌍한 종교 지도자더냐?
13 너희는 알아야 할 것이니라.
14 너희가 그 죽는 순간, 육이 끝나는 순
간에 너희는 개인적으로 살아온 모든
것이 다 생명책에 기록된 대로 너희가
역사한 그 모든 것을 놓고 그날에 심
판이 이루어진다는 것을 알아야 할
것이며,
15 그날에 정해진 그 심판에 의하여 그
대가를 치르기 위해 그 길을 가는 것
이요, 상을 받을 자는 상을 받으려고
나에게 옴이니라.
16 그러니 지금 믿기만 하면 어느 시대에
도 구원을 받는다는 것은, 오늘의 살
아가는 그 형국으로써는 구원받을 자
가 없으며 그와 같은 역사를 이룰 수
없다는 것을 알고 있기에,
17 그들을 달래고 이끌어 가기 위한 방편

으로 너희가 하는 짓은 내가 한 번에 모아서 심판을 하는 것처럼, 그와 같이 말은 안 해도 그리 가르치는 것이 종교 집단이요, 지도자이니라.
18 한 번에 모아서 내가 몇천 년, 또는 몇백 년에 한 번씩 너희를 심판함이니, 그때 나를 믿고 경배하며 나의 아들 예수를 찾다 죽어 오면 그때 너희는 구원을 얻게 된다는 그와 같은 사악한 방법으로써 나의 피조물 만백성들을 현혹하는 행위라는 것을, 너희는 아니라 하나 그와 같은 의미가 있음을 알라.
19 이를 모두에게 전하여 깨우쳐 줘야 할 것이니라, 사랑하는 나의 아들딸들아!

7,891 번째 하나님 말씀

2003년 10월 12일 07시 33분

1 사랑하는 나의 아들아!
2 "네, 아버님! 말씀하옵소서."
3 참진리의 나의 뜻을 전하는 선택된 나의 아들딸 너희는 이를 알아야 할 것이니라.
4 지금 나의 아들을 통하여 나의 법전을 세상에 만들며, '하늘에 오르는 길'이요, '하나님! 말씀하옵소서'라는 대장정의 160권의 법전을 역사하는 나의 아들은, 너희가 알다시피 제 생각으로써 제 뜻을 말함이 아니요, 오로지 나 여호와의 뜻을 그대로 기록하며 나의 명에 의하여 모두 역사한 것이 바로 나의 법전이니라.
5 그러니 '하나님! 말씀하옵소서'라는 이 법전이, 이 책이 새로운 성경임을 알아야 할 것이니라.
6 내가 나의 뜻을 받아 기록하도록 한 그것이 무엇이더냐?
7 너희 인간의 가르침이요, 인간의 뜻으로써 나의 백성을 구원할 수 없기 때문이니라.
8 그리하여 나의 뜻대로 나의 모든 생각을 기록하여 책으로 만들어 전함이니,
9 이는 새로운 성경으로서 어둠 속에서 허덕이는 백성을 구원하고자, 너희를 깨우쳐 나의 나라에 들어올 수 있도록, 너희의 생명이 거듭날 수 있도록 내가 인도하고 안내하고자 하는 것이 오늘의 이 역사가 이루어짐이니라.
10 그러나 지금의 모든 종교 집단이요, 백성은 어둠 속에서 길든 자요, 어둠 속에서 생활한 자요, 그리고 어둠 속만이 세상인 줄 알기 때문에, 광명 천지의 아름다운 세상으로 나오는 것을 겁을 먹고 있으며, 그를 보려 하지 아니하며 들여다보지 않으려 하는 것이 너희이니라.
11 그러나 너희는 거듭나는 역사를 지금 버리고 있음을 알아야 할 것이니라.
12 너희가 광명 천지의 세상으로 나오는 그와 같은 대변화를 이루지 아니한다는 것은 거듭나는 가장 소중함을 버리는 백성임을 알라.
13 그리하여 사탄의 뒤를 따르는 삶을 사는 것이 지금 믿음의 길을 가는 백성이니라.
14 나의 법전이 나의 성령으로 너희를 구원하고자 마지막 시대에 내려보내는 것이거늘,

15 이를 목숨보다도 더 소중히 받아들여
간직해 너희 것으로 만들며, 너희 모
두를 다 버린다 해도 나의 성령이요,
창조주 나 여호와요, 아버지의 말씀이
라는 나의 법전을 영접하여 깨우쳐 하
늘에 오르는 길을 보려 하지 아니하
고,
16 어찌하여 도리어 이를 핍박하고 배척
하며, 나 여호와의 아들인 그를 존재
치 못하도록 하는가?
17 너희는 알아야 할 것이니라.
18 나의 법전을 정독하지 아니하고 이를
깨닫지 아니하면 절대 심판대에 설 수
없다는 그와 같은 것을 나의 아들 예
수가 일찍이 너희에게 깨우쳐 주었음
이니라.
19 예수를 보낸 아버지, 창조주의 뜻대로
행하지 아니하면 절대 구원을 받지 못
한다는 그 뜻을 안다면,
20 오늘에 나의 법전을 읽지 아니하고 절
대 구원이요, 심판대에 설 수 없다는
것, 이것은 바로 나 여호와의 뜻이기
때문이니, 사탄은 그와 같은 말을 할
수가 없음을 너희는 알아야 할 것이
니라.
21 나의 법전을 받아들이고 정독하여 구
원의 길에 들어서는 그와 같은 것을
어찌 너희는 거부하는가, 그리고 그를
버리고 산단 말이던가?
22 너희는 창조주 하나님의 말씀이라 하
며, 하나님의 말씀이요, 그 말씀으로
써 영접하는 것이 너희가 나의 자녀
로 거듭나는 것이요, 다시 태어나는
것이라 성서에 기록되어 너희가 그를
수천 번 읽고 평생 그를 정독하고 살
면서,
23 지금 창조주 나의 성령이 세상에 내려
감이니, 곧 이는 너희가 말하는 창조
주 아버지의 말씀이요, 성령이거늘,
24 어찌하여 이를 거부하고 이를 배척하
며 하늘에 오르는 길을 볼 수 있단 말
이던가?
25 나의 법전이요, '하늘에 오르는 길'이
라는 책으로써 증거하여 내림이니, 이
것이 바로 나의 성령이요, 너희가 말
하는 아버지의 말씀을 내가 지금 바로
나의 아들을 통하여 너희에게 내려보
냄이니라.
26 너희가 그리 갈구하며 받기 위해 울
고불고하는 아버지의 말씀이요, 성령
이라는 것을 알아야 할 것이니,
27 이를 등 돌리고 거부하는 자, 너희는
손에 쥔 진주를 버리고 폐석을 손에
쥐고자 하는 자와 같은 자들이니 그리
알라.

7,892 번째 하나님 말씀

2003년 10월 12일 07시 37분

1 사랑하는 나의 아들아!
2 "네, 아버님! 말씀하옵소서."
3 나의 백성은 참진리요, 나의 뜻을 사
랑함이 아니니라.
4 지금의 모든 종교 집단이요, 지도자들
이 나를 경배하며 나의 아들 예수의
보혈의 은혜를 갚으며 나 여호와에게
감사한다 하나,
5 그들은 나의 참진리요, 나의 뜻을 따
르지 않으며, 그를 사랑하지 아니하고
사는 백성이 지금 이 세상을 지배하

는 형국이니라.
6 내가 그리 말함이니, 이는 말도 되지
아니하며, 저희는 다른 신을 두지 아
니하며, 오로지 창조주 나의 말씀이
요, 성경의 뜻에 살아가는 백성이라
그리 말할 것이니라.
7 그러나 내가 내려다보는 세상의 지금
지도자의 삶은 무엇인 줄 알겠느냐?
8 육의 삶을 나보다 더 사랑하며, 나의
진리보다 더 사랑하고 소중히 생각하
며, 더 소중히 따르고 행하는 것이 너
희이기 때문이니라.
9 그리하여 나 여호와를 사랑하며 내 뜻
을 따르는 백성이 없다 함이니라.
10 지금 모든 종교 집단이요, 지도자들이
거짓 선지자와 삯꾼 목자들에 의하여
영광의 길이라 가고 있으나, 그것이
영광의 길이 아니요, 죽음의 길이요,
기복 신앙을 벗어나지 못한 신앙의
길을 가는 가장 대표적인 자들이니라.
11 기복 신앙이라는 것이 과연 무엇이더
냐?
12 기복 신앙이라는 것은 너희가 인간의
욕구와 욕망을 채우기 위해 기도하고
경배하며 소원하는 것이 아니더냐?
13 그러니 모든 믿음의 길을 가는 백성
너희는 나의 아들 예수와 나 여호와를
통하여 너희가 역사할 수 없는 것, 이
룰 수 없는 것을 채우고 얻고자 하여
울고불고 드리는 그 기도가 아니더냐?
14 그러니 너희가 바로 기복 신앙의 대
표자들이며, 그와 같이 너희 욕구를
위하여 가는 것이 지금의 믿음이요,
15 하늘의 뜻에 따라 역사하는 것이 아
니요, 나의 진리의 뜻을 깨우쳐 바로
하늘에 오르고자 하는 자들이 아님을
너희는 알아야 할 것이니라.
16 나 여호와의 뜻을 역사하는 믿음이 아
니요, 육의 자신의 욕망을 채우고자
하는 조건부의 믿음의 길을 가는 자들
이니라.
17 그러니 지금의 모든 종교 집단이요,
지도자요, 신도들은 자신의 욕심을 채
우기 위해 기복 신앙의 그 대표적인
길을 가고 있다고 내가 말함이니라.
18 그리하여 너희가 나에게 왔을 때 나의
뜻에 의해 다른 신을 두지 아니하며,
'오로지 아버님의 말씀에 의하여 모두
역사하고 평생을 바쳤다' 말을 해도,
19 나의 대답은, 나는 정녕 너희와 아무
런 관계없으며 너희를 모른다는 대답
을 할 수밖에 없다는 나의 이 가르침
을 다시 한 번 깨우치지 아니하면 아
니 될 것이니라.

7,893 번째 하나님 말씀

2003년 10월 12일 11시 30분

1 사랑하는 나의 아들아!
2 "네, 아버님! 말씀하옵소서."
3 썩어져 가는 그 나무에 금물을 칠하
며 은물을 칠해서 뒤집어 그를 칠해
놓으면 무엇하겠느냐?
4 백사장의 조약돌에 금물을 칠하고 은
물을 칠하며, 모래 덩어리에 금물을
칠하고 은물을 칠한다 해서 그것을 금
이요, 은으로써 인정할 수 있으며, 그
와 같이 될 수 있다고 생각하느냐?
5 지금의 모든 믿음의 길을 가는 종교
집단이요, 지도자들이 가는 것이 무엇

인 줄 알겠느냐?
6 진정한 성령이요, 진정한 보석을 모르
며 나의 진리로 가지 아니함이니,
7 그들이 지금 썩은 나무에 금물을 칠해
놓았으며 돌 위에 금물을 칠해 놓고
그것을 황금 덩어리라 말하는 형국이
니라.
8 그러니 지금 성령으로 임하지 않은 백
성이요, 깨달음이 없는 백성이요, 그
와 같은 백성은 그걸 보지 못함이니,
9 그리하여 그것이 옳고 맞다 하여 그를
따르며 그와 같이 환호하는 자들임을
너희는 알아야 할 것이니라.
10 사랑하는 나의 아들아, 너를 따르는
제자들에게 깨우쳐 주라.
11 아무리 썩은 나무에 금물을 칠하고 또
칠하며 돌에다 바르고 바른다 해도,
그는 언젠가는 진실이 밝혀질 것이며,
그는 벗겨지게 되어 있다는 사실을 알
라.
12 그리하여 지금 그 모두를 벗기기 시작
하는 것이 바로 제3의 시대를 역사하
는 것이라는 것을 너희는 알아야 할
것이며, 만백성들에게 깨우쳐 주도록
그리하라.
13 지금 믿음의 길을 가는 모든 백성이
요, 그걸 보고 구원을 받았다 하는 자
는 뭐라 말하느냐?
14 썩은 나무에 칠한 것이요, 돌에 칠한
것이요, 모래 덩어리에 발라 놓은 그
금물을 진정한 나 여호와의 뜻이요,
참진리요, 순금이라 말하는 자들과 똑
같은 것이 아니더냐?
15 그와 같은 형국이 지금 몇천 년 동안
흘러왔음이니, 이 세상에 진실은 없으
며 모두 다 썩어져 있다 함이 여기에
있음이니라.
16 그러니 그 모두를 벗기고 씻어 내는
것은 나의 법전을 정독하며 깨우친
자, 그리고 나로부터 선택된 너희가
그를 씻어 내야 할 것이니라.
17 두껍게 칠해 놓은 그 금물을 무엇으
로써 문질러서 벗기고 씻어 내야 할
것인가, 그것은 너희가 해야 할 과제
며 책임이니라.
18 나 여호와는 그것까지 너희에게 깨우
쳐 주지는 아니할 것이니라.
19 지금 모든 믿음이요, 하늘에 오르는
길이라 하여 수천 년 동안 온 그 백성
이 모두 그와 같은 형국이요, 진실이
아닌 위장된 것을 보고 거짓된 것을
보고 그들이 따라감이니라.
20 너희가 나의 백성이요, 너희 형제를
소중히 생각하고 귀히 생각한다면 그
를 벗겨 내어, 그들이 진실을 볼 수 있
도록 하는 것은 너희 몫이니 그리 알
라.
21 그것이 너희가 역사할 길임이니라.
22 그리하여 너희가 나에게 부름을 받으
며 나에게 선택된 자들이니, 이를 명
심해서 행해야 할 것이니라.
23 너희가 한 사람을 구하는 것으로써
너희가 세상에 지은 죄를 다 면죄받을
정도로 참진리를 깨우치는 것이 위대
하다 하였음이니,
24 지금 썩은 나무에 금물을 칠해 놓고
돌에 금물을 칠해 놓은 것이 진정한
진리라 가르치는 자들,
25 그를 벗김으로 인하여 그 속에 있는
백성이 얼마나 놀라고 그들이 변화되

겠는가?
26 그것이 벗겨지는 것을 그들은 봐야만
되느니라.
27 지금의 모든 백성의 믿음이요, 마음이
어떤 것인 줄 알겠느냐?
28 너희는 눈으로 보이지 아니하면 믿지
못하는 자들이니라.
29 너희는 보지 아니하면 그를 인정하지
아니하는 자이니라.
30 그러나 진정한 성령이요, 참진리요,
깨우침으로써 성령으로 변화되는 백
성이라면, 보지 아니하는 속에서 깨달
음이요, 보지 않는 속에 진리가 있으
며, 보지 않는 곳에서 이루어지는 그
역사를 알 수 있으나,
31 인간의 욕심을 버리지 못하기 때문에
너희는 눈으로 봐야 하며 확인하는
것만 위주로 살아가며, 모두 그를 위
해서 살아가는 삶을 살고 있기 때문이
니라.
32 너희가 그 모든 것을 벗겨서 나의 백
성이 볼 때 그들은 무섭게 변할 것이
며, 그들이 가짜와 진짜를 구분하는
그 소용돌이는 이루 말할 수 없는 역
사가 이루어질 것이니 그리 알라, 사
랑하는 나의 아들딸들아!

7,894 번째 하나님 말씀

2003년 10월 13일 09시 22분

1 사랑하는 나의 아들아!
2 "네, 아버님! 말씀하옵소서."
3 너희가 지금 역사하고 있는 그것이 무
엇이더냐?
4 나의 성령을 받아 책으로 만들어 만백
성을 구하는 그 일은 이 세상이 모두
없어진다 해도 나의 성령이요, 나의
뜻은 영원히 존재한다 하였음이니, 너
희는 그와 같은 역사를 오늘 하고 있
음을 알아야 할 것이니라.
5 너희가 오늘 고달프고 힘든 그 길을
간다 하나, 예수를 따랐던 그 제자들
이요, 나의 아들 예수 또한 세상에서
어찌 살았는가?
6 육의 부귀영화요, 육의 삶을 위하여
그가 살았다면, 세상의 누구보다도 재
물을 모으고 재물을 가지고 세상을 살
수 있었음이니라.
7 그러나 그것은 나의 뜻이 아니요, 내
뜻을 따라가는 내 아들딸들이 가는 길
이 아니기에, 그는 가장 제 힘에 겨운
그 삶을 마다하지 아니하고 그리 갔음
이니라.
8 오늘 너를 따르는 제자들이요, 모든
역사를 하는 너희는 영원히 이 세상
에 존재하는 것, 그리고 없어지려야
없어질 수가 없으며,
9 이 세상의 어떠한 백성이 무엇을 역
사하든 무엇을 만들든, 인간인 너희가
만드는 것은 영원히 존재치 아니하며,
부서지지 아니하는 것이 없음이니라.
10 그러나 너희는 영원히 존재하는 나의
법전이요, 나의 성령을 책으로 만드는
그 역사를 함이니, 너희는 그것 하나
로써 나로부터 선택된 은혜요, 영광이
라는 것 외에 어떠한 것도 생각해서는
아니 되는 것이 너희의 마음 자세요,
가야 할 길이니라.
11 나의 아들 또한 그러하니라.
12 네가 이 길을 감에 있어서 나의 성령

을 받아 만백성을 구원하는 그 역사를
하는 자로서, 부와 재물이요, 금화와
은화를 생각하며, 그것으로써 네가 무
엇인가를 역사하려 한다면 이는 아니
됨이니 그리 알아야 할 것이니라.
13 너희가 나의 아들 예수가 역사했던
것보다도 과연 더 고통스럽고 더 힘든
길을 가는 백성이 있는가?
14 이 세상의 모든 종교 집단이요, 지도
자들이 그와 같은 길을 거부했으며 그
와 같은 길을 다 버렸기에, 그들이 오
늘과 같은 잘못된 길을 가며, 인간의
가르침이요, 인간의 뜻에 따라 역사하
는 그 길만을 가고 있음이니라.
15 성령으로 역사하는 그와 같은 길이
아니요, 영적인 변화가 아니라, 육의
한계를 벗어나지 못하며 육의 세상에
서 지금 허덕이는 그와 같은 믿음으
로 감이니, 그게 나와 관계없다 함이
니라.
16 너희는 나의 아들 예수가 살아왔던 것
을 닮으며, 그 생활을 보며, 그와 같이
가는 길이 하늘에 오르는 길이라 내가
그리하였음이니라.
17 너희 또한 오늘의 부귀와 영화를 먼저
앞에 놓고 생각한다면 너희도 육의
생각이니,
18 영혼을 위한 생각이요, 성령을 앞에
놓고 생각하는 것이 아님을 너희 스
스로 자각해야 할 것이니 그리 알라.

7,895 번째 하나님 말씀

2003년 10월 13일 09시 27분

1 사랑하는 나의 아들아!
2 "네, 아버님! 말씀하옵소서."
3 지금의 모든 종교 집단이 인간의 삶은
중요치 않다 그리 가르치는 것이 잘못
되었다고 내가 수없이 가르쳤음이니
라.
4 그러나 너희는 알아야 할 것이니라.
5 너희가 성령과 연계되어 선을 행한다
면, 성령이 임해서 사는 사람은 행함
이 얼마나 소중하고 아름다운 것인가
를 알라 가르쳤음이니라.
6 성령이 임하는 행동과 육에 의한 행동
의 그 차이점이 얼마나 중요한 것인가
를 이제 깨우쳐야 할 것이니라.
7 나로부터 선택된 제자 너희는 성령이
임한 행동이요, 성령이 임하여 하는
행동이니, 선하고 악함에 대한 그 상
과 벌이 엄연히 거기에 구분된다는 것
을 알아야 할 것이니라.
8 인간의 삶은 중요치 않다는 너희는 성
령으로 임한 백성이 아니라 말하는 자
들이니, 너희는 곧 무엇이던가?
9 인간의 중요성이요, 인간의 행함이 얼
마나 소중하며, 그로써 심판을 받고
안 받는다는 그와 같은 것을 모르는
자요,
10 그를 생각하지 아니하는 자들이 바로
성령이 임하지 아니한 백성이라는 것
을 저희 스스로 증거하는 것임을 알
아야 할 것이니라.
11 성령으로 임하지 않은 백성이 선과 악
을 행한다 해도 그것은 나에 대한 행
동이 아니니라.
12 성령이 임하지 아니한 백성이 어떠한
짓을 하든 그건 내가 관계하지 아니하
며,

13 성령으로 임하여 행동하며 성령으로 임한 나로부터 선택된 백성이 하는 모든 삶의 행동이 얼마나 귀하고 소중한 것인가를 너희는 머지않아 알게 될 것이니라.
14 이러한 깨달음을 너희 제자들은 알아야 할 것이며, 나의 법전을 읽고 깨우친 백성 너희는 이를 알아야 할 것이니라.
15 성령이 떠나 버린 선행과 악함의 모든 행위는 그것이 진정한 하늘의 뜻임이 아님을 알라.
16 성령이 떠나 버린 행위를 하는 자는 다 위선자요, 그리고 아첨하는 자요, 그와 같은 종류의 인간들이 이 세상에 있음이니라.
17 그러니 성령이 떠난 선행은 나의 뜻이 아님을 너희는 전해야 할 것이니라.
18 성령이 임하지 않은 백성이 하는 그 선행이요, 아름다운 그 모든 말은 그것이 너희에게 가르침이 아니요, 위선이요, 아첨하는 말로 변화된다는 것을 알아야 할 것이니라.
19 그러니 너희가 성령으로 임하는 백성으로서 먼저 변하는 것이 얼마나 소중한 것인가를 알아야 할 것이니라.
20 지금의 종교 집단은 성령이 임한 지도자를 찾아볼 수 없기에, 인간의 행위로써 선과 악을 구분하기 위하여 육의 삶을 중요시하는 것이며, 육의 삶을 앞세우고 그들이 살아가고자 하느니라.
21 성령이 임하지 않은 삶을 사는 백성은 가련하고 딱한 백성의 진실한 그 삶이 보이지 아니하며, 가난하고 불쌍한 사람의 삶이 보이지 아니함이니라.
22 그는 도와주어야 하며 베풀어야 한다 하는 것이 모두 진정한 아름다움을 베풀어야 할 것이 눈에 보이지 아니함이니라.
23 이기주의요, 제 생각이 앞서 옳고 그르다는 것을 먼저 생각하는 자들이니,
24 그러니 그와 같은 이해관계를 앞에 놓고 따지는 선과 악은 나와 관계없다는 것을 내가 법전에 기록하여 전함이니 그리 알라.

7,896 번째 하나님 말씀

2003년 10월 13일 09시 32분

1 사랑하는 나의 아들아!
2 "네, 아버님! 말씀하옵소서."
3 지금의 종교 집단은 참진리요, 선의 의미를 모르는 자들이 오늘의 만백성을 이끌어 간다는 자들이니라.
4 그러니 선도 진리도 아닌 외형적으로 겉으로만 남에게 보이려고, 남들이 볼 수 있도록 가시적인 그와 같은 행위로 그것이 선이요, 진리인 것처럼 지금 위장된 생활을 하는 것이니라.
5 그러니 남들에게 보이기 위해 선을 행하며 남들에게 참진리인 것처럼 행동하는 것, 그 거짓된 행위들을 하며 나의 백성을 현혹하고 있다는 것을 알아야 할 것이니라.
6 지금의 모든 종교 집단이요, 나의 백성 믿음이라는 길을 가는 자가 육의 세상의 삶의 한계를 벗어나지 못하고 참진리의 길을 가르친다고 하고 있기 때문이니라.

7 참진리의 길을 알려고도 하지 아니하
며 바라보지도 아니하며, 피부요, 마
음으로 느끼지도 못하고 가는 자들이
오늘의 종교 집단이요, 지도자임을 알
아야 할 것이니라.
8 너희가 지금 진리요, 참선행이요, 그
리고 너희 제자들을 가르치는 그와 같
은 행위가 과연 어떠하던가?
9 너희는 참진리요, 나의 성령의 뜻을
가르치는 것이 아니요, 너희 제자들이
요, 너희를 따르는 백성의 입에 맞추
고 그들에게 즐거움을 주기 위해 너
희가 입으로써 모든 걸 맞춰 생각해서
세상에 만들어 내는 단어요, 그와 같
은 말들을 하고 있음이니라.
10 그 모두는 진리가 아니요, 영적인 나
의 뜻이 아니라, 나의 어리석은 백성
을 현혹하기 위한 달콤한 말을 만들어
내기 위해 온갖 방법을 다 동원하며,
11 나의 사랑하는 백성의 비위를 맞추려
는 정신 나간 자들이 지금의 종교 집
단이요, 지도자요, 선생이라는 자들이
하는 행위임을 너희는 알아야 할 것
이니라.
12 그들로부터 재물과 금화요, 그 모두를
갈취하려고 너희 입에서 나오는 그
말들을 짜 맞추고 짜 맞춰 세상에 만
들어 내며,
13 세상에 만들어 내놓는 그 이야기는 저
희를 따르는 신도요, 나의 백성의 비
위를 맞추기 위한 달콤하고 현혹하는
그와 같은 말만을 만들어 세상에 전하
기에 정신이 나간 자들이요, 제자리를
모르는 자들이니라.
14 그러니 너희의 오늘의 그 믿음의 길
이란 무엇인 줄 알겠느냐?
15 몸치장에 치우쳐 신경을 쓰는 그와 같
은 사람의 형태이니라.
16 내면의 인격이요, 내면에 갖춘 것은
관계없이 그저 몸치장이요, 외형의 아
름다움을 만들어 모든 백성에게 보이
고자 하나,
17 너희는 그와 같은 행위로 아름답게 보
이기 위한 인격을 갖춘 것 같으며 내
면이 다져진 사람 같으나,
18 너희가 오고 가는 말 세 마디만 하면
그 추하고 잘못된 인격이요, 갖추어지
지 아니한 모습을 알 것이니, 그 외형
이 얼마나 초라하고 추하게 보이는 것
인지 알겠는가?
19 오늘에 믿음의 길을 가며 나의 피조물
만백성을 구한다는 종교 집단이요, 지
도자들이 몸치장이요, 외형에만 관심
을 둔 자들이요, 그와 같은 자들뿐임
을 너희는 알아야 할 것이니,
20 내면에 갖추어진 것이 없으며 내면이
선생의 자격으로서 다스려진 것이 하
나도 없음을 너희는 알아야 할 것이
니라.

7,897 번째 하나님 말씀

2003년 10월 13일 09시 37분

1 사랑하는 나의 아들아!
2 "네, 아버님! 말씀하옵소서."
3 지금의 종교 집단이 겉으로는 참진리
의 길을 가는 것처럼 전하고 가르치
나, 그것이 비진리요, 나의 뜻과는 관
계없는 길을 가르치고 있다는 것을 너
희는 결코 잊어서는 아니 될 것이니라.

4 너희는 참진리의 길을 가르치고 전한
다고 생각하지만, 결코 그 길은 진리
가 아니요, 비진리의 길이요, 나 여호
와의 뜻을 거역하는 그와 같은 행위를
하고 있음이니,
5 너희는 속내가 없으며 속이 차 있는
가르침이 없으며, 외형적인 것에만 지
금 치중하는 그와 같은 믿음을 가고
있다는 것을 내가 기록하여 전하였느
니라.
6 그와 같은 너희의 잘못된 믿음 속에
서 나의 백성이 지금 목숨을 바쳐 그
것이 오로지 하늘에 오르는 길이라 하
여 그와 같은 믿음의 길을 가고 있음
이니,
7 이는 나의 백성이 자신의 주체성을
잃었으며, 그들이 저 자신의 주체성을
상실하게 한 것이 종교 집단이요, 지
도자들이니라.
8 그들이 제가 서 있는 자리가 어디며,
어디에서 왔으며, 어떤 은혜로써 왔으
며 저희의 생명을 부여해 준 나 여호
와가 무엇을 원하며 무엇을 바라는지
그 자체도 모르는 백성이기 때문이니
라.
9 그러니 겉으로 보이는 외형만 중요시
하기 때문에, 내면에 다져지고 가르치
는 것을 보는 것이 아니요, 어찌하든
나의 백성이 눈에 보이는 가시적인
것만 모두 믿고 따르게 하는 그와 같
은 마음의 형태로 변해 있기 때문이
니라.
10 너희에게 성령으로 임할 수 있는 것
은, 가시적인 것에 현혹되는 그 마음
이 아니요,
11 내면의 진정한 속이 차 있는 그와 같
은 가르침이요, 그것이 무엇인가를 먼
저 깨닫는 그와 같은 변하는 역사를
이루지 아니하면 아니 되는 것이니라.
12 나의 사랑하는 백성이 주체성을 잃어
버리고 저 자신을 망각하고 살기 때
문에, 너희를 가르치는 나의 참진리
요, 하늘에 오르는 길인 '하나님! 말씀
하옵소서'라는 내가 내리는 이 성령의
책을 봐도 모르며, 읽어도 보지 못하
는 것이니라.
13 거기에는 보이지 아니하며 너희의 눈
으로 보이는 것이 없기 때문이니라.
14 그러니 나의 피조물 만백성 너희는
눈으로 보이는 것으로써 모두를 다 이
루려 하지 말며 눈으로 보이는 방대함
에 현혹되어 따라가는 그와 같은 믿음
으로 가서는 아니 됨이니라.
15 그와 같은 외형적이요, 물질적인 방대
함을 보고 간다면, 너희가 그 속에 차
있는 것이 없으며, 상식이 머리에 남
는 것이 없으며, 깨달음이 머리에 남
지 않는 그와 같은 빈 깡통과 같은 길
을 가는 것이니라.
16 너희가 머리가 차며 가슴이 차며 사
랑으로써 모두 그득히 차는 나의 백성
으로 변할 때, 네 주체성을 알게 되며,
어떠한 것이 참진리의 길이라는 것을
알며,
17 외형적이요, 가식적인 것에 현혹되어
넘어가는 어리석음을 알게 될 것이니
라.
18 지금 가장 불행한 것은 나의 피조물
만백성들이 외형으로 보이는 것, 눈으
로 보이는 것, 겉치장으로써 역사하는

것만 위대한 것이라는 그 착각에서 벗
어나지 못하니,
19 그들이 꿈에서 깨어나야 할 것이니라.
20 그러니 그들이 꿈속에서 깨어나려면
나의 법전을 읽고 또 읽어 그 속에 있
는 뜻을 알아야 할 것이니라.
21 지금 나의 피조물 만백성들은 결국 선
과 악을 구분하지 못하는 그와 같은
삶을 살아가고 있느니라.
22 그러니 나로부터 선택된 나의 아들딸
이요, 나의 아들을 따르는 선택된 제
자 너희는 나의 법전으로써 모든 백
성이 악과 선을 구분할 수 있는 그 능
력을 길러 주는 데 최선을 다해야 할
것이며, 너희가 하고 있는 일이 그 길
이니라.
23 그들에게 악과 선을 구분하는 능력을
부여하지 아니한다면, 그들은 영원히
저 자신을 상실한 채 그저 외형으로
보이는 것만 따라갈 것이니 거기에는
진리가 없음이니 그리 알라.

7,898 번째 하나님 말씀

2003년 10월 13일 09시 43분

1 사랑하는 나의 아들아!
2 "네, 아버님! 말씀하옵소서."
3 나 여호와의 사랑하는 백성이 지금
겉 다르고 속 다른 그와 같은 삶을 사
는 자는 나 여호와가 결코 그들을 용
서치 아니하며, 용서할 수 없는 백성
이라 내가 그리 말하였느니라.
4 그러나 지금의 모든 나의 백성이 두
마음이요, 겉과 속이 다른 그와 같은
마음을 가지고 가는 것이 나의 백성의
오늘의 삶이니 이를 어찌하겠는가?
5 이들은 나로부터 받은 능력이요, 은혜
를 남용하는 자들이니라.
6 지금의 모든 종교 집단이요, 지도자
그들이 바로 두 마음을 가지고 가는
대표적인 자들이니,
7 이들이야말로 내가 너희 인간에게 내
려 준 모든 능력이요, 역사할 수 있는
것을 남용하는 자들이요, 제 의사대로
마음대로 사용하는 자들이기 때문임
을 너희는 알아야 할 것이니라.
8 두 마음을 가진 백성이 무엇인 줄 알
겠느냐?
9 내가 너희를 사랑하기에,
10 너희에게 내려 준 모든 능력이요, 은
혜요, 축복이요, 너희가 행할 수 있는
그 모두를 가지고 나 여호와의 뜻에
의해 바른길을 가는 것이 아니라,
11 저 자신을 위한 그와 같은 길에 내려
준 모든 은혜를 남용하는 자들이기
때문임을 알아야 할 것이니라.
12 두 마음을 가진 백성은 무엇이던가?
13 악을 위장하여 선을 행하는 것처럼 그
와 같은 행위를 하는 자들이니라.
14 악을 포장하여 선을 행하는 것처럼 하
는 자요, 악의 빛을 천사의 빛으로 둔
갑시켜 나의 사랑하는 백성에게 강론
하며 가르치는 자들이며,
15 그와 같은 자들이 나의 사랑하는 백성
을 한번 가면 영원히 돌이킬 수 없는
지옥의 길로 이끌어 가는 자들이기 때
문임을 너희는 알아야 할 것이니라.
16 지금의 잘못된 모든 종교 집단이요,
가르치는 지도자들이 나로부터 능력
을 악용하여 사탄의 마음을 선의 아름

다움으로써 포장하여 사용하는 자들
이니,
17 이를 벗기지 아니하면 아니 됨이니라.
18 지금 악을 선으로써 사탄의 마음을 천
사의 마음으로써 둔갑시키고 포장하
며 위장해서 나의 피조물 만백성들을
이끌고 가는 그들의 그것을 다 씻어
내고 벗겨 내야 하는 것이 너희가 해
야 할 일임을 알라.
19 지금 위장된 그것을 믿고 가는 백성
이 그것이 구원의 길이요, 하늘에 오
르는 길이라 목숨을 바쳐 광란의 짓을
하며 울고불고하는 그 백성을 어찌
깨우치겠는가?
20 그들에게서 그를 벗겨야 함을 너희는
알라.
21 그것이 벗겨졌을 때 그를 보고 그들이
깨우쳐 너희를 따를 것이니라.
22 그러니 나의 불쌍한 그 백성을 위하
여 너희가 오늘 그 포장을 찢어 내고
그 포장을 씻어 내는 데 최선을 다하
지 아니하면 아니 됨이니라.
23 오늘의 믿음의 길을 가는 모든 백성이
두 마음을 갖지 아니한 자가 없음이니,
24 두 마음을 가진 자는 곧 무엇이냐?
25 악마의 빛을 천사의 빛으로 둔갑시킨
자들이라는 것을 잊어서는 아니 될 것
이니 그리 알라.
26 그들에게 현혹되어 쓰러지는 백성은
걷잡을 수 없으며, 홍수가 나서 제방
이 무너져 물이 밀려오듯이 그와 같은
형국으로 2천 년이라는 길고 긴 세월
속에 그와 같이 무서우리만큼 변한
것이 오늘의 그들이니,
27 세상이 다 오염되고 썩어져 있으며 그
힘으로 모든 것을 덮고 있다는 것을
너희는 알아야 할 것이니라.
28 악한 마음을 선한 마음으로 위장하여
그들을 이끌어 가는 것을 보지 못하
며, 이를 벗겨 내고 이 포장을 찢어 낼
수 있는 사람이 없음이니 이를 어찌하
겠는가?
29 너희는 그를 알아야 할 것이니라.
30 포장된 속에 금화와 은화가 들어 있으
며 황금이 들어 있다 말하는 자는 거
기에 잡석이요, 썩은 것을 넣어 놓고
말하는 자들이니라.
31 그를 찢고 보며 그를 깨서 보자 하니,
그건 절대 할 수 없으며 해서는 안 되
며 그와 같은 행위를 하는 것은 나 여
호와의 뜻을 거역하는 것이요, 천벌을
받으며 지옥을 간다고 그리 가르치니,
32 포장을 뜯어 보며 풀어 보며 그를 찢
어 보자는 말을 할 수 없는 것이 나의
어리석은 백성이니라.
33 이 모두를 찢어 보고 포장을 벗겨 내
고 씻어 내고 그리고 그 속을 들여다
봐,
34 나의 피조물 만백성들이 거기서 깨달
음을 얻도록 했을 때, 모든 역사의 빛
이 이루어질 것이니,
35 너희는 이 뜻을 깊이 생각해, 잠시도
잊어서는 아니 될 것이며 포장을 찢는
그 길을 연구에 연구를 거듭해야 할
것이니 그리 알라, 사랑하는 나의 아
들딸들아!

7,899 번째 하나님 말씀

2003년 10월 13일 09시 48분

1 사랑하는 나의 아들아!
2 "네, 아버님! 말씀하옵소서."
3 지금 이 세상에 아름다운 마음을 가지
고 살아야 할 나의 백성 너희는 어떠
한가?
4 너희는 두 사람이 모이며 세 사람이
모이기만 해도 주인을 배반하며 상전
에게서 등 돌리며 은혜 입은 자에게
배신하고자 하는 그와 같은 모의요,
생각을 하는 것이 오늘의 나의 백성
너희임이니라.
5 그저 너희는 셋만 모이고 넷이 모여
그 힘이 합쳐졌을 때, 어찌하면 너희
의 이해관계에서 너희 자신 앞에 더
큰 밥그릇을 놓으려고 너희에게 은혜
를 베풀어 준 자, 너희에게 사랑을 내
리는 자를 배신할지 연구하며, 배신하
는 길을 찾는 것이 오늘의 나 백성의
인성이니,
6 이게 과연 나의 뜻이요, 하늘에 오르
는 그 백성으로서 가질 수 있는 마음
이라 하겠는가?
7 지금의 종교 집단이요, 지도자들 철옹
성같이 굳어진 그들이 과연 그 앞에
두려운 것이 무엇이 있으며 무서운 것
이 무엇이 있는가?
8 그러니 저희는 나의 백성으로부터 그
와 같이 철옹성 같은 옹벽을 쌓으며
성곽을 쌓아 놓고 그 속에서 무엇을
연구하는지 알겠느냐?
9 주인이요, 나 여호와요, 창조주 내 뜻
에 따라 역사하며 만백성들을 온화하
고 유한 백성으로 가르치는 것이 아니
요,
10 인간의 생각으로써 끌고 가며 나에게
도전하고자 하며 신과 같은 대우를 받
으며 신과 같은 역사를 하고자 하는
그 종교 집단이요, 지도자들이 같이
모여 나에게 거역하며 나를 치받는 그
와 같은 행위요, 그와 같은 것만을 역
사하고 있는 것이 오늘의 너희이니라.
11 주인을 배반하며 세상에 내보내 준 자
를 배반하며 베푼 자를 배반하는 그와
같은 행위를 하는 것이 오늘의 종교
집단이요, 지도자요,
12 그리고 울고불고 하늘에 오르는 길이
라는 하는 자들, 너희가 물질이요, 인
간의 머릿수를 가지고 감히 나 여호와
에게 치받고 나를 버리며 나를 욕되게
하는 그와 같은 행위를 하는 것이 오
늘의 종교 집단이요, 지도자요, 믿음
의 길을 가는 백성이라는 것을 내가
나의 법전에 기록하여 전함이니라.
13 인간 세상에서 몇 사람만 모이면 주인
을 모함하며, 윗사람을 모함하며, 가
르쳐 주고 안내한 자를 등 돌리며, 그
를 짓누르고 일어서려는 그와 같은 욕
망이 불타는 나의 백성 너희의 그 인
성이 바로 무엇이더냐?
14 나에게 도전하고자 하는 자, 참진리를
거부하는 자, 감히 내가 친필로 써 내
린 십계명을 지킬 수 없으며 나의 율
법이요, 나의 성서대로 살 수 없는 것
이 인간이라 말하는 그것이 너희가
나에게 도전하며 나를 능가하려는 행
위이니,
15 그와 같이 가르친 자들의 그 끝에서

그와 같은 그 가르침 속에서 근본이
되어 모든 것을 배신하는 그와 같은
행위가 역사함이니라.
16 나의 백성이요, 나를 따르는 백성이
감히 창조주 나 여호와요, 아버지라는
나 여호와를 배신하며 전지전능한 나
를 배신하는 행위를 하고 있음이니,
17 인간 세상의 주인이요, 너희를 가르쳐
준 자요, 은혜를 준 자를 배신하는 것
은 너희는 그저 구슬치기하는 어린아
이들만도 못한 사악한 마음을 너희
마음속에 뿌리깊이 심어 주고 그리 육
성하도록 하는 것이 오늘의 잘못된 종
교 집단 지도자의 가르침에서 비롯되
었다는 것을 알아야 할 것이니라.
18 그들이 존재하는 이와 같은 사악하고
험악한 세상은 계속 연장될 것이며,
이와 같은 나의 인성이요, 아름다운
마음으로 내가 세상에 내보낸 백성에
게서 기초적인 마음을 찾아볼 수가
없음이니라.
19 그러니 내가 모든 백성의 인성을 다스
리려 함이니, 그 인성을 다스리기 위
한 것이 나의 법전임을 명심하고 또
명심해야 함을 잊지 말라, 사랑하는
나의 아들딸들아!

7,900 번째 하나님 말씀

2003년 10월 13일 11시 28분

1 사랑하는 나의 아들아!
2 "네, 아버님! 말씀하옵소서."
3 사랑하는 너의 제자들에게 전하라.
4 내가 친필로 쓴 십계명은 너희가 지
키고 살아야 하는 길이요, 도리이니라.
5 그렇다면 내가 십계명에 기록하지 아
니한 것을 행하는 것은 나 여호와의
뜻을 역행하는 그와 같은 행동을 하게
된다는 것 또한 너희는 반대의 관점
에서 그를 생각할 수 있는 그와 같은
깨달음이 있어야 하거늘 과연 너희는
그와 같은 생각을 하는가?
6 너희는 생활하면서 나의 십계명을 이
제 암송할 만큼 암송했음이니, 그 십
계명이 무엇인가를 다 알 것이니라.
7 그러니 너희가 살아가면서 십계명에
있지 않은 것을 위배하는 행동을 하면
아니 된다는 것 또한 너희가 깨우쳐
야 할 것이니라.
8 너희는 십계명에 기록되지 아니한 그
와 같은 행위는 나의 뜻을 거역하는
그와 같은 삶의 길이라는 것을 알아야
할 것이니라.
9 그러니 십계명은 앞으로는 너희가 지
킬 것을 가르치는 것이며 또한 뒤로는
너희에게 무엇을 가르치느냐?
10 거기에 있지 아니한 행위를 하는 것을
삼가야 할 것이며, 열 번 백 번 생각해
서 행해야 한다는 그와 같은 깨우침을
알고 있어야 할 것이니라.
11 이제 내가 너희에게 묻겠노라.
12 지금 모든 종교 집단이요, 지도자들이
과연 가는 그 믿음이요, 만백성을 구
한다는 그 목자라 말하는 자, 삯꾼의
목자들이 과연 무엇을 위해서 믿음을
가고 있느냐?
13 그들은 과연 저 자신이라도 바로 서고
저 자신이라도 나 여호와의 성령이 임
한 그와 같은 삶을 살려고 교회라는
것을 세우며 종파를 내세우는가?

14 저 자신이 천사와 같은 삶을 사는 믿음의 길을 가려고 하는 것도 아니요, 나 여호와가 내려다보는 그들은 육의 삶이요, 저희 육의 삶의 안락과 행복을 위해서 모든 뜻을 거기에 모아 두고 있으며,

15 그 교회라는 것을 세우는 그 자체도 저희가 살아가려는 방편이요, 먹고살기 위한 수단으로서 제일 먼저 교회를 세우는 것이요, 성당을 세우는 것이요, 성막을 세우는 것이며 그와 같은 마음을 첫 번째로 가지는 자들이 그들이니라.

16 저희는 아니라 하나, 먹고살려고 그와 같은 짓을 하는 것이 제 일 번의 생각이요, 그러니 저 자신의 깨달음이요, 제가 천사같이 변하고자 하는 그와 같은 두렵고 무서운 마음이 그들은 없음이니라.

17 그러니 저 자신도 다스리지 못하고 있음이니, 나의 피조물 만백성들을 깨우치고 하늘로 인도한다는 것을 감히 상상이나 할 수 있단 말이던가?

18 모두 상업적으로 상품이요, 물건으로 보이는 것이 나의 백성이니라.

19 그러니 내가 다시 한 번 너희에게 전하니, 그들은 먹고살려는 방법으로써 교회를 세우며 성막을 지으며 그와 같은 역사를 하는 것이 제 일 번이요,

20 저 자신이 깨우치고 천사와 같은 마음으로 너희처럼 변하고자 하는 생각을 그들은 갖지 못하느니라.

21 그러니 저 자신이 변하는 그 길도 모르며, 제가 모든 것을 다 바쳐 변하고자 하는 노력도 하지 아니하는 자가 어찌 다른 사람의 생명을 구원하며 다른 백성을 구할 수 있단 말이던가?

22 이것이 너희와 그들의 차이이니라.

23 지금 나의 아들을 따르며 나를 경배하는 믿음의 길을 가는 너희는 그 목적 의식이 어디 있느냐?

24 지금 나의 아들을 따르는 제자 너희는 변하는 것, 그와 같이 변하는 역사 속에 생활하는 것도 물론이려니와 너희는 무엇을 위해서 사느냐?

25 너희는 목적이 확실히 있으며 눈으로 보이느니라.

26 너희는 만백성을 구하려고 나의 법전이요, 내가 내리는 나의 성령을 책으로 만들어 역사하는 데 모두를 다 바치지 아니하던가?

27 그것이 바로 무엇이냐?

28 너희는 눈으로 보이는 남을 위한, 나의 백성을 위한 그와 같은 길을 위해 노력하는 것이 보이지 않더냐?

29 모든 종교 집단이요, 지도자요, 삯꾼의 목자들은 너희처럼 그와 같이 확실한 희생이요, 봉사하는 것이 보이지 아니하는 것이니, 그들과 너희의 그 차이가 하늘과 땅이니라.

30 너희는 자신이 변하며 다스리기 위해 얼마나 고통의 시간 속에 사는가?

31 그리고 너희가 어렵고 힘든 그 생활 속에서 지금 역사하는 것은 무엇이더냐?

32 너희 자신이 아니요, 만백성을 구하기 위해 법전을 만드니, 너희는 목적이 뚜렷하며 행함이 뚜렷하니, 이는 남을 위해서 하는 것이 아니더냐?

33 그러니 너희는 내가 직접 내린 성령을

받아 역사함이니, 신분이 확실하며, 역사하고자 하는 그 목적이 뚜렷하며, 하고 있는 그 길이 확실하니라.

34 그러나 모든 종교 집단이요, 지도자라는 자들은 저희가 교회를 세우며 성막을 세우며 성당을 세우며 종파를 세우는 그것이 무엇인 줄 알겠느냐?

35 그들은 남을 위하는 것이요, 제가 먼저 너희처럼 변하는 그 고통의 길을 가면서 다른 백성을 구하고자 하는 그와 같은 확실한 뜻과 목표가 없음이니라.

36 다만, 호구지책으로 저희가 살아가는 생활이요, 육의 삶을 위해서 먼저 그를 짓고 있으며 역사하는 것이 너희와 그들과의 차이이니라.

37 너희는 어떠한 것이냐?

38 눈으로 보이는 역사를 하지 않더냐?

39 내가 너희에게 말하듯이, 나의 법전을 만드는 목적이 무엇이더냐?

40 너희가 변하고자 만들더냐?

41 너희 스스로 나의 법전을 읽어 변해가는 삶을 살면서 만백성이요, 사랑하는 나의 아들딸들을 내 품에 올 수 있도록 그를 전하려고,

42 하얀 눈이 세상에 소복소복 내려 쌓이는 것처럼 나의 법전이 세상에 쌓여 만백성이 이를 읽지 아니하면 아니 되며 이 은혜를 받지 않는 사람이 없게 하려고 너희는 봉사와 희생을 하는 것이니,

43 그 뜻이 얼마나 갸륵하고 얼마나 위대하고 큰 역사인 줄 알겠느냐?

44 너희는 보이는 남을 위해 사는 것이니라.

45 그러나 종교 집단이요, 지도자들은 남을 위해 살며 남을 위해 봉사한다고 하나, 그들은 거짓된 자들이요, 위장된 자들이니라.

46 저희가 교회라는 것을 지으려고 벽돌 하나하나 놓을 때, 나 여호와의 뜻을 위하여 고통과 시련 속에 간다 하나, 저희의 호구지책이요, 먹고사는 것을 먼저 앞에 두는 자들이니라.

47 그러니 그들과 너희의 차이점이 여기 있음을 알아야 할 것이며, 너희는 그와 같이 소중한 백성이니라.

48 그들은 먹기 위해 노력하는 자들이요, 너희는 만백성을 구하기 위해 노력하는 자들이니,

49 너희는 오늘의 시련과 고통을 두려워하지 말라.

50 반드시 너희는 그와 같은 상을 받음이 있음을 알아야 할 것이니라.

51 거짓과 진실이요, 악함과 선함이 무엇이 다른 줄 알겠느냐?

52 악한 것은 아무것도 남는 것이 없음이니라.

53 그러나 선함은 남는 것이니, 너희는 목적을 가지고 남을 위하여 만백성을 구하기 위해 고통과 시련 속에서 나의 법전을 만들고 역사하는 것은 봉사와 희생이 아니더냐?

54 너희는 지금 보이는 봉사와 희생을 하고 있음이니, 이를 가지고 감히 누구도 시시비비할 수 없을 것이니라.

55 너희가 밤잠을 자지 아니하며, 있는 재산 없는 재산, 모든 능력을 다 동원하여 나의 법전을 만드는 것이 과연 너희의 깨우침을 위해서 네가 축복을

받으려고 만드는가?
56 그것이 아니요, 만백성을 구하며 창조
주 나 여호와의 뜻을 위하여 역사를
함이니,
57 내가 너희를 바라보기도 내 마음이
아프며, 내 눈에 넣어도 아프지 않은
자식이요, 아들딸이요, 나의 아들을
따르는 제자라 생각함이 여기에 있음
이니,
58 너희는 보이는 봉사를 하며 보이는 희
생을 하느니라.
59 그러나 그들은 지금 보이지 않는 그
속에서 거짓된 자요, 위장된 자요, 저
자신의 호구지책을 위해서 먼저 목표
를 세우며 그 목적을 위해서 살아가는
자들이니,
60 나는 그들과 관계없다는 뜻을 너희는
알아야 할 것이니라.

7,901 번째 하나님 말씀

2003년 10월 13일 11시 33분

1 사랑하는 나의 아들아!
2 **"네, 아버님! 말씀하옵소서."**
3 나로부터 명받은 백성이요, 나로부터
은혜를 받아 세상에 나온 백성 너희
는 선과 악이 같이 존재하고 있음이
니라.
4 그러나 그는 절대 같이 존재할 수 없
다는 것을 너희는 알아야 할 것이니
라.
5 나 여호와는 악과 선이 같이 너희 자
신에게 한 몸으로 존재함을 용서치 않
으며, 나는 그를 절대 허락하지 아니
함을 알아야 할 것이니라.
6 나 여호와는 나의 아들을 통하여 나의
법전에 기록하여 전함이니, 인간의 마
음은 선과 악의 두 마음을 가지고 존
재하나,
7 나 여호와는 절대 너희에게 선과 악
두 개를 다 존재하도록 바라지 아니하
며 용서치 아니하며, 그와 같은 마음
을 가진 자는 내가 너희를 모른다고
대답함을 알아야 할 것이니라.
8 이를 알았다면 너희는 악과 진리가
같이할 수 없음이니, 이게 너희 가슴
속에서 같이하고 있다면 결국 너희는
이 둘 중의 무엇인가 하나를 선택하지
아니하면 아니 되는 운명임을 알아야
할 것이니라.
9 너희는 이를 거부할 수 없으며 이를
비켜 갈 수 없음이니라.
10 결국, 너희가 두 마음을 가지고 산다
면 너희 자신이 깨지는 것이 되며 너
희는 존재할 수 없으며,
11 모두 풍비박산이 되어 무너지는 그와
같은 형국이 되는 것이 바로 그와 같
은 두 마음을 가지는 것이니,
12 그 두 마음 중에 한 마음을 선택해야
하며 그 마음을 위해서 너희가 존재
해야 함을 잊어서는 아니 될 것이니라.
13 인간의 본성 속에 두 마음을 가지고
있으나, 그 두 마음을 나 여호와는 용
서치 아니하며 그를 받아들이지 아니
하며,
14 그를 덮어 둘 수 없다는 이 무서운 대
명을 깊이 깨우쳐야 할 것이니라.
15 너희는 자신에게 악이 존재할 수 있다
고 지금 가르치느니라.
16 그러면서 선도 존재할 수 있다고 가르

치는 것이니라.
17 그것이 인간이기 때문에 그와 같이 존재할 수 있다고 가르치는 것이 오늘의 종교 집단이요, 지도자들이니라.
18 그러니 그와 같이 가르치는 것에 현혹되어서는 절대로 아니 됨을 너희는 알아야 할 것이니라.
19 너희가 나에게 올 수 있다고 생각하지 말라.
20 그 소리로 하여금 나의 피조물 만백성들을 멸망케 하며, 들어가는 문은 있으나 나오는 문이 없는 그 지옥으로 그들을 이끌어 가고 있다는 것을 너희는 잊어서는 아니 될 것이니라.
21 두 마음을 내가 용서치 아니함이니, 너희 스스로 두 마음이 존재하지 아니하는 그 길을 선택하는 데 오늘의 너희가 최선의 노력을 하지 아니하면 아니 됨을 알라.
22 이것이 나 여호와의 뜻이니 그리 전하도록 하라, 사랑하는 나의 아들아!

7,902 번째 하나님 말씀

2003년 10월 13일 11시 39분

1 사랑하는 나의 아들아!
2 "네, 아버님! 말씀하옵소서."
3 너희는 이 세상의 삶에서 악과 선의 두 마음을 갖고 살아간다고 그리 말하느니라.
4 그러나 나에게 와 심판을 받을 때 악과 선의 두 마음 중의 하나만 너희에게 존재하는 것이니라.
5 그러니 너희는 그 둘 중의 하나만 선택이요, 존재한다는 그 결과는 무엇이더냐?
6 너희가 이 지상의 삶에서 악과 선을 어찌 행하며 어찌 살아왔느냐 그 결과에 따라서 둘 중의 하나만 심판을 받으며 남게 된다 하였음이니,
7 너희가 육의 세상에 사는 것을 그리 소홀히 생각하며 오늘의 삶은 부질없다 말하는 자들이 바로 나의 피조물 만백성을 사탄의 자식으로서 이끌어 가는 그와 같은 행위를 하고 있음이니라.
8 사탄은 곧 멸망하며 저희가 오래 존재하지 못하는 걸 알고 있기에, 나의 사랑하는 백성을 사탄으로 만들어 저희가 인의 장막으로써 모두 버티고 지키려는 것이 그들이니라.
9 저희가 나의 사랑하는 아들딸을 사탄의 자식으로 만들어 성곽을 이루며 성벽을 이루어 놓고 있으니,
10 내가 그곳에 재앙을 내릴 때 다치는 것은 나의 아들딸이기에 감히 내가 저희에게 재앙을 내릴 수 없으며, 저희를 불로 다스리지 못할 것이라 생각하여 그 사탄이 지금 발악을 하는 것임을 너희는 알라.
11 거기에 모든 백성이 그 제자가 되어 지금 나의 피조물 만백성들을 그 사탄들이 이미 장막을 쌓는 곳으로 이끌어 가는 것이 종교 집단이요, 지도자들이니라.
12 그리하여 그들이 나의 피조물 만백성들을 끌어들여 그 사탄들로 하여금 성막을 지으며 성곽을 이루고 있음이니라.
13 나의 사랑하는 아들딸로 두텁고 두터

운 그 성곽을 이루었을 때 감히 나 여
호와가 그곳에 불 칼로써 재앙을 내리
며 벌을 내리겠느냐 하여,
14 그 사탄들이 나의 아들딸을 이용하여
저희가 보호받으려고 머지않아 저희
가 없어지고 쓰러져야 할 그와 같은
것을 지탱하고자 지금 발악을 하며 악
을 쓰는 것이며,
15 그 앞에서 일하는 것이 바로 지금의
종교 집단이요, 지도자요, 더욱이 거
기에 재물을 바치며 울고불고하는 자
들, 그리고 광신도들이 바로 거기에
희생양으로써 남을 것이니,
16 내가 너희를 모른다 한다는 그 무서
운 뜻을 알라.
17 사탄들이 그리 발광을 하며 악을 쓰고
있으나, 거기에 성곽이요, 주춧돌이
요, 또는 성곽의 돌로 성곽의 재료로
쓰이는 너희를 나는 모른다 할 것이
니,
18 내가 모른다 하는 그 무서운 뜻이 여
기 있음을 너희는 알아야 할 것이니
라.
19 너희가 심판을 받을 때는 하나만 존재
하며, 선과 악 중에 한 길만 남음이니
그 심판이 바로 지옥이냐 천국이냐 하
는 것이 거기에서 행해지는 것이니라.
20 그러니 너희가 세상에서 행하고 역사
하는 오늘의 삶의 그 모든 잔재를 가
지고 결정을 짓는다는 것을 절대 잊지
말라.
21 다만, 내가 다시 한 번 말함이니, 사탄
들이 나의 아들딸로 장벽을 이루어 저
희를 보호하고자 너희를 끌어들이는
그들의 말에 현혹되어서는 아니 됨을
알라.
22 절대 두 길이 양립할 수 없으며 한 길
만 존재함이니, 너희 손으로써 선이
존재하는 그 길을 갈 수 있도록 할 것
인가, 악이 너희에게 남도록 할 것인
가?
23 그것은 너희 자신에게 달렸음이니라.
24 영원히 악에 무너지느냐, 그렇지 않으
면 선이 무너지지 아니하며 그 길을
갈 수 있느냐 그 결정은 너희의 선택
함에 있음을 알라.
25 너희가 선이 무너지느냐, 악이 무너지
느냐 하는 것은 너희 스스로 결정하
는 것에 달렸음이니라.
26 오늘의 삶을 어찌 사느냐가 가장 중요
하니라.
27 내가 너희에게 교회에 가서 공부하며
설교를 듣는 것처럼 평생을 바치라는
것도 아니요, 그저 몇 날 며칠을 바쳐
나의 법전을 읽고 깨우쳐서 그를 보고
평가하라는 것이니,
28 그를 읽으면 깨달음이 있을 것이거늘,
그를 보지 아니하는 자들은 이미 사탄
에 물들어 있으며,
29 너희 마음속 두 마음 중에 선은 없어
지고, 악이요, 사탄의 마음만이 자리
를 잡고 있기 때문에 그를 보지 아니
하려 하며 그를 태우고 찢어 버리는
자들이 되어 있음이니 이를 어찌하겠
는가?
30 이것이 바로 사탄이 저희가 곧 무너
질 것이며 이 세상에 존재하지 못한다
는 것을 알고 보호하기 위하여, 나의
피조물 만백성들을 끌어들여 성곽을
이루고 거기에 숨어 존재하려 하나,

나는 그것까지도 알고 있음을 너희는
알아야 할 것이니라.
31 거기에 제물로 이용당하며 거기에 이
용당하지 말라, 사랑하는 나의 아들딸
들아!

7,903 번째 하나님 말씀

2003년 10월 13일 11시 47분

1 사랑하는 나의 아들아!
2 "네, 아버님! 말씀하옵소서."
3 사랑하는 나의 피조물 만백성 너희의
마음이 어떠한 줄 알겠느냐?
4 너희는 그저 물에 닿기만 하면 그저
가차없이 흡수시키는 스펀지라는 것,
그리고 너희가 말하는 솜이라는 것,
그저 물만 닿게 되면 어떤 물이든, 썩
은 물이든 깨끗한 물이든 그저 흡수하
여 흠뻑 젖어 버리는 그와 같은 것이
너희 마음 자세이니라.
5 그러니 물만 먹으면 흡수하는 솜이요,
스펀지와 같은 것이 사랑하는 나의 아
들딸 너희의 마음이니 이를 어찌하겠
는가?
6 너희가 생활하면서 듣고 배우고 강론
을 듣는 것, 설교를 하는 것, 그 모두
가 참진리요, 아름다운 것을 배우면
그 스펀지요, 솜은 모든 것을 받아들
이고 그것을 네 것으로 만듦이니,
7 거기에는 악이 침투할 수 없으며 또
사악한 것이 침투할 수 없는 것이 너
희의 그와 같은 마음이니, 아름답고
고우며 나약하며 강한 것이 사랑하는
나의 아들딸 너희이니라.
8 그러나 너희가 참진리요, 아름다움을
듣지 못하고 잘못 배우고 잘못 따라
가는 교리요, 비진리를 가지고 설교를
하는 자, 그리고 위장된 자들이 가르
치는 그와 같은 악의 씨를 받아들이기
시작한다면,
9 그 스펀지요, 솜과 같은 너희 마음은
흠뻑 거기에 젖어 버리고 빠져들고 마
니, 너희가 몸 둘 바를 모르며 지키지
못하며 다시 돌이키지 못하며 돌아오
지 못하는 것이 너희이니라.
10 그러니 너희가 어떠한 것을 받아들이
며 어떠한 강론을 들으며 어떠한 것을
만드느냐 이것이 중요함이니, 가르치
는 선생이요, 지도하는 자의 그 뜻에
따라 그리됨이니라.
11 사랑하는 나의 아들딸들아!
12 너희가 참진리와 선을 듣고 배우며
그것을 모두 스펀지요, 솜이 물을 빨
아들이듯이 너희 마음에 그리 빨아들
이며 그리 젖어듦이니,
13 그리 젖어드는 자, 그것이 충만한 자
는 나에게 오르며 하늘에 오를 수 있
거늘, 너희는 이 선택하는 과정에서
지금 눈을 뜨지 못하고 있음이니 내
마음이 아픔이니라.
14 너희가 거짓된 것이요, 잘못된 비진리
요, 잘못 가르친 사탄이요, 사악한 자
들의 설교요, 강론이요, 위장된 자들
의 그 말을 듣고 너희의 마음속에 스
펀지나 솜이 물을 빨아들이듯이 거기
에 흠뻑 젖어 버린다면,
15 너희는 그 썩은 물이요, 추한 물로써
모두 다 젖어듦이니, 거기에는 참진리
요, 너희를 구원하는 생수가 들어갈
데가 없으며 더 빨아들일 데가 없으며

젖어들 수 없음이니, 오로지 거기에는
배척하는 것만 남지 않았더냐?
16 스펀지라는 것은 그저 물을 빨아들이
며 솜은 그저 물을 빨아들이니, 더러
운지 깨끗한지 모르고 받아들이니, 사
악한 자들은 어찌하는가?
17 지금 사악한 마음으로 된 그 백성이
요, 나의 아들딸들은 저희가 온갖 방
법과 수단을 동원하여 참진리의 아름
다운 생수의 내 뜻을 멸망시키려 하며
파괴하려 하는 그와 같은 공격적인 형
태로 가고 있음이니, 이것이 더 어려
움이니라.
18 솜과 스펀지처럼 썩은 물에 젖어 있으
면서 그들은 거부하지는 못하고 제자
리를 지키면서 생수를 받아들이지 아
니하지만,
19 오늘의 잘못 젖어 있는 나의 백성이
요, 잘못 가르치는 종교 지도자요, 집
단 속에서 흠뻑 젖어 있는 그들은 아
름답고 깨끗한 나의 생수를 그저 더러
운 것이며 추한 것이라 하며 근접하지
못하도록 함이니,
20 너희를 어찌 씻고 어찌 다스리며 변
화시킬 수 있단 말이더냐?
21 이와 같은 것이 오늘의 종교 집단이
요, 지도자들이 처해 있고 그들이 가
는 길이니라.
22 이제 나의 아들을 따르는 백성이요,
나의 법전을 읽고 깨우치는 백성, 너
희는 들어야 할 것이니라.
23 그 스펀지에 흠뻑 젖어 있는 물을 바
꾸는 것은 바로 너희밖에 역사할 수
없음이니라.
24 그러니 그것이 너희의 대명이요, 가는
길이니, 흠뻑 젖어 있는 그것이 다 빠
지고 지칠 때까지 기다려야 하는 너
희의 오늘의 그 고통이 거기에 있음이
니라.
25 그 썩고 더러운 물이 빠지지 아니하면
절대 새로운 생수를 빨아들일 수 없
는 것이 스펀지요, 솜의 형태이니라.
26 그들의 마음이 그보다 굳어져 있으며,
그들은 반대급부요, 반대를 위한 반대
의 역사를 하는 자들이요, 살아서 움
직이는 사악한 자들이기에, 너희가 열
배 백배 더 힘들고 어려우니라.
27 그저 단순한 스펀지요, 솜이라면 그들
이 그 물이 빠질 때까지 기다릴 수 있
으나,
28 계속 살아 움직이며 계속 그 사악한
것을 가슴속에 채우며 계속 썩은 물을
붓는 그와 같은 것이 오늘의 종교 집
단 속에 썩어져 있는 나의 사랑하는
백성이니,
29 스펀지와 솜과 같은 나의 백성을 과연
어찌 구원한단 말이더냐?
30 그러니 나의 법전이 세상을 덮어 그들
이 그를 보지 아니하며 만지지 아니하
며 읽지 아니하면 아니 되도록 그와
같은 역사를 이루는 것만이 너희가
그 백성을 구하는 길이라 함을 알라,
사랑하는 나의 아들딸들아!
31 그를 이고 지고, 넓고 넓은 이 세상에
전하는 그 역사가 얼마나 힘들고 어렵
겠는가?
32 발이 부르트고 몸이 지쳐 쓰러지는 그
와 같은 형국이 아니면 그 역사를 이
룰 수 없음이니라.
33 너희가 가는 곳에 너희에게 밥을 대

접하는 자 없으며 잠자리를 대접하는
자들이 없음이니라.
34 그 썩은 물에 젖어 있는 자들이 문을
닫을 것이며, 때가 되면 너희가 올까
봐 문을 닫을 것이며, 너희가 구걸할
것인가 하여 너희에게 뜨거운 물을
뿌리며 기름을 뿌리는 그와 같은 짓을
하며,
35 돌멩이를 던져 너희를 못 오도록 하
며, 병자요, 전염병을 옮기는 자처럼
그리 너희를 대할 것이니, 그 속에서
너희가 무엇을 위하여 그 인내하고 견
딜 수 있겠는가?
36 오로지 나 여호와의 뜻이요, 만백성을
구하는 길이 그것밖에 없다는 그 굳건
한 믿음만이 그 고통과 시련을 너희가
이기는 길이니라.
37 칼을 들이댈 것이며 화살을 쏠 것이
니, 그와 같은 것을 너희 자신을 희생
하면서 인내할 수 있는 것은,
38 오로지 믿음이요, 나의 법전이 나 여
호와의 뜻이요, 만백성을 구하는 길이
라는 마음을 굳게 굳히는 것 외에는
어떠한 것도 그 고통과 그 시련을 견
디고 이길 수 없음을 너희는 알아야
할 것이니라.
39 욥이라는 그 백성은 앉아서 당했으며,
제 집에서 당했으며, 그들을 설득할
필요가 없었음이니라.
40 그저 말없이 인내하고 견디며 나 여호
와가 존재함을 알면 되었으나,
41 너희는 이고 지고 그를 전해야 하며
그들을 깨우쳐야 하니, 욥보다도 두세
배 더 어려운 시련과 고통에서 싸워야
하는 것이 너희임을 알라, 사랑하는
나의 아들딸들아!
42 방주를 만든 노아 역시 누가 미쳤다
하든, 정신이 나갔다 하든, 묵묵히 제
가 가진 것으로써 만들어서 역사하면
됐으나, 너희는 그보다도 더 열배 백
배 힘든 것이 오늘의 역사함이니,
43 마지막 나 여호와의 뜻에 따라 선택된
백성이 그들보다 강하고 인내하며 이
룰 수 있는 백성이기에 지금 나 여호
와가 관장하고 주관하는 이 시대에 너
희가 선택된 자니, 두려워하지 말며
자신을 가지고 역사하라.
44 모든 길은 다 열려 있으며, 내가 다 준
비해 놓고 있음을 알라.
45 너희가 조금만 더 노력하며 조금만 더
인내하며 너희 마음을 좀 더 굳히라.
46 너희가 죽을 때 나의 법전을 가슴에
안고 죽겠다 하며, 피로써 나의 법전
을 물들이고 죽어도 나의 법전을 놓지
않겠다는 그 마음의 결정이 되었을
때, 모두 역사할 것이니 그리 알라.

7,904 번째 하나님 말씀

2003년 10월 13일 11시 58분

1 사랑하는 나의 아들아!
2 "네, 아버님! 말씀하옵소서."
3 너의 제자들과 나의 법전을 읽는 그
백성의 가슴에 깊이 심으라.
4 선과 악은 절대 같이할 수 없으며 거
짓과 진실이 같이할 수 없으며 같이
갈 수 없는 것이 세상의 이치며 하늘
의 이치이니라.
5 거짓과 진실이 같이할 수 없듯이 악과
선이 같이 갈 수 없다는 것을 너희는

알아야 할 것이니,
6 이와 같이 할 수 없는 그 삶에서 너희
가 어떠한 길을 선택해야 할 것인가,
그것은 너희 각오에 달렸으며 마음가
짐에 달렸음을 깊이 전하라.
7 그러나 그 두 마음을 다 갖고 있으며
그것이 다 존재하며 그와 같이 갈 수
있다고 가르치는 것이 바로 무엇인
줄 알겠느냐?
8 오늘의 모든 종교 집단이요, 지도자
요, 그리고 구원을 받았다 울고불고하
는 그 백성이 그와 같은 자들이니라.
9 그것이 바로 저희가 편안한 길이요,
나의 피조물 만백성들을 이끌어 가는
길이 아니던가?
10 두 마음이 존재할 수 없으며 선과 악
이 같이 존재할 수 없으며 진실과 거
짓은 같이 존재할 수 없다는 것을 언
젠가는 알게 됨이니라.
11 너희는 세월 속에 살면서 그 믿음을
참진리와 비진리를 가지고 같이 갈
수 있다는 자들의 말을 듣고 구원의
길이라 지금 몸부림치는 것이니, 이것
이 바로 불쌍한 나의 백성이니라.
12 내가 다시 전함이니, 거짓과 진실이
요, 사탄과 천사는 영원히 같이 존재
할 수 없다는 이 무서운 대목을 가슴
에 깊이 심어야 함을 너희는 알아야
할 것이니라.
13 이를 안다면 오늘의 삶을 어찌 살아가
야 하며 어찌 행동할 것인가를 정녕
알 것이니라.
14 이와 같은 이치를 모르는 자들이기에,
저희가 단상에 서서 함부로 강론을 하
며 함부로 말을 지어 말하는 것이 오
늘의 그들임을 알아야 할 것이니라.
15 너희가 심판을 받을 때 천국에 가느냐
지옥에 가느냐 하는 것은 지금 엄격히
구분된다는 것을 알아야 할 것이니라.
16 그것을 구분하는 것이 무엇이더냐?
17 오늘의 삶을 역사하는 그 잔재로써 모
두 결정된다는 것을 안다면, 감히 오
늘 함부로 말할 수 없으며, 하늘을 향
하여 고개를 들 수 없으며,
18 너희 마음대로 나의 피조물 만백성들
을 현혹하는 달콤하고 아름다운 말이
요, 그 문구를 구사하여 그 길을 갈 수
없을 것이니라.
19 오늘 나의 아들을 통하여 나의 뜻은
선과 악의 두 마음이 존재할 수 없으
니, 너희는 그 둘 중의 하나를 선택하
여 가는 것이라 하였거늘,
20 둘을 다 가지고도 갈 수 있다고 가르
치는 것이 얼마나 평탄하고 쉬운 길이
더냐?
21 그러나 너희는 거기에 현혹되지 말라.
22 인간이기 때문에 그와 같이 갈 수 있
다고 하나, 간단한 원리로 인간이기에
너희는 두 마음을 가지고 갈 수 없음
이니라.
23 세상사에 진실은 밝혀지지 않더냐?
24 그러니 진실과 거짓이 같이 갈 수 없
듯이, 선과 악이 절대 같이 존재하지
못함이니, 둘 중의 하나를 선택하는
것이니라.
25 이는 엄격히 구분된다는 것을 너희는
알아야 할 것이니라.
26 이를 안다면 너희가 함부로 행동할
수 없을 것이니라.
27 지금 선과 악의 싸움에서 어떠한 길을

선택할 것인가를 책임지는 백성이 되
어야 함을 너희는 알아야 할 것이니
라.
28 여기서 이를 책임지지 못하는 그와 같
은 행위를 해서는 아니 될 것이니라.
29 너희가 죽어 나에게 올 때까지 양분된
두 길의 상반된 악과 선의 싸움에서
어떠한 길이든 선택해야 할 것이며,
30 이것은 너희가 죽을 때까지 끝나지
않는 싸움이라는 것을 알아야 할 것
이니라.
31 너희는 죽을 때까지 상반된 선과 악
의 그 두 마음과 너희 자신의 싸움은
끝나지 아니함이니,
32 일찍이 그 싸움을 종결지어 한 길을
선택하는 그 백성과, 그 싸움에 지치
고 지쳐 죽음이라는 그 문턱에 왔을
때, 그 결과가 무엇인가를 알아야 할
것이니라.
33 너희가 죽을 때까지 영원히 끝나지 아
니하고 상반되는 선과 악의 그 싸움에
서 일찍 그 모두를 종식하는 그와 같
은 길을 가지 아니하면 아니 되는 것
이 너희이니라.
34 이제 나의 아들을 따르는 제자들이요,
나의 법전을 만드는 너희요, 나의 법
전을 읽고 깨우친 백성, 너희가 나로
부터 받은 은혜요, 영광이요, 축복이
무엇인 줄 알겠느냐?
35 너희는 영원히 죽을 때까지 끝나지 않
는 그 악과 선의 상반된 싸움에서 일
찍이 칼로써 그 악의 뿌리를 자른 자
들이요, 그 악의 씨앗을 짓뭉갠 자들
이니라.
36 너희는 일찍이 그와 같은 결단을 하며
그 길을 갈 수 있는 것을, 세상의 금은
보화와 너희가 걸치는 아름다운 옷과
호화로운 집과 부귀영화와 권력, 그
모든 것을 가지고 바꾸려 생각하지 말
라.
37 부질없는 그 모든 것을 가지고 거기에
얽매이면 아니 되느니라.
38 내가 너희에게 뭐라 말하였느냐?
39 세상에 나올 때 두 주먹을 쥐고 울며
오지만, 내가 너희에게 울고 가는 백
성이 되지 말라 하지 아니하였더냐?
40 너희가 숨을 거두는 그 1초의 순간에
웃으면서 갈 수 있는 삶을 살라 하였
음이니,
41 지금 선과 악의 자신과의 싸움에서 죽
을 때까지 헤어나지 못하는 것이 이
세상의 종교 집단이요, 지도자요, 신
도요, 그리고 또 이방인이라는 그 많
은 백성이었음이니라.
42 그러나 너희는 일찍이 그 싸움에서 승
자가 되었음이니 그걸 알라.
43 그 은혜보다 더 큰 것이 있다면, 나를
버리며 나의 아들을 버리며 나의 성전
을 버리며 나의 성전의 문을 닫을 생
각을 감히 하라.
44 그렇지 아니하고 너희가 은혜를 받으
며 영광을 받으려면, 두 번 다시 나의
성전의 문을 닫으며 나의 성전에서
발길을 돌리며, 나의 아들을 의심하며
나의 법전을 의혹하는 그와 같은 생각
을 가져서는 절대 아니 될 것이니,
45 그것은 너희가 불바다에 들어가고자
하는 것이니라.
46 죽어 와 심판을 받는 자는, 오늘 그 불
칼로써 너희의 악을 자른 자는 황금의

문을 들어서 황금의 비단길을 걸어올
것이며,
47 그것을 역행한 자는 죽음으로써 심판
이 끝나자마자 보이지 않는 그 불바다
를 알몸으로 건너가는 벌부터 시작한
다는 것을 알라.
48 그것을 모두 면죄받은 것이 너희요,
상반되는 죽고 사는 그 싸움에서 선을
선택할 수 있는 은혜를 받은 것이 나
의 법전을 너희가 가슴에 안은 것이
니,
49 나의 법전을 만들고 선택된 제자요,
만백성들이 저주하며 욕하는 그 속에
서 그저 나약하게 존재하며 선택된 너
희의 그 은혜와 축복과 영광을 어디에
서 바꿀 수 있기에,
50 어찌 감히 오늘과 같은 나약한 마음을
가지고 나약한 생각을 하면서 나의
아들을 따르며 나의 성전을 일으키며
나의 뜻을 이룬다고 감히 말하는가?
51 네 몸이 갈기갈기 찢어져 뼈가 갈라지
고 부러지는 그 환경에서도 너희는
나의 법전을 놓아서는 안 될 것이며,
나의 성전의 문을 닫고자 해서는 아니
될 것이니 그리 알아야 할 것이니라.
52 두 번 다시 그와 같은 마음을 가져서
는 아니 되며, 나의 아들을 울려서도
아니 될 것이며, 나의 법전이 소리를
죽이는 일이 있어서도 아니 될 것이니
라.
53 너희에게 식물이 말하며 동물이 말한
다 했거늘, 내가 성령으로써 기록하는
나의 법전이 기를 펴지 못하며, 너희
말 한 마디 한 마디에 나의 법전이 두
려워 떤다는 것을 알아야 할 것이며,
54 나의 법전이 듣지 못한다 하나 너희
가 하는 일거수일투족을 다 듣고 보는
것이 나의 법전이요, 그는 나의 뜻임
을 너희는 알아야 할 것이니라.
55 나의 법전이요, 나의 성령이요, 하늘
에 오르는 '하나님! 말씀하옵소서'라
는 이 책은 나를 알며 내 뜻을 앎이니,
56 너희가 감히 내 뜻을 거역하며 내 뜻
이 아닌 상반된 말을 너희 입에서 함
이니, 나의 법전이 떨고 있으며 나의
법전이 두려워하고 있음을 알아야 할
것이니,
57 나의 성전을 닫으며 나의 성전을 놓고
왈가왈부하지 말라.
58 떠나고자 하면 너 스스로 가면 될 것
이며, 등을 돌리면 될 것이니 그리 알
라.
59 너희는 이제 선택된 백성이요, 너희보
다 더 큰 은혜와 영광을 받은 자가 없
음이니라.
60 모든 백성이 지금까지 나에게 오르지
못한 것이 무엇인 줄 알겠느냐?
61 끝나지 않는 상반되는 악과의 그 길고
도 긴 싸움에 결론을 내리지 못하고
나에게 옴이니, 지옥으로 간다는 것을
너희는 알지 않느냐?
62 너희는 일찍이 불 칼로써 모든 악의
씨를 그어 잘라 버렸으며, 그 나무의
밑동을 잘라 버렸으며, 너희 가슴속에
있는 악의 그 공장을 태우고자 발버둥
치는 너희보다도 큰 은혜요, 영광이
있거든 떠나도록 그리하라.
63 너희는 죽어 와 심판에 임하기 전, 자
신과의 싸움에서 결정지어야 한다는
것을 알라.

64 너희가 오늘에 나의 법전을 만들며 성
전에서 역사한다 해도, 죽어 와 나에
게 심판을 받을 때는 너희 자신의 싸
움에서 어찌했느냐 하는 그 결과로써
모두 얻어짐이니, 그 결정을 짓는 것
이 순종하는 것이니라.
65 너희는 여기서 두 번 다시 생각하지
말며 두 번 다시 뒤돌아보지 말며, 오
늘 너희가 불 칼로써 다스린 그 악의
근원을 다시는 너희 가슴속에 싹트지
못하도록 그리하여, 비단길을 오는 그
와 같은 영광을 얻도록 하라, 사랑하
는 나의 아들딸들아!
66 선택된 너희는 그 길을 가야 함을 절
대 잊지 말라.
67 이 모두가 너희 스스로 결정지으며,
이 세상에 너희가 어찌 살았느냐 하
는 그 잔재가 나에게 오르고 못 오르
는 것이거늘,
68 오늘의 종교 집단이요, 지도자 신도들
이 뭐라 말하느냐?
69 두 마음이 존재할 수밖에 없는 것이
인간이요, 두 마음을 가지고 가는 것
이 인간이라 그리 말하니,
70 나의 십계명을 지킬 수 없다는 그것이
대표적으로 너희가 선과 악의 두 마
음을 인간은 버릴 수 없음이니,
71 나 여호와가 악의 마음을 뽑아 줄 때
까지 너희는 그저 두루뭉술 가다가,
뽑아 주면 다행히요, 뽑아 주지 아니
하면, 너희는 하나님의 뜻이요, 예수
님의 뜻이요, 나 여호와의 뜻이니 너
희는 죄가 없다는 그와 같은 사악한
마음으로 가니,
72 너희가 죽어 와 보이지 않는 그 불바
다를 알몸으로 건너가는 벌부터 시작
함을 알아야 할 것이니라.
73 이는 내가 하늘의 뜻을 너희에게 전함
이니 그리 알라.

7,905 번째 하나님 말씀

2003년 10월 13일 12시 05분

1 사랑하는 나의 아들아!
2 "네, 아버님! 말씀하옵소서."
3 선하고 천사와 같은 삶을 살며 그 마
음으로 살고자 하는 백성은 세상을
모두 다 보고 있으며 세상의 모든 아
름다움을 느낄 수 있으며,
4 그리고 나 여호와로부터 너희가 얻을
수 없는 것을 얻으며 구원을 받게 되
어 있음이니라.
5 울고불고 달라고 한다 해서 주는 것이
아니요,
6 너희가 천사와 같은 선을 선택하는 아
름다운 마음으로 살아가는 것이 나로
부터 모든 것을 다 얻을 수 있음이니,
7 그는 세상의 모든 것을 볼 수 있는 눈
이 뜨이면 그것을 모두 얻게 되어 있
으며, 이미 다 내가 너희에게 내려 주
었음을 알아야 할 것이니라.
8 선한 마음이요, 천사와 같은 마음으로
사는 것과, 악과 비진리요, 사탄의 무
리가 무엇이 다른 줄 알겠느냐?
9 악한 자와 비진리요, 사탄들은 아무것
도 존재함이 없으며, 그들은 얻어지는
것이 없으며, 역사하는 것이 없는 것
이 바로 그들이니라.
10 타고 남은 재와 같은 것이 사탄이 역
사하는 것이요, 비진리가 역사함이라

는 것을, 나의 아들을 따르는 제자 너
희는 그 의미를 알라.
11 천사와 같은 자요, 선한 것은 세상 모
든 것을 다 얻음이니, 그는 나의 아들
딸이니, 창조주 나 여호와가 역사하는
것을 다 보고 얻고 볼 수 있음이니라.
12 사탄이요, 비진리요, 사악한 악마의
자식들은 그를 볼 수 없으며, 아무것
도 남는 것이 없는 것이 사탄임을 알
라.
13 이것이 선한 백성과 악한 백성의 차이
이니라.
14 아무것도 없으며 얻을 수 없는 그 길
을 가는 것이 지금의 믿음의 길을 가
는 길이요, 신앙에 젖어 있는 백성이
니라.
15 지금 저희는 구원을 받았다 하며 하
늘에 오른다고 말하며, 오로지 참진리
요, 성서의 가르침은 하나라도 빼고
더하지도 말아야 하며, 오로지 이대로
가는 것만이 구원을 가는 길이라 가르
치는 그 종교 집단이요, 지도자들이,
16 지금 아무것도 구할 수 없으며 얻을
수 없는 그 비진리요, 사탄의 후예가
되어 사탄이 쌓는 성곽에 인의 장막의
도구로써 나의 백성을 팔아먹는다는
것을 너희는 알아야 할 것이니라.
17 선한 자에게는 절대 악이 임할 수 없
는 하늘의 뜻을 알라.
18 내가 너희에게 명하며 전함이니라.
19 선한 마음으로 사는 자에게는 절대 악
이 임할 수 없음이니, 악이 임하며 악
을 생각할 수 있는 것은 너희가 진정
선한 마음으로써 살지 못하며, 선한
마음으로써 존재하지 못하기 때문이
니라.
20 너희 마음속을 다스리기에 달렸으며,
네 마음을 다스리기에 달렸음을 알라.
21 마음을 다스리지 못하는 자, 아무리
선한 일을 하고 살며 아무리 아름다운
마음으로 산다 해도 너희가 무너질
때는 바로 무엇인 줄 알겠느냐?
22 악과 타협하며 악과 합작하고자 하는
마음이 있음을 알라.
23 너희가 나의 성전의 문을 닫으며 성전
에 대해 왈가불가하는 그 마음이 있다
면 그 또한 무엇인 줄 알겠느냐?
24 선한 마음으로써 나의 뜻에 따라 목숨
을 바쳐 가고자 하는 것이 아니요,
25 너희는 사탄과 합작하며 사탄과 타협
하며 사탄과 의논하며 그리하여 사탄
이 침투할 수 있도록 문을 열어 주는
것이며 문틈을 열어 주는 것이며, 잠
근 고리를 열어 주는 그와 같은 행위
이며,
26 사탄이 침투할 수 있는 그 길을 열어
주는 것이 너희 마음이라는 것을 나
여호와가 오늘 나의 아들을 통하여 전
함이니,
27 너희의 마음 자세를 다시 추스르며 굳
은 결의로써 역사하지 아니하면 아니
됨을 알아야 할 것이니라.
28 나의 아들이 이와 같은 말을 인간적으
로 너희에게 전하며 그 심정을 전하고
싶었으나, 그 입을 내가 열어 주지 아
니하였으며, 그가 말할 수 없도록 내
가 혀를 굳혔으며, 오늘 내가 직접 너
희에게 전함이니 그리 알라.
29 나의 법전을 놓고 시시비비하며 나의
성전에 대해 시시비비하며 나의 아들

을 놓고 시시비비하는 것은,
30 악의 마음이 너희에게서 제거되지 아
니하였기 때문에, 악과 타협하고 합작
하고 공론하며 모사하는 그와 같은
자로서 전락하고자 하는 것이 너희이
니라.
31 이는 곧 사탄이요, 악이 나의 법전이
요, 나의 성전에 침투할 수 있는 문고
리를 풀어 주는 그와 같은 자이니, 너
희가 누구와 같더냐?
32 유다와 무엇이 다르며, 나의 아들을
배신했던 베드로와 무엇이 다르단 말
이더냐?
33 너희는 그와 같은 역사를 하지 말라.
34 너희가 나의 성전의 문틈을 열어 주며
나의 성전의 문고리를 열어 주는 것은
바로 예수를 판 유다보다도 더 잘못된
길을 가고 있는 것이며,
35 이는 나 여호와가 존재하며 이게 마지
막 시대며 만백성을 구하기 위해 내가
역사하는 거기에 너희가 사악한 사탄
이 침투하는 길을 열어 줌이니라.
36 나의 법전의 내용을 너희 마음대로
빼고 더하며 너희 생각을 기록했을
때, 사탄들이 이를 짓이긴다는 그 무
서운 뜻을 안다면, 너희는 오늘부터
마음의 자세를 굳건히 다시 하며,
37 나로부터 받은 그 은혜에 보답하는 길
이 무엇인가?
38 너희는 죽을 때까지 빌고 빌어도, 뼈
가 갈라지며 살결이 찢어지는 그와 같
은 고통을 인내한다 해도 너희가 나
로부터 받은 그 영광은 없음이니라.
39 이 세상 모든 백성 중에 영원히 죽지
않는 천국에 올 수 있는 그 은혜를 받
은 자, 답을 받은 자 있거든 말하라.
40 너희는 아니라 하며 너희도 지금의
믿는 자와 같이 하늘에 오른 자라 그
리 말하며 똑같은 자라 생각하고 그리
의혹할 것이니라.
41 종교 집단이요, 지도자는 저희 안일을
위하고 저 자신을 위해 가지만, 너희
는 남을 위해 나의 성령으로 법전을
만드는, 눈으로 보이는 봉사요, 현실
로 시각적으로 볼 수 있는 그 역사가
아니더냐?
42 이것이 답이며, 오늘의 너희가 나에게
올 수 있는 그 영광을 받은 것의 증거
가 되니 그리 알라.

7,906 번째 하나님 말씀

2003년 10월 13일 12시 09분

1 사랑하는 나의 아들아!
2 "네, 아버님! 말씀하옵소서."
3 너의 제자들 손에 꼭 쥐여 주어야 하
는 하늘의 뜻이 있음이니라.
4 죽음이라는 것은 너희의 육은 한번
죽으면 끝나는 것이며, 그리고 나에게
와 심판을 받을 때 그것이 무엇인 줄
알겠느냐?
5 그 무섭고 두려운 것을 너희는 모르
는 것이니라.
6 육의 세상의 죽음 앞에 그 죽음을 되
돌려 놓을 수 없는 것이 너희의 삶이
아니더냐?
7 죽은 자를 되돌려 놓을 수 있는 그 기
적과 역사가 있는가?
8 그리고 다시 살아난 자 있더냐?
9 바로 그와 같은 것처럼, 너희가 나에

게 와 심판을 받았을 때 그 심판의 결
과 또한 되돌릴 수 없는 것이 너희의
죽음이요, 심판임을 알아야 할 것이니
라.
10 이 무서운 이치를 안다면, 그 심판의
기준인 오늘의 삶을 너희가 어찌 살
아야 할 것인가, 그를 돌이켜 봐야 할
때가 아닌가?
11 등골이 오싹하며, 마음을 가눌 수가
없으며, 몸을 가눌 수 없는 그와 같은
무서운 현실이 오늘에 그저 허송세월
하며 사는 삶의 그 결과라는 것을 너
희가 모르고 있음이니라.
12 너희가 이 세상에서 되돌릴 수 있을
때, 모두 되바꿀 수 있으며 다시 역사
할 수 있으며 되돌려서 다시 성공이
요, 실패의 길에 도전할 수 있는 그와
같은 삶을 사는 이 세상에서 바른 삶
이요, 참진리요, 진정한 삶을 사는 천
사와 같은 선을 행하여 아름답게 살라
는 것은,
13 너희가 돌이킬 수 없는 그 심판 앞에
섰을 때, 그보다 더한 축복이요, 영광
이 없으며, 되돌릴 수 없는 그 죽음 앞
에 너희가 웃음으로써 죽을 수 있는
그 영광이 바로 그것이니라.
14 너희는 알아야 할 것이니라.
15 너희가 지금 이 세상에서 되돌려 다시
보며 다시 연구할 수 있는 그와 같은
시간에 모든 것을 바로잡지 못하면 아
니 될 것이니 그리 알라.
16 이것이 바로잡을 수 있는 자와 잡지
못하는 자의 그 한계이니, 이 세상에
서 그 이치를 깨달아 바로 살고 바로
되돌려 잡을 그 기회는 여기밖에 없
음이니라.
17 너희가 죽음 앞에 왔을 때는 되돌릴
수 없으며, 심판을 받을 때는 되돌릴
수 없으니,
18 되돌릴 수 없는 그때 당황하지 말며
후회하지 말며 통곡하지 말라.
19 오늘 모든 참진리요, 아름다움이요,
선을 행하고 사는 것이 힘들고 어렵다
는 소리를 하지 말라.
20 그것이 얼마나 오만한 자이며 얼마나
방심하고 방관한 자들인가?
21 너희는 인생의 소중함을 모르며, 나로
부터 받아 나간 그 의미를 모르며, 내
가 너희에게 생명을 내려 준 그 뜻이
요, 의미를 모르는 자들이기에, 오늘
에 이와 같은 삶을 삶이니,
22 너희는 죽음 앞에 심판을 받아 지옥으
로 가는 되돌릴 수 없는 그때보다 지
금이 얼마나 쉽고 간단한 길이요, 간
단한 세상의 이치인가?
23 너희가 가장 쉽고 편안한 이때 선택
하지 아니하고, 되돌릴 수 없을 때 가
서 몸부림치고 후회해도 그 역사는 돌
릴 수 없음이니,
24 이 이치를 너의 제자들의 손에 꼭 쥐
여 주도록 그리하라, 사랑하는 나의
아들아!

7,907 번째 하나님 말씀

2003년 10월 13일 12시 16분

1 사랑하는 나의 아들아!
2 "네, 아버님! 말씀하옵소서."
3 나 여호와가 너희에게 전하기를, 나의
법전을 따르는 것은 참진리요, 나 여

호와의 뜻이요, 하늘의 뜻을 역사하는
것이라 그리 말하느니라.
4 그리고 모든 잘못된 자들은 사탄의 자
식으로서 나의 백성을 저희를 보호하
는 성과의 도구로 이용한다 하였음이
니라.
5 그러나 너희는 여기서 의혹의 마음을
갖지 말라.
6 너희는 생각할 것이니라.
7 사탄이요, 사악한 자를 따르는 자들은
부귀영화를 누리며, 능력이 있으며,
못 이루는 것이 없는 것 같으며,
8 참진리요, 나 여호와의 뜻을 따르는
자는 배고프고 힘들고 어려운 그 길을
가는 것같이 그리 생각하니,
9 너희가 여기서 의혹할 수 있으며 마음
이 흔들릴 수 있을 것이니라.
10 그러나 너희는 알아야 할 것이니라.
11 내가 너희를 사랑하며, 너희가 나의
아들딸이요, 나의 아들을 따르는 제자
너희가 오로지 이 세상을 아름답게 다
스릴 것이기 때문에 내가 생각함이니
라.
12 사탄에게는 능력이 있으며 사탄에게
는 은혜가 있으며 그는 어떠한 것이든
이루는 그와 같은 능력 있는 자라 생
각하며,
13 어찌하여 참진리의 길을 가는 너희는
오늘의 힘든 길을 가며, 그들은 그와
같이 재물이요, 능력이요, 아름다운
교회를 궁궐처럼 짓고 존재하며 그 뿌
리를 내려가는가 그리 생각하나,
14 너희는 여기서 알라.
15 그들은 인간의 도리요, 하늘에 올 수
있는 그 법도를 버리고 사는 자들이니
라.
16 그들은 약삭빠른 그 수단과 방법이요,
간교한 방법이요, 그리고 추한 방법이
요, 비열한 방법이요, 인간으로서는
할 수 없는 그 추하고 더러운 짓이요,
방법과 수단을 가리지 아니하고 취하
고 이루고 역사하기 때문이니라.
17 그들이 그와 같이 역사할 수 있는 것
은, 사탄의 능력이요, 사탄이 저희에
게 무엇을 부여해 주는 것이 아니요,
18 그들이 사탄으로서 비열하며 간교하
며 약삭빠르며 저희가 취하기 위해
인간의 육을 위하여 수단과 방법을 가
리지 아니하고 더럽고 추한 짓을 죄가
되는 두려움을 모르고 행하는 자들이
니라.
19 그러나 나 여호와의 진리를 따르는 선
택된 백성 너희는 무엇이냐?
20 너희는 선택된 자의 능력이 없으며,
무엇도 역사하지 못하며, 내가 너희에
게 사랑을 내리지 아니한다고 그리
생각하느니라.
21 그 간교한 자들이요, 사탄의 후예들은
그와 같은 간교하고 약삭빠르며 추한
방법으로써 비열한 수단과 방법으로
써 지금은 성행하는 것 같으나,
22 너희는 사랑을 실천하고 살고자 하는
마음이요, 약삭빠르고 추한 생각을 하
기 전에,
23 사랑의 마음을 가슴에 안고 있으며 진
실한 마음을 가슴에 안고 있으며 아름
다운 마음을 가지고 있으며, 그리고
가장 중요한 세상사 양심의 가책이라
는 것을 늘 가슴에 안고 살고 있음이
니,

24 너희가 그들보다 뒤지며 역사하지 못
하는 것은 당연한 것이 아니더냐?
25 이것이 나 여호와의 뜻이요, 나의 진
리이니, 너희가 이 속에서 부귀와 영
화를 누리면 무엇을 한단 말이더냐?
26 너희는 지금 말하느니라.
27 악을 따르는 자는 수없이 얻으며 부귀
영화를 얻지만, 선을 따르는 백성은
고통이요, 시련의 길을 가는 것은 잘
못되었으며 반대의 현상이라 생각할
것이니라.
28 너희는 알아야 할 것이니라.
29 오늘의 그들이 약삭빠른 방법이요, 간
교한 방법이요, 비열하고 추한 방법으
로써 무엇을 얻은 것 같으며 쌓아 놓
은 것 같으나,
30 그들은 나에게 올 때 아무것도 가지고
올 것이 없음이니, 그들에게는 남는
것이 없으며, 그들에게는 심판대에 섰
을 때 죄만 남아 있으며, 심판대 앞에
아무것도 내놓을 것이 없는 것이 그들
이지 아니하더냐?
31 그러나 너희는 사랑함이 있으며, 양심
의 가책이 있으며, 아름다움이 있으
며, 이웃과 나누는 삶이 있으며, 그와
같은 선을 행한 것은 너희가 나로부
터 받을 상이요, 나로부터 은혜와 영
광과 축복이 그득히 있음을 알아야 할
것이니,
32 너희가 정녕 약삭빠르며 간교하며 비
열한 방법이요, 번득이는 짐승의 간교
한 눈빛처럼 그와 같은 방법으로 살아
가는 것을 원하는가?
33 그러나 너희는 기다려 보라.
34 머지않아 너희가 과연 진실이 무엇이
며 나 여호와의 뜻이 무엇이며 너희가
참진리의 길을 가는 것과 사탄의 앞
잡이가 가는 차이를 알 것이니,
35 그들이 얼마나 고통스러운 것인가, 그
들은 불 속에서 저희 육신을 모두 태
우는 그와 같은 고통을 보게 될 것이
니라, 사랑하는 나의 아들딸들아!
36 그러니 간교하고 약삭빠른 것이 얻음
이요, 이 세상에 성공한 자요, 앞에 가
는 자요,
37 오늘에 진리의 길을 가는 자는 힘든
것 같으나, 너희는 양심의 가책이요,
진실 앞에 고개를 숙이지 아니하니,
그것이 평범한 길이며 나의 아들딸이
가는 길이요, 그것이 평범한 삶이라는
것을 잊어서는 아니 될 것이니, 그리
알라, 사랑하는 나의 아들딸들아!
38 이제 너희는 마음의 자세를 정립하며,
정도의 길을 가는 자요, 정도를 가지
아니하면 너희가 얻고 취하는 것 같
아도 그는 남는 것이 없으며 존재할
수 없음이니, 이를 내가 너희에게 뭐
라 하였느냐?
39 육의 세상에 살면서 그 모든 결과를
본다 하지 아니하였더냐?
40 그러니 너희가 얼마나 축복 속이요,
영광 속에 사는 백성인가를 어찌하여
모르고, 그를 기다리며 조바심하며 두
려워하며 겁을 먹는가?
41 두려워하지 말라.

7,908 번째 하나님 말씀

2003년 10월 13일 12시 21분

1 사랑하는 나의 아들아!

2 "네, 아버님! 말씀하옵소서."
3 사랑하는 나의 아들딸들이요, 너를 따
르는 제자들이 법전을 만들고 전하면
서 얼마나 힘들고 어려운 그 길을 가
는가?
4 그들이 지치고 힘들어 함이니라.
5 그러나 너희는 알아야 할 것이니라.
6 하늘을 높이 나는 창공의 그 독수리
가 과연 영원히 날 수 있는 그와 같은
날개를 가지고 사는 것이 행복한 것인
가?
7 그렇지 않으면 날개가 부러져 추락하
는 그와 같은 삶을 사는 것이 행복한
것인가?
8 단시간 내에 비행하며 그저 무리하게
살다 날개가 부러지는 그 독수리의 형
국을 원하는가?
9 너희는 말하느니라.
10 인간이 살면서 굵고 짧게 살다 멋있게
살다 가자 하는 자들이 있음이니라.
11 이제 내가 너희에게 전함이니라.
12 지금 나의 법전을 만들고 가르치고 전
하는 선택된 너희는 영원히 비행할
수 있는 그와 같은 능력을 갖춤이요,
13 그러나 지금의 믿음의 길을 가는 종교
집단이요, 지도자들은 독수리는 볼 수
있으나 영원히 하늘을 나는 비행법을
모름이니라.
14 그러니 날고 날던 독수리가 결국 날
갯죽지가 부러져 떨어질 날이 있을
것이니, 그와 같은 형국이요, 날지 못
하는 독수리가 될 때가 있음이니라.
15 그러니 지금 나의 법전이 세상에 내려
와 나의 법전을 접하고 연구하며 이를
만들고 전하는 너희는 하늘의 성령의
은혜요, 영원히 비행할 수 있는 그 길
을 가는 것이며, 영원히 날 수 있는 그
길을 가고 있음이니라.
16 육을 가졌으며 세상에 선과 악의 두
마음에서 악을 뿌리치며 선을 선택하
는 자만이 구름 위를 날 수 있음이니,
그 길을 가는 것이 얼마나 고통스럽고
힘들겠느냐?
17 그저 독수리처럼 한때 비행을 하다 날
개가 부러져 힘이 부족해 떨어져 죽는
그와 같은 길을 가고자 한다면 쉽고
편안하게 가지 않겠느냐?
18 인간사에서 말하듯이 굵게 살다 일찍
끝낸다는 그와 같은 자들이 바로 오늘
의 종교 집단이요, 믿음의 길을 가는
자들이니라.
19 그들은 날개가 부러진 독수리처럼 높
이 날다 결국은 부러져 떨어질 것이며
추락할 것이니, 추락한 그 독수리의
모습이 얼마나 처참하며 불행한 모습
인가 너희는 알 것이니라.
20 결국, 오늘의 가는 차이의 그 결과가
기다리고 있다는 것을 너희는 알아야
할 것이니라.
21 너희는 모두 영원히 멈추지 않는 그
비행 기술을 배우려고 피나는 노력을
하는 자들이며,
22 그저 독수리처럼 날다 날개가 부러져
결국 그 명이 다하여 추락하여 죽는
모습으로 그 길을 선택하는 것이 오늘
의 믿음이요, 종교 집단이요, 그리고
구원을 받았다며 울고불고하는 그 신
도들이 가는 길이니라.
23 너희는 추락함이 없으며 떨어짐이 없
는 그 길을 가고자 하니, 그들보다 열

배 백배 천배 만배 더 힘들고 어려운
길을 가는 것은 당연하지 아니하더냐?
24 사랑하는 나의 아들딸들아, 너희도 독
수리처럼 날다 그 명이 다하여 날개가
부러져 추락하는 그와 같은 믿음을 가
고자 하는가?
25 너희는 그 길을 가서는 아니 될 것이
니 그리 알라.
26 이것이 그들과 너희의 차이점이니, 오
늘의 힘들고 어려운 이 길을 주저하지
말며 두려워하지 말며 물러서지 말라,
사랑하는 나의 아들딸들아!
27 날고 또 날다 보면 영원히 나는 그 비
행법을 배우게 될 것이니라.

7,909 번째 하나님 말씀

2003년 10월 14일 0시 09분

1 사랑하는 나의 아들아!
2 "네, 아버님! 말씀하옵소서."
3 나의 사랑하는 백성의 마음이 아침저
녁으로 수시로 변하는 것이 인간 너희
의 마음이며 본질이라 그리하였음이
니라.
4 그러니 나의 아들 예수를 따랐던 그
제자들이요, 죽음을 같이 가며 끝까지
예수를 따르겠다고 말했던 그 제자들
도 등을 돌렸음이니,
5 그보다도 더 위대한 스승이 어디 있으
며 그보다 더 위대한 역사를 본 제자
들이 과연 어디에 있는가?
6 이 지상에 수천 년 동안 역사가 흐르
면서 모세가 기적을 이루며 모세가 역
사했던 것보다도 더 위대한 역사의 기
적을 이룬 것이 나의 아들 예수요, 그
모든 것을 보이며 역사하지 아니하였
던가?
7 그러니 이 세상에 그보다 더한 가르침
이요, 그보다 더한 진리요, 그보다 더
가시적인 역사 또한 없었을 것이니라.
8 그러니 그걸 보고 따르던 제자들이요,
그 모두를 곁에서 봤던 제자들, 그리
하여 죽음을 같이하기로 약속했으며
끝까지 따르겠다 말했던 그 제자들이
그로부터 등을 돌렸음이니,
9 이 세상에 그보다 더한 약속이요, 그
보다 더한 너희 눈으로 볼 수 있는 기
적과 역사함이 어디 있겠는가?
10 그러나 그와 같은 제자들의 마음이 변
하며 등을 돌렸음이니, 이 세상에 약
속을 지킬 수 있는 인간은 한 사람도
없다 말할 수 있지 않은가?
11 너희가 과연 어떠한 환경이요, 어떠한
여건이요, 이해관계에 따라서 그와 같
은 마음이요, 힘이요, 그 모두를 지킬
수 있는가?
12 저 자신의 목숨을 던져서 너희가 약
속을 지키고 행할 수 있는 자가 과연
얼마나 있겠는가?
13 나의 아들 예수보다도 더 큰 역사요,
더 큰 기적을 이룬 자는 없을 것이니
라.
14 그리고 그보다 더한 위대한 것을 가르
칠 수 없으며 나의 성령을 전할 수도
없으며, 그보다 더 아름다운 삶을 살
수 있는 자가 세상에 없으며, 사탄과
마귀와의 그 싸움에서 장고의 그 길고
긴 시간이요, 그 모두를 다 견디고 인
내할 수 있는 그와 같이 역사할 사람
도 없을 것이니라.

15 육을 가진 인간의 형태로써 마귀와 싸
워 이긴 나의 아들 예수의 그 기적이
요, 그리고 만백성에게 보여 준 그 모
든 기적이요, 그와 같은 것을 직접 보
고 체험한 그 제자들이 등을 돌렸음이
니,
16 죽음 앞에 모든 약속을 지키려는 백성
이 과연 어디 있단 말이던가?
17 그보다 더한 스승이요, 그보다 더 존
경할 자요, 그보다 더 큰 역사를 보일
수 있는 자 없으니, 그 앞에 정녕 약속
할 수 없는 것이 없음이니라.
18 그러니 나의 아들 예수로부터 등 돌린
제자들보다 더 큰 기적이요, 역사를
너희는 볼 수 없으며, 그와 같은 것에
약속할 수도 없는 것이 아니던가?
19 그와 같은 백성이요, 제자들이 마음을
돌렸음이니, 인간의 마음이라는 게 예
측하기 어려우며, 너희 자신도 자신을
다스릴 수 없는 것이 인간 너희의 마
음이니라.
20 너를 따르는 제자들이 한 길을 가며
모든 역사를 한다는 것은, 지금은 그
들이 진실한 약속이며 진실한 마음에
서 나오는 것이나,
21 그들의 환경이 목숨을 내놓고 너를 따
르며 나의 법전을 지키고 가야 할 때,
목숨을 내놓고 그 약속을 지킬 수 있
겠는가?
22 말은 너희가 그러하다 하나, 당하면
그리할 수 없는 것이 바로 예수를 따
랐던 그 제자들처럼 너의 제자들 또한
그러하니라.
23 그러니 과연 그와 같은 마음을 가지고
갈 수 있는 제자가, 지금 이 세상이요,
너를 따르는 제자 중에서 그 죽음까지
도 약속을 지킬 수 있는 사람이 있겠
는가?
24 그러니 인간들의 마음이 그와 같이 흔
들림이요, 그와 같이 너희 자신도 다
스리지 못하는 것이 인간의 마음이니,
이를 너는 헤아리며 이를 또한 알아야
할 것이니라.
25 너희 제자들도 또한 오늘의 깨우침을
전하라.
26 예수보다도 더 큰 역사가 없으며, 그
가 성령의 가르침의 진리를 전하며 언
행과 삶을 그와 같이 준 자가 없으나,
그 제자들도 등을 돌렸음이니,
27 이 세상에 어떠한 백성이 믿음을 위
하여 나 여호와의 뜻을 위하여 나의
법전을 세상에 전하는 것을 위하여 목
숨을 바쳐 지킬 수 있겠는가?
28 너희 스스로 마음의 다짐을 한번 보도
록 그리하라, 과연 너희가 등 돌리지
아니하며 끝까지 이 길을 지키고 갈
수 있는 것인가?
29 인간의 마음이 그와 같이 어렵고 힘듦
을 알라 그들에게 전하라.

7,910 번째 하나님 말씀

2003년 10월 14일 0시 20분

1 사랑하는 나의 아들아!
2 "네, 아버님! 말씀하옵소서."
3 너희가 나의 피조물 만백성을 가르치
기를, 나 여호와를 모르고 사는 백성
은 죽어 심판을 받게 됨이니, 그들은
구원이 아니요, 지옥에 가서 그 대가
를 치른다 가르치느니라.

4 그리고 나의 뜻을 믿지 아니하며 나의
아들 예수의 보혈로써 구원받음을 받
아들이지 아니하며 믿지 않는 백성 또
한 그 대가의 형벌을 치르게 되어 있
음이니, 그 대가는 지옥에 가 그 누구
든 그 죄를 치를 것이며,
5 그 대가를 치르는 것은 믿지 않는 백
성의 앞으로의 운명이라 말하며 그는,
정해졌다 말하느니라.
6 그러면서 예수의 보혈로 구원을 받는
믿음의 길을 가는 백성은 나의 아들
예수의 죽음으로써 대속 받은 자요,
7 그를 믿고 따르는 백성은 어찌 살아
가든, 나 여호와는 사랑의 하나님이
요, 사랑이 풍부한 하나님이기 때문에
사랑이 넘치는 하나님이기 때문에, 믿
는 자들에게는 어떠한 것도 묻지 아니
하며, 믿는 자만이 살 수 있으며 존재
할 수 있다고 그리 말하느니라.
8 그러니 너희는 알고 짓는 죄, 실수해
서 짓는 죄, 그 모든 죄악으로부터 완
전하게 용서받으며,
9 너희에게는 알고 짓는 죄, 모르고 짓
는 죄, 그 모든 죄를 다 제거해 주며,
나 여호와가 너희를 그와 같이 하늘
에 오르는 길로 인도하며,
10 너희가 지은 죄에 대해서는 나 여호와
가 절대로 기억하지 아니하며, 내가
너희가 지은 죄를 기억하지 아니하는
사랑이 풍부한 하나님이기 때문에, 너
희에게는 벌이 없으며 벌을 받을 일이
없다고 하며, 지옥이라는 것은 너희와
관계없다고 그리 가르치느니라.
11 그러나 너희는 알아야 할 것이니라.
12 믿지 않는 백성이 너희 믿는 자보다
죄를 덜 지으며, 죄를 짓지 아니하고
살아가는 그와 같은 백성이 있다면 과
연 너희는 어찌하려는가?
13 그러한 백성을 과연 내가 물리적으로
벌을 주며 그들은 지옥에 가서 그 대
가를 치른다는 말이던가?
14 너희는 여기에서 그와 같은 뜻을 알
아야 할 것이니라.
15 나 여호와는 나의 아들 예수를 믿지
아니하면 무서운 형벌을 받는다고 가
르치는 그것이 너희가 나의 피조물
만백성을 지옥으로 이끌어 가는 그 원
흉의 행위를 하고 있음임을 알아야 할
것이니라.
16 나 여호와가 나의 아들을 내려보낸 그
의미가 그를 믿음으로 벌을 받지 아니
하며 대속으로써 구원받았다는 것을
가르치고자 너희에게 내려보낸 것이
아니니라.
17 믿는 너희가 지은 죄요, 그리고 나의
아들 예수를 믿지 않는 죄요, 그와 같
은 믿고 안 믿는 것으로써 너희가 그
모든 죄를 다 용서해 주며 그것으로써
차별화하려고 나의 아들을 내려보냈
음이 아님을 알라.
18 너희가 나의 아들 예수를 믿고 안 믿
는 그 믿음의 길 자체가 구원이요, 나
에게 오르는 길이요, 너희가 영광을
받은 것이 아니라,
19 나의 아들 예수를 믿고 안 믿는 그 속
에서, 믿는 자는 그 속에서 나의 아들
이 전하고자 한 진정한 가르침이요,
인간이 죄를 짓지 아니하고 사는 방법
이요,
20 참진리를 깨달아 믿음의 길을 가는

그와 같은 백성 너희는 죄를 짓지 아
니하고 살 수 있는 그것을 깨우치며
그것을 가르치며, 그와 같은 것에 눈
을 뜨게 되는 것이 나의 아들 예수가
세상에 내려간 그 의미이니라.
21 너희의 죄를 용서해 주고 안 해 주는
것은 나 여호와만 역사할 수 있다는
것을 알아야 할 것이니라.
22 지금 너희의 설교요, 가르침은 무슨
의미더냐?
23 나의 아들 예수의 그 모든 가르침을
전하는 것을 믿고 따르며 성서대로 살
아갈 때 너희가 죄를 짓지 않고 살아
가는 방법을 제시하고 가르쳐 주는 것
이거늘,
24 어찌하여 그와 같은 나의 뜻을 모르고
너희는 지금 무조건 구원을 받았다 말
하는가?
25 너희가 그와 같이 가르치는 저의가 무
엇이며, 그리 가르친 의미가 과연 어
디서 나온 것이던가?
26 이는 너희 인간이 만든 교리이니,
27 나 여호와는 그와 같은 것을 역사한
적이 없으며 나는 너희를 모름이니,
나는 그와 같은 것을 모른다고 재판하
는 길밖에 없음을 알라.
28 그러나 너희는 범죄를 행해도 대가를
치르지 아니하며 용서를 다 받은 자
요, 구원을 받았다고 말하여, 죄에 대
한 대가요, 회개요, 반성이요, 그와 같
이 나로부터 용서를 받을 필요가 없는
백성이요, 은혜와 축복을 받은 백성이
라 그리 말함이니라.
29 그러나 나의 아들 예수만 믿으면 만사
형통으로써 모두 역사하고 구원을 받
는다는 것이 아님을 머지않아 죽어 내
앞에 왔을 때, 너희는 천국의 문이 무
엇이며 지옥의 문이 무엇인가를 알게
될 것이니, 그날이 머지않았음을 알아
야 할 것이니라.
30 지금 너희가 그와 같이 가르치는 것
이 어느 세상의 법도이던가? 지상의
법도이던가, 하늘의 법도이던가?
31 하늘의 법도를 모르고 너희 멋대로
만든 법이요, 그 교리를 가지고 너희
마음대로 지금 나의 피조물 만백성들
을 우롱하는 그와 같은 행위를 해서는
아니 될 것이니 그리 알라.
32 그러면서 누구는 구원을 받은 자요,
누구는 기억하지 않는다고 하지 말라.
33 나의 아들을, 나를 믿지 않는 백성이
너희보다도 더 아름답고 선하게, 내가
말하는 십계명을 암송하지 않고 그 십
계명을 알지 못한다 해도 그 계명대로
따라가는 그 백성은,
34 십계명을 알고 꼭 지켜야만 구원을 받
으며, 그를 모르고 지키는 백성은 구
원을 받지 못한다는 그와 같은 어리
석은 생각을 하는 자들이니,
35 너희가 알면서 지키지 않는 것보다
모르면서 지키고 살아가는 그 백성도
나의 아들딸이요, 내가 그들을 더 사
랑함을 알아야 할 것이니 그리 알라.
36 나의 십계명을 세상에 내려보내는 것
은 국한된 백성만 지키는 것이 아니
요, 너희 소유물인 것처럼 그리 생각
하지 말라.
37 예수를 찾지 아니하며 예수의 보혈을
모르며 나를 찾지 아니하며 나를 부르
지 아니한다 해도, 하늘을 향하여 '저

희 죄를 용서해 주옵소서.' 하는 마음
을 가지고 살며, 계명대로 그 구절구
절의 내용과 그 뜻은 몰라도 그를 지
키고 행하고 살아가는 그 백성을 내가
너희보다 더 사랑함을 알아야 할 것
이니라.
38 말로써 그저 구원을 받으며 나의 아들
예수의 보혈로써 모두 대속을 받았다
는 편안하고 넓은 길을 선택하여 가는
그와 같은 너희의 마음 자세는 욕심
이요, 거래하는 마음이요,
39 제 앞에 무엇인가를 더 이루고자 하는
그 사악한 욕심에서 참진리요, 나의
아들 예수가 진정 너희에게 깨우치고
전하여 준 그 의미를 듣지도 못하며
보지도 못하는 어리석은 백성이 그와
같은 행위를 하고 있음을 알라.

7,911 번째 하나님 말씀

2003년 10월 14일 0시 25분

1 사랑하는 나의 아들아!
2 "네, 아버님! 말씀하옵소서."
3 나의 피조물 만백성들이 나의 아들 예
수를 믿으며 또한 나 여호와가 존재함
을 믿는 그것만으로써 너희는 죄가
없어지며 용서를 받는다는 그와 같은
가르침으로 모두 나의 피조물 만백성
을 이끌어 가는 형국이라 내가 그리
말하였음이니라.
4 나 여호와를 찾으며 나의 아들 예수를
믿기만 하면 모든 죄를 다 사해 준다
하면, 다른 사람도 나의 아들 예수를
믿으며 나 여호와의 존재함을 믿는다
하면 그 사람들도 어떠한 행위요, 그
백성이 어떠한 행위를 하든 그들 또
한 너희처럼 모든 죄를 용서받은 백성
이 아니던가?
5 그러나 어찌하여 너희만 용서를 받은
자요, 다른 백성은 나의 아들 예수의
보혈을 믿으며 나를 믿는다 해도 그들
은 용서받은 백성이라 그리 생각하지
않는가?
6 너희처럼 용서받은 백성이요, 다 같은
백성으로서 똑같이 은혜를 받는 것이
당연한 것이 아니던가?
7 어찌하여 너희는 같은 나의 아들 예
수를 찬양해도, 다른 사람들을 이단이
요, 사탄이요, 죄인 취급하며, 마귀처
럼 생각하고 저주하는 마음을 가지고
적대시하는 마음으로 그를 보는가?
8 너희도 나의 아들 예수를 찾으며 그들
도 나의 아들을 찾으며, 너희가 나의
이름을 부르며 기도할 때 그들도 나의
이름을 부르고 똑같이 기도한다면, 그
모두가 용서받은 백성이거늘,
9 어찌하여 너희는 천사고 그들은 사탄
이요, 마귀라 그리 결정하고 판단하며
그리 가는가?
10 지금 나의 아들이 과연 무엇을 원하며
가는가?
11 나의 아들이 지금 구약의 성서를 부정
하던가, 그리고 신약의 성서를 부정하
던가?
12 그리고 나의 아들 예수를 찾지 아니하
며 나의 아들 예수를 부정하던가?
13 또 나 여호와를 찾지 아니하며 나를
부정하던가?
14 나의 아들은 지금 예수를 찾으며 나를
찾으며 그리 기도하느니라.

15 그렇다면 그도 모두 다 용서받은 백성이요, 너희와 똑같은 백성이라 생각하지 못하며,

16 어찌 나의 아들이 나의 성령을 받아 기록하는 그 책은 이단이요, 사탄이요, 마지막 선지자요, 거짓 선지자가 와서 만백성들을 현혹하기 위하여 하는 말이라 그리하는가?

17 그러면 여기서 너희가 찾는 예수와 하나님과 지금 나의 아들이 찾는 예수와 나 여호와가 과연 다르단 말이던가?

18 나는 나의 아들이 나의 계명이요, 나의 법전대로 지키고 살려고 하며, 그리고 그를 따르는 제자들이 너희처럼 몇십 년이요, 평생 믿음이라는 그 굴레 속에서 그와 같은 믿음을 오지 아니한 자들도, 내가 내린 그 계명을 지키고자 하며,

19 나의 계명은 나 여호와가 친필로 직접 써 내린 것이니, 각자 그들에게 명한 것이라 생각하여 십계명대로 지키고 살고자 하며,

20 내가 새로운 성경이요, 내가 내린 나의 법전을 따르고 정독하며 그를 지키고 살고자 너희보다 무서우리만큼 수백 배의 노력을 하며 자신을 다스려 가는 그들을 보면, 과연 누가 진정한 나로부터 선택된 백성이더냐?

21 그러니 너희는 과연 어떠한 백성이 불쌍하고 너희가 말하는 사탄이요, 마귀요, 가련한 백성이며, 누가 천사며 누가 사탄인가를 이제는 스스로 판단하고 알 때가 되었거늘,

22 어찌하여 그 아집이요, 고집이요, 흘러내려 오는 그 관습을 버리지 못하는 가?

23 나 여호와의 참진리요, 마지막 너희를 구원할 수 있는 성령이요, 너희가 그리 말하는 아버님의 말씀이요, 뜻이요, 그 성령만이 구원을 받는다 하면서,

24 이를 내가 너희에게 내려보내거늘 어찌하여 이를 보지 않으려 하는가?

25 어리석은 백성이 바로 믿음의 길을 가는 너희임을 알아야 할 것이니라.

7,912 번째 하나님 말씀

2003년 10월 14일 0시 29분

1 사랑하는 나의 아들아!

2 "네, 아버님! 말씀하옵소서."

3 나의 아들 예수를 그리 죽게 하였으며, 그때부터 믿음의 길이요, 그 세월이 2천 년이 흘렀음이니, 2천 년 동안 믿음을 가지고 오며 구원을 받는다 하는 종교 집단이요, 지도자들의 그 믿음은 때가 찌들어 몸을 씻어 목욕해야 하는 그와 같은 믿음으로 왔음을 그들에게 깨우쳐 주라.

4 너희는 찌든 때를 씻어 낼 수 있음이니, 때가 끼면 또 씻어 내며 그리고 며칠의 삶 속에서 또 때에 찌들면 물로 씻어 내며 목욕을 함이니라.

5 그러나 너희가 아무리 자주 씻어 낸다 해도 네 마음속에 있는 그 사악한 때, 그리고 더럽고 추한 그 욕심의 때는 절대 씻어 내지 못하며, 그 뿌리를 못 버리는 것이 너희임을 알아야 할 것이니라.

6 너희가 지금 살아가면서 때가 찌들고

더러운 몸을 씻어 내면 개운하며 깨끗
할 것이니라.
7 그리하고 또 더러워지면 또 씻는 그와
같은 형국이 너희가 지금 기도하고
경배하면 죄를 씻어 주며 그리고 용
서받는다 말하나,
8 그것은 용서받는 것이 아니요, 너희
몸에 붙어 있는 오물이요, 찌든 때를
씻어 내는 그 형국밖에는 아니 됨을
알라.
9 너희가 진정한 마음으로 회개의 용서
를 받는다면 너희 마음속에 자리 잡
은 그 욕심의 때의 더럽고 추한 뿌리
를 모두 뽑아내고 씻어 내는 것이 바
로 회개하는 것이요, 용서를 받는 것
임을 알라.
10 너희는 죄를 짓고 기도하고 회개하면
그 죄가 다 씻어진다고 말하느니라.
11 그리하여 너희가 지은 죄는 깨끗해졌
으며, 죄가 하나도 없는 것처럼 그와
같은 마음의 위로를 얻는 대가로 너희
는 과연 어떠한 행위를 하는가?
12 너희는 때가 찌들면 때를 씻는 목욕
하는 것만도 못한 믿음을 가지고, 지
금 손으로 지은 죄의 온상에 재물을
바치고 울고불고하면서 네 죄가 씻어
졌으며 은혜 받았다 그리 말함이니,
13 너희의 그 어리석은 믿음이 바로 목욕
하는 것만도 못한 것이라는 걸 알라.
14 네 몸에 묻은 찌든 때를 목욕하여 씻
어 내며 또 때가 묻으면 목욕하는 그
형국밖에 안 되느니라.
15 그보다 더 잘못된 것이 오늘의 믿음이
라는 것을 알라.
16 내가 너희에게 그 뜻을 미리 가르치
거늘, 어찌하여 이를 보지 아니하며
이를 깨우쳐 구원의 길을 오르려 하지
아니하는가?
17 너희보다 더 불쌍하고 가련한 백성이
없음을 알아야 할 것이니라.
18 너희는 목욕하여 개운한 그 기분을 가
지고 회개했다 말함이니라.
19 울고불고 콧물 짜며 기도하고 죄를 회
개했다 하나, 그와 같은 형국과 똑같
으니,
20 그 죄는 너희에게서 떠나지 아니하며
그것으로써 씻을 수 없는 것이 너희
가 짓는 죄임을 알라.
21 너희 죄는 네 마음속의 죄를 씻어 내
는 것이니라.
22 네 마음속의 추하고 더러운 욕심을 지
울 수 있는 것, 네 마음의 때를 씻어
내지 못하고 겉의 육의 때요, 먼지만
씻어 내면서 구원을 받으며 죄를 용서
받는 자라는 그 어리석은 행위를 계속
반복하지 말라.
23 너희가 가서 울고불고 회개하는 것은
찌든 때를 목욕하며 물로 네 몸을 씻
어 내는 것과 똑같으며, 그것만도 못
한 행위를 하고서 감히 구원을 받았다
함이니,
24 너희의 마음의 때요, 욕심을 씻어 내
는 그와 같은 고통의 길을 가지 아니
하고는 절대 용서받은 것이 없으며,
25 너희가 지은 죄가 너희 자신에게서
물러난 것이 아니며, 떠나지 아니하고
있음을 알아야 할 것이니라.
26 이제는 더러워진 몸을 목욕으로 씻는
그와 같은 믿음에서 깨어나도록 그리
전하라.

7,913 번째 하나님 말씀

2003년 10월 14일 0시 37분

1 사랑하는 나의 아들아!
2 **"네, 아버님! 말씀하옵소서."**
3 너희는 성경에 영적인 변화가 무엇이
라 말하였더냐?
4 너희가 유아 교육서부터 성년 교육의
과정을 마치는 것 같은 가르침 속에
서 하나하나 그 학문을 쌓아 가듯이,
믿음도 그와 같이 단계적으로 변하는
그 과정을 거쳐야 한다 하지 아니하
였던가?
5 그러니 그와 같은 과정을 거치는 것에
서 너희가 성장하는 그 변화가 있어
야만 참진리의 길을 볼 수 있다 내가
너희에게 그리 전했느니라.
6 그러나 지금의 종교 집단이 어떠한 형
태라 말했더냐?
7 그들은 이념 교육의 그 자리를 벗어나
지 못하며 이념 교육의 그 자리에서
맴돌고 있다 내가 그리하였느니라.
8 그러나 너희가 죄로부터 참진리의 길
을 가르치는 것, 그리고 거듭나는 것,
영적인 변화 없이는 아무것도 이룰 수
없음을 알아야 할 것이니라.
9 너희가 인간 세상의 교육처럼 그 영적
인 변화요, 성령으로써 임하는 그 단
계가 높고 높아지는 변화가 없이는 정
녕 구원을 받을 수 없는 것이 너희이
니라.
10 사랑하는 백성 너희는 모두 다 나의
성령으로써 태어났느니라.
11 그러니 너희야말로 영적인 출생으로,
새로운 인생으로 다시 태어난 내가 사
랑하는 백성이니라.
12 그러나 그때부터 너희는 서서히 자라
는 그와 같은 과정을 거쳐야 하며 영
적 변화가 이루어져야만 구원의 길에
오르는 것이니라.
13 내가 오늘 너에게 전함이니, 너의 제
자들에게 이를 꼭 전하여 그들의 가슴
에 심어 주도록 그리하라.
14 지금 너희는 유아의 영적 상태에서
세상에 태어났음이니, 어리고 어린 유
아의 영적 상태에서 서서히 자라 하늘
에 오르는 그 길은 무엇이더냐?
15 예수의 영적 상태까지 성장하는 것이
며 도달하는 것이니라.
16 그것이 바로 구원의 길이요, 그 구원
의 길을 볼 수 있으며 나에게 올 수 있
으며 너희가 그리도 갈구하는 천국의
문을 들어설 수 있으며 비단길을 밟아
나에게 올 수 있는 것임을 알라.
17 내가 너희에게 다시 말함이니, 너희가
구원을 받는 그 역사는 무엇인 줄 알
겠느냐?
18 유아의 영적 상태에서 예수의 영적인
상태까지 계속 성장하는 것, 그리하여
그 변화가 역사하는 그것이 너희가
나의 아들딸로서 거듭나는 길이요, 그
이상의 길은 없다는 것을 알라.
19 오늘에 광분하며 구원을 받았다고 울
고불고하는 백성의 영적인 상태가 어
느 정도 성령이 임해져 있는가, 그 자
신을 들여다보라고 가르치라.
20 지금의 종교 집단과 지도자가 가르치
는 교육 방법이 과연 어떠하던가?
21 그 내용은 과연 어떠하던가?
22 그 내용과 방법은 조잡하기가 이루 말

할 수 없으며, 그들은 평생을 제자리
걸음으로 재탕 재탕을 하고, 한 말을
또 하고 이리 돌리고 저리 돌려 가르
치는 것뿐이니라.
23 너희가 그와 같은 그들이 가르치는 성
서의 내용은 1년만 가르쳐도 모두 다
끝나며, 더 이상 가르칠 것이 없는 그
와 같은 분량을 가지고 나의 사랑하는
백성을 평생 이끌고 가르치며,
24 평생 그들에게서 재물을 거둬들이며
모든 것을 갈취하는 그와 같은 삶을
사는 것이 너희이니라.
25 그리 평생 이끌고 가니, 나머지는 과
연 어떠한 인간 생각을 하고 사는가?
26 너희는 지금 모든 재물이요, 모든 것
을 거둬들이려고 재탕 재탕하면서 유
아적인 믿음의 단계를 벗어나지 못하
는 것이 너희라 하였음이니라.
27 그러면서 너희는 뭐라 말하느냐?
28 너희는 인간의 생각으로써 만백성을
구원할 수 없으며, 성서는 한 획도 고
쳐서는 안 되며 한자도 더 빼도 넣어
서도 안 된다고 말하면서,
29 나의 성서를 가장 변조하여 가르치며
잘못 가르치며 인간의 교리로 가르치
는 것이 너희가 아니더냐?
30 너희가 성서를 가지고 가르치는 것은
1년 분도 안 되는 그와 같은 나의 성
경의 가르침을 가지고 평생 재탕 재
탕을 함이니,
31 그 속에 뼈대에 또 살을 붙이고 또 가
지를 치고 인간 생각대로 하면서, 결
국 믿음은 재물을 바쳐 하늘에 구원을
받으라는 그것으로써, 죽을 때까지 그
말만을 듣고 '아멘, 할렐루야'를 찾는
것이 어리석고 불쌍한 나의 백성이니
라.
32 지금 너희는 들어야 할 것이니라.
33 너희는 유아의 교육서부터 성인이 될
때까지 받는 것이며 하늘에 오르고자
하는 백성이라면,
34 유아의 영적인 변화에서 예수와 같은
영적인 길고 긴 깨달음, 그리고 깊고
깊은 그 의미를 알아야 한다 하였음이
니라.
35 지금 나의 아들을 통하여 내가 160권
의 법전을 내려보냄이니, 내가 내려보
내는 나 여호와의 성령이요, 나의 성
령의 가르침만이 너희가 유아의 영적
인 상태에서 예수의 영적인 한계까지
오를 수 있기 때문에 이게 소중하며,
36 이를 읽고 깨우치지 아니하면 심판의
대상도 되지 못한다 함을 너희는 여
기서 알아야 할 것이니라.
37 너희는 알라.
38 예수의 영적인 상태까지 너희가 영적
인 변화가 이루어지는 그 길을 위해서
내가 160권의 법전을 세상에 내려보
낸다는 그 소중함은, 내가 너희를 사
랑하기 때문이니 그리 알라, 사랑하는
나의 아들딸들아!

7,914 번째 하나님 말씀

2003년 10월 14일 0시 41분

1 사랑하는 나의 아들아!
2 "네, 아버님! 말씀하옵소서."
3 너의 제자들에게 그리 전하라.
4 하늘을 향하여 '저의 죄를 용서하여
주옵소서, 아버님!' 하고 함부로 기도

를 드리나,
5 그 기도의 내용이 얼마나 아름다운 말
인지 그 기도 속에 들어 있는 모든 의
미를 너희가 아직도 깨닫지 못함이니,
6 나 여호와가 내린 그 기도의 내용이
얼마나 귀한 것인 줄 알겠느냐?
7 너희가 하늘을 향하여 '아버지! 저의
죄를 용서하여 주옵소서.' 하고 나에
게 기도를 드릴 때, 그 기도 소리는 너
희가 말을 하지 아니하여도 그 모든
것이 포함되어 있느니라.
8 '아버님! 제가 나약한 인간이옵나이
다.' 하는 의미가 또한 거기에 포함되
어 있지 않으냐?
9 너희가 '저의 죄를 용서하여 주옵소
서, 아버님! 저는 나약한 인간이옵나
이다.
10 아버님! 저는 아무것도 모르는 사람
이옵나이다.
11 아무것도 모르는 아버님의 아들이옵
나이다.
12 저는 어떠한 한계도 없으며 넘을 선과
넘지 않을 선도 아무것도 모르는 자이
옵나이다.
13 인간인 제가 너무나 부족하옵나이다,
아버님!' 그리고 너희가 잘못된 것이
요, 그 모두를 고백하는 그 기도의 내
용이 거기에 다 들어 있음을 너희는
어찌 모르느냐?
14 '저의 죄를 용서하여 주옵소서.' 하고
너희가 나 여호와를 향할 때, 너희의
부족함이요, 어리석음이요, 그 모든
것을 나 여호와에게 간절히 고백하는
그 기도이니, 이 기도가 얼마나 겸손
하고 겸양하고 아름다운 기도인 줄
알겠느냐?
15 이를 내가 너희에게 전하였거늘 아직
도 이 뜻을 모른단 말이더냐?
16 '지금껏 지은 죄를 모두 용서해 주신
아버님, 그리고 이 세상에 생명을 낳
아 살도록 해 주신 아버님의 그 사랑,
17 그리고 저 하나를 세상에 내보내 제가
평생 먹고살 수 있고 육의 세상의 아
름다움을 다 취할 수 있도록 저에게
은혜를 내려 주신 그 모든 아버님의
은혜요, 그 은혜에 대해 보답을 하지
못하는 저를 용서하여 주옵소서.' 하
는 겸손하고 겸허하며 너희의 부족한
모든 마음이 그 속에 다 들어 있느니
라.
18 너희는 말하지 않더냐?
19 인간의 능력으로써는 아무것도 이룰
수 없으며, 인간의 능력으로써는 행할
수 없으며, 그리고 여호와 하나님의
그 뜻으로써 여호와 하나님께서 너희
를 이끌어 주며 성령으로 임하여 모두
이룬다고 말함이니,
20 너희는 그 말을 하기 전에 나의 기도
소리에 그와 같은 뜻이 다 포함되어
있으며 그와 같은 내용이 거기에 접해
있는 것을 어찌 모르는가?
21 그러니 '아버님! 저의 죄를 용서하여
주옵소서.' 하고 하늘을 향하여 간곡
한 기도를 드리는 이와 같은 내용을
너희가 하나하나 기억 속에 심도록 그
리 전하라, 사랑하는 나의 아들아!
22 너희 마음을 전하는 기도이니라.
23 이 기도 소리에 너희의 그 무서움이
다 들어 있음이니라.
24 너희의 잘못된 죄요, 잘못된 삶이요,

하루하루 나의 뜻을 거역하고 사는 것
을 모두 인정하고 있으며, 너희가 죄
인과 같은 자라는 것을 인정하고 있으
며,
25 너희가 가장 부족하며 능력 없는 자
며, 모두 나 여호와의 뜻에 따라 역사
하는 삶을 살겠다는 너희의 간곡한
고백의 기도가 '저의 죄를 용서하여
주옵소서.' 그 한줄기 기도의 내용 속
에 모두 다 포함된 것임을 알고 그 소
중함을 알라.
26 그리하여 너희 가슴속에 깊이 간직하
며 항상 그와 같은 기도를 드리라,
27 '아버님! 저의 죄를 용서하여 주옵소
서.'.

7,915 번째 하나님 말씀

2003년 10월 14일 0시 46분

1 사랑하는 나의 아들아!
2 "네, 아버님! 말씀하옵소서."
3 지금의 종교 집단이요, 지도자들이 단
상에 서서 설교하면서 뭐라 말하느냐?
4 1년 분도 안 되는 성경 내용을 가지고
평생 나의 백성을 이끌어 가며 그들로
부터 수많은 재물을 거둬들이는 그와
같은 사악한 행위를 하고 있으면서,
5 그들은 그것이 자신의 부끄러움이요,
성서의 뜻이 아닌 제 교리를 가르치며
제 생각을 가르치고 강론하며,
6 남이 사는 예를 들어 단상 앞에서 나
의 뜻인 것처럼 전하는 그들이 저 자
신이 얼마나 부끄럽고 저 자신이 무
능한가를 그들은 알고 있느니라.
7 그리하여 그들은 나의 백성에게 그리
말하느니라.
8 영적인 것이 흔들리며 영적인 것이 약
하기에 계속 반복하고 반복하여 설교
하는 것을 들어서 영적인 삶으로 만들
지 아니하면 무너진다고 말하며,
9 그리하여 영적으로 성장하지 아니하
면 정녕 구원의 길을 갈 수 없기에, 너
희 손으로 지은 그 죄의 온상에 와 강
론을 들으며 설교를 들으라 하여 모이
라 그리 말함이니라.
10 그리고 빠져서도 안 된다 말하느니라.
11 너희는 그와 같이 말하면서 나의 사랑
하는 백성에게 너무나도 많고 엄청난
대가를 요구하며, 그 모두를 갈취하는
행위를 지금 하는 것이니라.
12 그리하여 내가 너희의 그와 같은 행
위를 더 이상 볼 수 없기에, 너희가 영
적인 것을 계속 듣고 듣지 아니하면
영적인 것이 약해지며 그리하여 무너
진다 함이니,
13 내가 그 모두를 다스리며 그 모두를
바로 세우려고 오늘 160권의 법전을
세상에 내려보내니,
14 너희가 160권의 법전을 읽고 또 읽으
며, 나약할 때 읽을 때마다 영적인 그
깨달음을 보충하는 방법을 내가 이름
이니라.
15 그리하여 오늘의 그 사악한 집단을 다
철폐하며, 내가 개인 스스로 변화되는
깨우침이요, 가족 단위로 변화되는 깨
우침이요,
16 그리고 계속 평생 같은 이야기에 반복
훈련이요, 반복 강론이요, 반복 설교
를 듣지 아니해도, 나의 법전 160권을
읽고 또 읽으면서 세상사 하늘의 뜻을

모두 깨우칠 수 있도록 내가 이와 같
이 법전을 세상에 내려보내는 그 의미
를 너희는 정녕 모르고 있단 말이던
가?
17 저희가 반복 교육하며 반복해 설교를
듣지 아니하면 무너지며 영적으로 흔
들리니, 그래서 계속 듣고 들어 영적
으로 성장하는 그 시간과 가르침을 받
지 아니하면 아니 된다고 말하는 자,
18 그것보다도 더 확실한 나의 법전이요,
책으로써 너희를 영적으로 성장시키
는 그 역사를 이루고 그들의 문을 닫
으려고 오늘의 이 어렵고 힘든 그 길
을 가는 것을 너희는 알아야 할 것이
니라.

7,916 번째 하나님 말씀

2003년 10월 14일 0시 51분

1 사랑하는 나의 아들아!
2 "네, 아버님! 말씀하옵소서."
3 모든 백성 너희요, 또한 종교 집단이
요, 지도자들이 뭐라 가르치느냐?
4 은혜라는 것은 무엇이더냐?
5 나 여호와로부터 그 은혜라는 것은 아
무런 대가 없이 사랑이 충만한 나 여
호와가 베풀어 주는 그것이 진정한 은
혜라 그리 말하느니라.
6 그러기에 나 여호와가 너희에게 은혜
를 베풀어 주는 것은 아무런 대가 없
이 그저 무상으로 주고 무상으로 받는
것이라 그리 말하느니라.
7 그러나 그 은혜가 나의 아들 예수가
피 흘려 너희 죄를 대속하여 죽어 달
라 그리 매달린 것도 없으며, 그와 같
은 역사를 이루어 달라 한 것도 없으
며,
8 독생자라 하여 나의 아들 예수를 부르
며 구세주라 나의 아들을 부르는 너희
가 세상에 내려보내 달라 기도하고 원
하지도 아니한 나의 아들을 내려보내,
그가 죽음으로써 너희의 모든 죄를
대속받도록 한 것은,
9 대가 없이 미리 알아서 준 것이기 때
문에 그것이 나로부터 큰 은혜요, 영
광의 은혜라 그리 말하고 그리 지금
가르치고 있지 않던가?
10 그리 내가 그 모두를 해 주었으며,
11 그리고 나 여호와 또한 너희가 지은
죄를 나에게 사해 달라 그리고 용서해
달라 몸부림치고 울고불고 매달린 사
실도 없지만,
12 나 여호와는 사랑의 하나님이기에 너
희 죄를 다 사해 주었으니, 그와 같이
미리 알아서 죄를 사해 준 것이 나로
부터 받은 은혜요,
13 그리하여 공짜로 얻은 것이라 그리 말
하며 공짜로 무상으로 받는 것이 은혜
라 너희는 나의 백성에게 그리 가르
치느니라.
14 그러면 내가 내린 은혜요, 나의 뜻은
과연 어떠한 것인가?
15 그러면서 너희는 울고불고 또한 기도
하며 너희 죄를 빌고, 한쪽에서는 울
고불고 찬송하며 그리 발광을 하고 광
란의 짓을 하고 있지 않으냐?
16 그것이 종교 집단이요, 지도자들이 오
늘의 가르치는 그 형태이니라.
17 과연 그 속에 어디 진리가 있으며 진
정한 뜻이 있으며 정의로운 길이 있단

말이더냐?
18 그러면서 너희가 용서를 빌며 요구해
서 얻는 것은 나로부터 은혜를 받은
것이 아니요, 너희가 나에게 달라 해
서 얻은 것이니,
19 너희에게 나 여호와가 빚지는 행위가
바로 너희가 용서를 비는 행위라 하
면서 울고불고 그와 같은 행위를 함이
니, 너희의 가르침이 무엇이던가?
20 너희는 그리 가르치느니라.
21 너희가 나로부터 은혜를 받아 태어남
이요, 그 역사함을 그들이 모르기에,
그저 은혜라는 것은 무상으로 받으며
무상으로 준 것에서 왈가왈부, 시시비
비하지 말며 주는 대로 받아 챙기면
되는 것이라 그리 말하느니라.
22 그러나 너희는 여기서 알아야 할 것
이니라.
23 나 여호와가 너희에게 무상으로 준
그 은혜는 너희가 생명으로써 영적으
로서 다시 태어나기 위한 그 은혜요,
24 너희가 이 세상에 생존하면서 육이 지
탱하면서 취하고 살아갈 수 있도록 내
가 너희에게 그 모든 것을 내려 준 것
이 너희에게 내린 은혜요,
25 내가 너희에게 영적인 그 깨달음을
얻어 영적으로 성장하여 나의 아들
예수와 같은 영적 성장의 길이 구원
을 받는다는 것, 그리고 내가 성서를
내려 준 것, 내가 십계명을 내리는 것,
지금 제3의 시대에 나의 아들을 통하
여 너희의 구원의 길을 위하여 내가
법전을 내려 주는 그것이 나로부터 받
은 큰 은혜요, 영광임을 알라.
26 너희 죄를 용서해 주며 그 사악한 모
든 것을 다 씻어 주는 것이 나 여호와
가 너희에게 내린 은혜가 아니라는 것
을 알며, 착각하지 말라.
27 너희의 모든 죄를 대속하는 것, 나의
아들 예수가 원하지도 않았거늘 보내
줬고, 너희가 죄를 용서해 달라 하지
아니하였거늘 너희 죄를 다 나 여호와
의 사랑으로써 용서해 준 것이 은혜라
며,
28 그 내려 준 은혜에 시시비비를 하지
말며 받으면 된다고 가르치는 것은
너희의 착각이니라.
29 내가 너희에게 은혜를 내린 것은 지금
내가 나의 아들을 통하여 법전에 기록
한 것이 너희가 나로부터 받은 큰 은
혜임을 알라.
30 죄를 사하고 사하지 않는 것은 너희의
그 행함에 달렸으니, 너희가 심판을
받은 다음에 거기에 어떠한 심판을 받
느냐에 따라서 너희가 그와 같은 말
을 할 수 있을 것이니라.
31 너희가 지은 죄를 그리 대속 받는 것
이 아니며 그리 용서받는 것이 아니
요, 그 대가를 치르니,
32 그렇지 않으면 공의의 하나님이 아니
며, 하늘의 심판이 필요 없으며, 하늘
의 뜻이 존재할 가치가 없다는 것을
너희는 깨우쳐야 할 것이니 그리 알
라.

7,917 번째 하나님 말씀

2003년 10월 14일 0시 57분

1 사랑하는 나의 아들아!
2 **"네, 아버님! 말씀하옵소서."**

3 종교 집단이요, 지도자들이 지금 나의
사랑하는 백성을 어찌 가르치느냐?
4 사람으로서 태어나는 그 은혜를 입어
이 세상에 태어난 것이 너희 백성이
라 그리 말함이니라.
5 그러니 이 세상에 태어난 모든 생명을
가진 백성은 창조주 나 여호와를 영
화롭게 그리고 나 여호와의 축복됨을
위하여 역사하며, 그 길을 위하여 모
두 태어났다고 가르치고 전하느니라.
6 그러나 너희는 나의 아들딸로서 세상
에 태어났으며 나의 명에 의하여 생명
을 가지고 세상에 태어난 것이요,
7 너희가 육의 세상에 살다 나의 천국이
요, 나의 나라에 올 수 있도록, 아름다
운 마음으로써 내가 내려 준 그 인성
의 자세로 살다 나에게 오르기를 바라
는 나 여호와이니,
8 너희로 하여금 영화로움을 얻으며 축
복됨을 거둬들이려고 너희를 세상에
태어나도록 그리 한 것이 아님을 알아
야 할 것이니라.
9 그리하며 너희는 뭐라 말하느냐?
10 오직 나 여호와에게 영광을 돌리는 백
성으로 존재하며 오로지 그 길만을 살
아야 한다고 가르치느니라.
11 그러면서 나와 나의 사랑하는 백성과
부모와 자식 사이를 너희는 뭐라 말
하느냐?
12 주인과 종과 같은 것이라 생각하며,
종으로서 열심히 일하고 가꾸어 그 가
꿈의 영광을 주인인 나 여호와에게 돌
리며, 그리하여 너희는 열심히 일하여
재물을 바치고 나에게 역사하는 것이
큰 은혜라 말하느니라.
13 그러면서 너희는 나에게 큰 재물이요,
종으로서 그 역사를 다하는 것은 너희
종교 지도자요, 집단의 죄의 온상에서
큰 교회를 짓는 것, 그리고 화려한 교
회를 짓는 것, 그리고 남들보다 더 웅
장한 것을 갖는 것,
14 그리고 많은 재물을 하늘에다 쌓아 놓
는다 하여 바치는 그것이 바로 나 여
호와를 영화롭게 하며 축복되게 하며
나를 기쁘게 하는 것이요, 너희가 해
야 할 길이며,
15 열심히 벌어서 주인에게 바치는 종의
역사함같이 그 죄의 온상을 성장시키
며 그를 키우는 데 모두를 다 바쳐야
할 것이라 그리 가르치는 것이 오늘의
종교 집단이요, 지도자 너희의 가르침
이니라.
16 그러니 이를 보는 나 여호와가 어떠하
겠는가?
17 그러면서 너희는 그리 말하느니라.
18 제가 나 여호와보다 더 위에 있는 것
처럼, 너희가 그리 많이 바칠 때 열배
백배의 은혜요, 축복을 또 나로부터
받는다고 말하느니라.
19 나 여호와는 너희에게 천국의 나라에
올 기회를 주며, 천사와 같은 마음으
로써 아름답게 변하는 것이 나에게 가
장 큰 영광이요, 나를 영화롭게 하는
것이며 나를 기쁘게 한다 하였음이니
라.
20 너희가 재물을 바치며 큰 교회요, 화
려한 교회를 짓는 것은 나의 발등에
대못질하는 것이며 돌을 갖다 짓이기
는 그와 같은 행위를 하는 것임을 절
대 잊지 말라.

21 너희에게 천국의 나라에 올 기회를
줌이니, 이를 명심하라.
22 나를 영화롭게 하며 나를 기쁘게 하며
나를 위하여 너희가 종과 같은 백성
으로 살며, 나에게 모든 영광을 바치
는 종이 되라 하여 내가 사랑하는 너
희를 세상에 내려보냄이 아님을 알라.
23 너희는 나의 아들딸로서 이 세상에
살며 하늘에 올 수 있는 그 천국에 올
기회를 내가 내려 준 사랑하는 백성
이니라.
24 그러니 그들의 말에 따라 그 길만이
구원을 받는 길이라 생각하지 말라.
25 나 여호와의 사랑을 실천하며, 내가
역사하고자 하는 걸 이루고자 하며,
내 큰 사랑을 만백성에게 전하고 이웃
에게 전하며 아름답게 살다 나에게 오
르는 그와 같은 은혜를 내려 준 것이
며, 너희에게 그와 같은 축복의 기회
를 주었음을 알라.
26 너희가 이 세상에 태어나 사는 것은
사랑을 실천하며, 나 여호와의 뜻을
역사하며, 나의 뜻에 따라 이웃과 더
불어 화목하고 아름다운 그와 같은 삶
을 살아,
27 천사와 같은 영적인 변화를 이루어 천
국의 나의 나라에 오게 하려고 너희에
게 기회를 부여해 준 나의 사랑하는
아들딸임을 알라.
28 나를 그리 사악한 자로 만들지 말도록
그리 전하라.

7,918 번째 하나님 말씀

2003년 10월 14일 01시 01분

1 사랑하는 나의 아들아!
2 "네, 아버님! 말씀하옵소서."
3 너의 제자들이요, 나의 법전을 깨우치
는 만백성 너희는 알아야 할 것이니
라.
4 진정한 창조주 나 여호와로부터 선택
된 나의 목자요, 나의 뜻에 따라 대명
을 역사하는 자는 과연 무엇이 다른지
알겠느냐?
5 나로부터 선택된 목자는 하늘의 비밀
을 알고 있으며, 하늘의 비밀이요, 하
늘의 뜻을 만백성에게 전하여 그들을
깨우쳐 천사와 같은 삶을 살 수 있도
록 인도하는 것이 바로 나로부터 선택
된 나의 아들이요, 나의 목자임을 너
희는 여기서 확실히 알고 가야 할 것
이니라.
6 그러나 나의 목자가 아니요, 거짓된
자가 어떠한 자인 줄 알겠는가?
7 거짓된 목자들이 하는 행위를 알아야
할 것이니라.
8 너희는 그리 말하느니라.
9 '나는 주의 종이요, 하나님의 종이니,
나를 판단하지 말며 나를 놓고 흔들지
말라.' 그리 말하는 자,
10 그리고 '나는 주의 종이요, 하나님의
종이니, 내가 하는 것을 비판하지 말
라. 그리고 절대 그와 같은 것을 갑론
을박하지 말며, 뒤에서 숙덕거리는 그
와 같은 짓을 하지 말라.' 가르치는 자
요,
11 '잘못을 탓하지 말며, 나는 주의 종이

니 보지도 말며 듣지도 말며, 내가 하
는 행위를 봐도 못 본 것처럼, 내가 말
을 실수하는 것을 들어도 듣지 아니한
것처럼 하며, 심판하려 하지 말라.' 그
리 가르치느니라.
12 그리고 저는 주의 종이니 주의 종을
정성껏 섬기고 잘 모시는 것이 열배
백배 축복을 받는 것이라 그리 가르치
며,
13 어떠한 이유든 어떠한 상황에서도 자
기를 주의 종이라 생각하여, 판단치
말며 함부로 말하지 말라 하며, 명령
에 절대복종하며, '아멘, 할렐루야!'
하고 찬송하며,
14 구원받으려면 어떠한 것도 시시비하
지 말라 가르치는 것이 바로 지금 잘
못된 종교 지도자요, 사탄이요, 마귀
의 앞잡이로서 그와 같은 길을 역사
하는 것임을 알라.
15 이제는 사탄들이 저희가 얼마 남지
않은 것을 알기에, 나의 사랑하는 백
성을 끌어들여 인의 장막으로 채워
나의 백성을 자재로 사용하여 그 성
곽을 이루려는 그와 같은 악한 생각에,
16 지금 그 앞잡이들이 지금 나의 피조물
만백성들을 끌어들이는 그와 같은 형
국이니라.
17 나의 백성으로써 성곽을 쌓아 놓고
사탄이요, 마귀가 그 안에 있으면, 나
의 백성이 다칠까 하여 내가 그를 다
스리지 못하며 내가 벌하지 못할 것이
라 그와 같이 생각하고 지금 사악한
짓에 마지막 발버둥을 치는 자들이
그들이니,
18 거기에 더 이상 나의 사랑하는 백성
을 제물로 바치지 말라.
19 모든 종교 집단 지도자 너희는 나의
법전을 읽고 거듭나지 아니하면 너희
자신이 심판도 받을 수 없다는 것을
알라.

7,919 번째 하나님 말씀

2003년 10월 14일 08시 39분

1 사랑하는 나의 아들아!
2 "네, 아버님! 말씀하옵소서."
3 일찍 일어난 날짐승이 먹이를 구할 수
있다는 말이 있으며, 또한 일찍 일어
나 노력하는 자에게 얻어지는 것이
있으며 그와 같은 대가가 있다 하지
아니하였던가?
4 그러니 부지런한 자는 그 부지런한 만
큼 얻어지는 것이 있다 하였음이니,
이는 바로 무엇이더냐?
5 노력하는 자가 무엇인가를 역사한다
는 그와 같은 의미가 아니던가?
6 그러니 인간 너희는 같은 삶을 살더
라도, 노력하느냐 노력하지 아니하느
냐에 따라서 모든 뜻을 이루고 못 이
루는 것이 거기에 있음이니라.
7 너희가 영특하고 영특하지 못한 것은
백지장 한 장 차이요,
8 얼마만큼 노력하느냐에 따라서 목적
하는 것을 이루고 이루지 못하며 승자
와 패자의 갈림길이 거기서 이루어짐
이니라.
9 너희가 나의 법전을 만들어 만백성에
게 전하는 그 일 또한 그러하느니라.
10 너희가 얼마만큼 마음의 자세를 굳건
히 갖고 얼마만큼 노력하느냐에 따라

서 나의 법전이 세상에 빛을 보고 못
보는 것은 너희에게 달렸음이니,
11 이는 곧 내가 나의 아들을 통하여 성
령의 뜻을 다 내려보냈어도, 너희가
노력하지 아니하며 부지런하지 아니
하여, 인간 세상에 늦게 나간다면,
12 얼마나 많은 백성이 너희로 하여금
죽음의 길이요, 지옥의 길로 가는 것
인지 그것을 한번 생각해봐야 할 때
가 되었음을 알아야 할 것이니라.
13 내가 나의 성령이요, 그 소중한 이 세
상 무엇과도 바꿀 수 없는 내 뜻을 나
의 아들을 통하여 세상에 내려보냈음
이니,
14 너희가 그를 가지고 세상에 전하는 것
을 게을리하며, 그를 책으로 만들어
만백성에게 전하는 것을 게을리한다
면,
15 그것이 어떠한 잘못인지 알겠는가?
16 정녕 소중한 금화와 은화는 닦고 또
닦아 빛을 낼 것이며, 그를 가지고 만
지고 보는 것을 즐거움으로 생각할 것
이니라.
17 그러나 그보다 형용할 수 없이 수천수
만 배 더 소중하고 귀한 나의 법전을
너희는 그저 뒷전에 밀어 놓은 그와
같은 형국이 아니던가?
18 나의 아들을 따르며 제자라 명한 자
들이요, 그리고 나의 강론을 직접 듣
는 너희가 어찌하여 법전을 만들어
이 세상에 전하는 것에 최선을 다하지
아니하며,
19 이를 아는 체 모르는 체 그저 지나가
는 그와 같은 백성이 되어 있음이니,
20 과연 그러고도 너희가 나로부터 선택
된 백성이요, 나의 아들을 따르는 제
자요, 만백성을 구하는 길에 역사하는
자라 말할 수 있는가?
21 모든 종교 집단이요, 지도자는 나의
백성을 깨우치며 참진리를 연구하기
전에, 저희의 의식주요, 생활부터 먼
저 생각하는 자들이기 때문에 잘못되
었다 하였음이니라.
22 그러나 주옥같은 나의 성령이요, 나의
가르침을 너희에게 내려보내거늘,
23 이를 뒷전으로 밀고 이를 세상에 만
드는 것을 게을리한다면, 너희 또한
살기 위해 존재하며 육의 삶을 위해
모든 역사를 하는 그와 같은 오늘의
잘못된 종교 지도자들과 다른 점이 무
엇이 있는가?
24 이점을 그들에게 깨우쳐 주어야 할
것이니라.
25 너희는 나약하다 생각하지 말며, 힘없
다 생각하지 말며,
26 법전을 만드는 데 머리를 맞대고 최선
의 노력을 다할 때, 거기에 길이 있으
며 너희에게 지혜가 있음을 잊어서는
아니 될 것이니,
27 오늘과 같은 마음 자세로써 간다면 나
의 피조물 만백성들이 너희가 아닌
다른 사람으로 인하여 은혜를 받을 수
있으며 구원의 길을 볼 수 있는 것을,
28 너희가 지금 깔고 앉아 있어 세상에
나가지 못하는 그 우를 범하고 있음을
어찌 모르는가?
29 이를 너의 제자들에게 전해 주어야 할
것이니 그리 알라.

7,920 번째 하나님 말씀

2003년 10월 14일 08시 46분

1 사랑하는 나의 아들아!
2 "네, 아버님! 말씀하옵소서."
3 이제 너의 제자들이요, 나의 법전을
읽은 백성은 거짓 선지자와 거짓 목자
가 누구이며 참진리를 전하는 자가
누구인가를 구분하는 안목을 가지라
하였음이니라.
4 진정한 목자요, 나로부터 선택된 자는
하늘의 비밀이요, 하늘의 뜻을 너희에
게 깨우쳐 주며 그를 전함이니라.
5 그는 또 계속 나로부터 명을 받음이
니, 흐르는 물이 마르지 않듯이 새로
운 뜻이요, 새로운 가르침을, 나 여호
와의 성령의 뜻을 만백성을 위하여 전
하는 그와 같은 역사를 하는 자니, 그
것이 구분하는 길이라 내가 그리하지
않았던가?
6 진정한 목자가 무엇이며 거짓된 목자
의 행동은 과연 무엇이더냐?
7 그것을 구분할 수 있는 것은 너희가
보면 알 것이니라.
8 목자는 자신의 일을 하는 것이 아니
요, 나 여호와의 뜻을 행하며 나 여호
와의 역사를 대신하여 그 행동과 행실
을 하기 때문에,
9 성도요, 신도인 인간의 생각으로써 절
대 목자를 판단하지 말며, 목자를 평
가하지 말라 그리 가르치는 자는 진정
한 목자가 아니요, 나로부터 선택된
자가 아님을 이제 알아야 할 것이며,
10 너희는 그와 같은 자를 구분해야 할
것이니라.
11 또한, 목자는 나 여호와의 뜻에 따라
역사하는 사람이기에 나 여호와에게
고용된 자며, 내가 고용하고 선택한
자니 인간인 너희가 시시비비하지 말
라 가르치는 자 또한 나와 관계없는
자요, 사탄의 후예임을 알아야 할 것
이니라.
12 일꾼을 쓰는 것은 주인의 뜻에 따라
주인이 골라 쓰는 것이요, 종이 마음
대로 하는 것이 아님이니,
13 목자는 나 여호와가 쓰려고 내가 선택
한 자요, 내가 불러 쓴 자들이니, 저희
에 대한 것을 평가하지 말라 가르치는
자 또한 나 여호와의 참진리요, 진정
한 목자가 아님을 너희는 알아야 할
것이니라.
14 나 여호와의 뜻에 따라 모든 역사를
하며 모든 것을 감당하면 되는 것이
요, 인간의 생각이요, 인간의 세상사
로 봐서는 아니 되는 것이 종교 지도
자라 그리 말함이니,
15 그리하여 저희 자신의 육의 행동에 대
하여 말하지 말며, 육에서 저희가 행
하는 그 모든 것을 보지도 말라 그리
가르치는 자 또한 잘못된 자요, 나와
관계없는 자들이요,
16 나의 피조물 만백성을 지옥으로 이끌
어 가는 사탄의 후예라는 것을 너희는
알아야 할 것이니라.
17 그러면서 결정적으로 뭐라 말하느냐?
18 모든 것을 심판하고 결정하고 벌을 내
리는 것은 나 여호와만 할 수 있으며,
그 누구도 목자는 심판할 수 없으며
백성이 결정해서는 안 된다고 가르치
는 자들이 사탄의 자식이요, 악마의

후예라는 것을 내가 일찍이 너희에게
전했듯이,
19 이를 다시 한 번 상기하며 나의 백성
으로서 그와 같은 자를 구분하는 그
판단력을 상실하고 사는 성도요, 신도
라는 자들에게 다시 한 번 깨우쳐 주
는 기회를 얻도록 해야 할 것이니라.
20 너희는 마음과 행함을 먼저 보아야
할 것이니라.
21 이제 모든 종교 집단이요, 지도자들이
행하는 것, 역사하는 그것을 먼저 보
는 지혜를 얻어야 할 것이니 그리 알
라.
22 모든 인간은 똑같이 나로부터 행함이
어떠한가에 따라서 그 대가를 치르는
것이라 하였음이니라.
23 또한, 내가 너희에게 간곡히 뭐라 부
탁하였느냐?
24 죄짓는 행위를 많이 하는 자가 죄짓지
않은 자를 기도해 주며 그를 천거할
수 있는 것은 하늘의 법도가 아니라는
그 의미로, 종교 지도자의 자세가 어
떠한 것인가를 내가 일찍이 깨우쳐 주
었음이니,
25 그 모두를 모으고 모아 너희 것으로
만들어, 지금의 모든 종교 집단이요,
지도자가 가는 길을 평가해 본다면,
그를 알 수 있을 것이니 그리 알라.
26 그들은 나 여호와의 뜻에 역사함이
아니니라.
27 저 자신을 위해 노력하는 자들이며,
저 자신의 육신의 향락을 위하여 모든
것을 다 육의 삶을 우선으로 하는 자
들이요,
28 참진리요, 하늘에 오르는 길을 위하여
그것을 먼저 이끌어 가는 자들이 아니
니라.
29 그와 같지 않은 자는 사람의 수를 따
지지 아니하며, 큰 성전을 생각하지
아니하며, 궁궐 같은 교회를 생각하지
아니하며, 그 모두를 다 초월하여 가
는 자임을 너희는 알아야 할 것이니
라.
30 내가 나의 아들에게 일찍이 죽은 생명
을 연장해 주었으며 그리하여 그를 죽
은 자라 하였음이니, 바로 종교 지도
자는 죽은 자가 되어야 함을 알라.
31 죽은 자 같은 마음의 자세로 살아가는
것이 나의 아들 네가 오늘의 가야 할
길이며, 너의 제자들 또한 그와 같은
길을 가야 할 것이며, 죽은 자라 생각
하고 세상을 살아야 할 것이니라.
32 너희가 생각은 그리하며 말은 그리하
나, 행동을 그리하지 못한다면 나를
기만하는 것이며 나를 욕되게 하는 것
이니라.
33 모든 종교 집단의 지도자, 그리고 믿
음의 길을 앞에 가는 인도자라는 자,
그와 같은 백성은 '나는 죽은 자'라는
생각이요, 죽은 자와 같은 행동을 하
지 아니하고는 정녕 참진리요, 보배와
같은 하늘에 오르는 그 역사함이요,
내가 너희에게 바라는 그것을 하나도
알지 못하고 살아가며,
34 그리하여 심판을 받게 되는 불쌍한 백
성의 삶을 산다는 것을 잊어서는 아니
될 것이니라.

7,921 번째 하나님 말씀

2003년 10월 14일 08시 54분

1 사랑하는 나의 아들아!
2 "네, 아버님! 말씀하옵소서."
3 성령으로 역사하는 하늘나라는 어떠
한 곳이던가?
4 하늘엔 이미 나 여호와가 존재하며 천
사들이 이루어 모두 역사하며 이루어
진다 하지 아니하던가?
5 그러니 나 여호와가 성령으로 역사한
하늘나라와 같이 이 지상에 낙원을 이
루고자 하는 것이며, 이 지상에서 그
모든 것이 그리 이루어질 것이며 이루
어지고 있음을 너희는 알아야 할 것
이니라.
6 하늘에서 이루어진 것같이 이 땅에서
이루어지라는 것이, 바로 너희가 암송
하고 기도한 것이 무엇이더냐?
7 나 여호와의 참진리의 성령이요, 나
의 뜻이 전하여지는 것, 나의 뜻이 존
재하는 것이 바로 하늘에서 이루어진
것같이 이 지상의 낙원이 이루어지는
것임을 너희는 어찌 모르는가?
8 나 여호와의 성령이요, 나의 뜻이요,
너희가 말하는 창조주 아버님 말씀의
가르침이요, 바로 참진리가 이 세상에
존재하고 있다면,
9 이미 이 세상에 하늘에서 이루어진 것
같이 지상의 낙원이 이루어지고 있으
며, 이미 존재하고 있다는 것을 너희
는 알아야 할 것이니라.
10 나의 법전이 곧 무엇이더냐?
11 나의 성령이니라.
12 그러니 나의 뜻이요, 나의 성령이 기
록된 책이 법전이라 하여 세상에 내려
오고 있으며 이미 전해지고 있음이니,
곧 이는 무엇이냐?
13 나 여호와의 천국의 역사가 지상에서
행해지고 있음을 너희는 알아야 할
것이니라.
14 너희가 하늘에서 이루어진 것같이 이
땅에서 이루어 달라 그리 말하는 기도
가 무엇이던가?
15 하늘의 천국의 나라를 지상에서 이루
고자 하는 것이 아니더냐?
16 하늘과 같이 죄 없는 세상이요, 아름
다운 세상이요, 천사와 같은 자가 살
수 있는 세상을 이루어 달라 함이니,
그는 바로 나의 참진리요, 나의 성령
이요, 나의 뜻대로 살아가는 백성이
존재하는 곳이니,
17 바로 나의 법전이 그 모두를 가지고
세상에 나와 너희에게 전해짐이니, 이
미 지상에 낙원은 내려오기 시작했으
며, 내려와 이루어지고 있다는 것을
너희는 알아야 할 것이니라.
18 나 여호와가 모든 것을 다 내려보내고
있으며, 하늘에서 이루어진 것같이 지
상에 낙원을 이루고자 하는 그 역사함
을 시작하여 지금 진행하고 있건만,
19 너희는 어찌하여 이를 모르며 이를 깨
닫지도 못한단 말이던가?
20 참진리를 전하고 내려보내도 이를 깨
닫지 못하고 알지 못하는 그와 같은
종교 집단이요, 지도자들이 지금 나의
피조물 만백성들을 저희가 포장하여
끌고 가는 그 믿음을 믿으라 하며 부
추겨 왔으며,
21 진정한 참진리는 하늘에 오르는 길이

아니요, 저희가 지금 오는 사탄의 후
예로서 재물과 금화를 바치며 울고불
고 나의 아들 예수의 은혜로써 보혈로
써 구원을 받은 것이요, 그러하기 때
문에 죄가 없는 백성이요, 나로부터
벌 받을 일이 없는 백성이라 그리 부
추겨 왔으며,
22 나의 사랑하는 백성에게 장막을 쳐
그들의 귀를 막고 눈을 가려 보지 못
하게 한 것이 오늘의 사악한 종교 집
단의 지도자들이니라.
23 그러니 나의 뜻을 전혀 알지도 못하며
내가 역사하고자 하는 것을 상상조차
도 할 수 없는 자들이 종교 지도자요,
목자라 말하면서 나의 사랑하는 백성
을 천국이요, 하늘나라로 이끌어 간다
말함이니,
24 저 자신의 생각과 제가 가진 허상이
요, 헛된 꿈을 가지고 인간의 생각으
로 나 여호와의 뜻이라 위장하고 포장
하여 그 포장한 것에 가짜 상표를 붙
여 지금 이 세상 나의 사랑하는 백성
에게 끝이 없이 재물과 모든 금화와
은화와 노동력을 갈취하는 그와 같은
방법으로 장사를 하는 것이 오늘의
종교 집단이요, 지도자임을 알라.
25 나 여호와의 뜻이요, 참진리를 가르치
는 것이 아니요,
26 인간의 욕심이요, 인간의 욕심에서 나
오는 허상과 같은 것, 허무한 것, 그리
고 그 욕심의 근원의 뿌리들을 나 여
호와의 참진리라 하여 포장할 대로
포장하여, 거기에 가짜 상표를 붙여
물건을 파는 자들처럼,
27 나의 피조물 만백성들에게 참진리라
팔아먹고 있으며, 그를 팔아먹으려고
광고하고 선전선동하는 것이 오늘의
믿음의 길을 가는 근본이요,
28 그와 같은 행위를 했기에, 나의 피조
물 만백성들이 진정한 하늘에 오르는
그 길을 볼 수 없다 함을 내가 너희에
게 일찍이 전하여 깨우쳐 주었음이니
라.
29 나의 백성에게 참진리를 깨닫지 못하
도록 하며 나에게 오를 수 없도록 그
와 같은 사악한 행위를 하는 것이 그
들이니라.
30 내가 너희에게 일찍이 말하기를, 가짜
를 포장한 것이요, 허상을 포장해서
파는 그 모든 것을 파헤쳐 나의 피조
물 만백성들이 그곳에 악의 뿌리만이
담겨 있는 그 형체를 볼 수 있도록 너
희가 그 모든 것을 벗기라 하였음이니
라.
31 그리했을 때 나의 피조물 만백성들이
거기서 깨달을 것이며,
32 그 진실과 현실을 보고 저희가 허상
속에서 잘못 살아온 것을 그때라도 깨
달아 나의 법전을 가슴에 안고 정독하
며 하늘에 오르는 길이라 하여 이를
읽고 또 읽어 그대로 행하고 살 때, 그
들은 거듭나는 영광을 얻을 수 있을
것이니,
33 그 역사는 오로지 너희 몫이라는 걸
잊지 말라.
34 나의 법전을 만드는 백성이요, 나의
법전을 전하는 백성이요, 나의 아들을
통하여 내리는 강론을 듣고 변하는 삶
을 사는 이 세상에 내가 가장 소중히
생각하는 너희가 모두를 다 이루고

역사해야 한다는 것을 절대 잠시도 잊
어서는 아니 될 것이니 그리 전하라.

7,922 번째 하나님 말씀

2003년 10월 14일 08시 59분

1 사랑하는 나의 아들아!
2 "네, 아버님! 말씀하옵소서."
3 나 여호와가 지금 너를 통하여 내리는
'하나님! 말씀하옵소서'라는 하늘에
오르는 이 법전을 접하여 정독하고 깨
우쳐 이를 행하고 살고자 하는 그와
같은 삶을 살지 않는 백성은 죽어 와
절대 심판대에 설 수 없으며,
4 지옥과 천국이라는 그 길에서 나에게
올 기회가 있는 심판대 위에서 심판을
받지도 못하며 심판대에 서지도 못하
고 지옥으로 가는 그와 같은 백성이라
내가 그리 말하였음이니,
5 너희는 이를 보고 웃을 것이며, 이는
사탄이요, 거짓된 자라 말할 것이니라.
6 그러나 너희는 여기서 깨우치라.
7 누가 뭐라 말하든, 나의 아들을 따르
는 제자들이요, 나의 법전을 읽는 백
성 너희는 알라.
8 너희가 참진리를 받아들이지 아니하
고 죄를 짓고 산다는 것은 바로 무엇
을 의미하는가?
9 참진리를 보고 깨우쳐 죄가 무엇이며
악이 무엇이며 사악한 자가 무엇이며
창조주 나 여호와가 원하는 것이 무엇
인가를 알지 못하는 자는, 죄를 짓지
아니하고 죄에서 벗어날 수 있는 삶을
살 수 없기 때문이니라.
10 너희가 지금 나의 성령이요, 나의 뜻
을 기록하는 나의 법전을 접하고 읽지
아니한다면 죄를 짓지 아니하고 사는
그 길을 알지 못하며,
11 또한 그 죄 속에서 벗어나는 삶의 길
이요, 방법을 전혀 알 수 없어 너희가
지은 죄에 대하여 용서받지 못하는 그
결과가 되기 때문에,
12 너희가 나의 법전을 접하고 깨우치지
아니하면 하늘에 오를 수 있는 그 심
판대에 설 수 없다 함을 알라.
13 나의 법전을 읽고 깨우치는 자, 그리
고 정독하여 그대로 살고자 하는 자,
그리고 나의 십계명은 나의 친필이요,
어떠한 백성이든 이를 지키고 살아야
만 나에게 오를 수 있는 그와 같은 영
광을 얻는다는 것을 가슴 깊이 새기
는 백성이 아니라면,
14 그렇지 아니한 자들은 죄가 무엇인지
를 모르며 악이 무엇인지 모르며, 나
의 뜻이 무엇인지 모르며, 그를 구분
할 수 있는 능력이 없으며 깨우침을
얻지 못함이니,
15 너희가 사악한 죄의 그 무리 속에서
벗어나지 못하며 더불어 죄 속에서 흘
러가는 대로 그대로 흘러가는 그와 같
은 삶에서 벗어나지 못하기 때문이라
는 것을 명심하고 또 명심하라.
16 너희가 죄의 흐름 속에서 벗어나는
길은, 나의 법전을 읽고 깨우치며 그
대로 행하며 나의 십계명대로 역사하
고 사는 그 길밖에 없기 때문이니,
17 그러니 그를 접하지 아니하면 너희는
죄가 죄인 줄을 모르며, 거기서 벗어
날 능력이 없으며, 벗어나지 못하는
자이기 때문에, 심판대에 설 자격마저

도 없다 하는 것을 미리 전함이니,
18 이를 명심하고 또 명심하여 깨달음을
얻도록 그리하라.

7,923 번째 하나님 말씀

2003년 10월 14일 09시 04분

1 사랑하는 나의 아들아!
2 "네, 아버님! 말씀하옵소서."
3 너희 백성은 지금의 종교 집단이요,
지도자들이 오는 그 믿음이 잘못된 것
이요, 그들의 행태는 나와 관계없다는
것을 알지 않는가?
4 그 대표적인 것이 무엇인 줄 너희는
알겠느냐?
5 오늘의 믿음을 오는 그 모든 백성에게
나의 아들 예수가 너희의 영혼만을
위하여 구원하는 그와 같은 것을 가르
쳤으며 영혼에 의하여 하늘에 오르고
못 오르는 그 구원의 길만 너희에게
깨우쳐 주고 가르쳐 준 것처럼 그와
같이 믿고 오는 그 믿음이 잘못되었음
을 알아야 할 것이니라.
6 나의 아들 예수가 세상에 와 목숨을
던져 너희에게 전했던 그 모든 것이
다 육의 삶과는 관계없는 것이며, 이
세상 삶의 생활과는 아무런 관계가 없
으며, 그는 예수가 관여치 아니하며,
그를 인도하려 하지 아니하였다 생각
하는 자,
7 육의 세상의 삶이요, 육이 존재하는
것을 깨우치고 다스리고자 하는 것은
나의 아들 예수의 뜻이 아니었으며,
예수가 전하고자 하는 것은 거기에 관
계된 것이 아니며,
8 그는 예수가 역사한 것과는 아무런
관계가 없는 것이라 그리 가르치는 것
이 오늘의 믿음이 가장 잘못된 것이
며, 너희가 사악한 짓을 하는 길이라
는 것을 알아야 할 것이니라.
9 나의 아들 예수는 오로지 하늘나라에
관계되는 것, 그리고 너희가 죽어 사
후의 세계에 와 구원을 받고 못 받는
것, 그리고 영혼만 구원하며 영혼만
구제하는 것에 관계된 것이라 하니,
10 이 세상에 나의 아들이 내려왔으며 육
의 세상에 너희가 잘못 살고 잘사는
것, 죄를 짓고 안 짓는 것은 나의 아들
예수가 관여치 아니하며, 나의 아들
예수가 전하고 깨우치는 것에 그 덕목
은 거기서 빠졌으며,
11 오로지 사후 세계의 영혼을 구하며 영
혼을 구제하는 것만 관계되었다고 가
르침이니,
12 그는 너무나도 멀고도 먼 길을 가는
것이며 착각을 해도 한참 착각을 하고
있으며, 너무나 잘못 가르치는 것이니
라.
13 이와 같이 가르치는 종교 지도자들이
세상에 있기에 문제를 해결할 수 없이
너무나 얽히고설킨 형국이 되어 있으
며, 저희 것만 하늘에 오르는 것이요,
남의 것은 다 지옥이요, 천국에 오를
수 없는 것이라 그리 말하느니라.
14 너희는 말로 예수를 믿으며 나 여호와
를 믿는 자는 죄를 다 용서받은 자요,
똑같은 자라 말하면서,
15 어찌하여 그와 같이 역사하는 자들을
구분하며 선을 긋고, 너희 것만 구원
이요, 남의 것은 아니라 하는가?

16 그것에서 벗어나지 못하는 그 믿음이
잘못되었음이니라.
17 나의 아들 예수는 세상에 나가 너희의
사후의 영혼만 구원하며, 영혼을 구제
하기 위한 그와 같은 것으로써 너희에
게 역사한 것이 아니니라.
18 육의 삶을 사는 생활과 영혼의 구원을
받는 그 길은 다 같은 선상에 있는 것
이며, 나의 아들은 그를 모두 다 깨우
치고 전하고자 하였음이니라.
19 이제 나의 아들을 따르는 백성 너희는
알아야 할 것이니라.
20 나의 아들 예수의 보혈로써 구원의 길
을 가고 어쩌고저쩌고하며 울고불고
하는 짓을 중단하라 그리하라.
21 나의 아들은 너희가 육의 세상에 살
면서, 육을 가진 인간이 육의 삶에서
얼마나 바르고 곱게 살아야 하는가
그것을 먼저 너희에게 깨우치고 전하
고자 역사했던 것이며,
22 그 후에 또한 그 길을 잘 오고 못 오는
자가 사후에 구원을 받고 안 받는 것
은 그다음의 문제요, 너희의 육의 삶
에 따라 정해지는 것이라 나의 아들은
그리 가르쳤음이니라.
23 그러나 너희는 나의 아들 예수가 세
상에 와 가르친 것은 육의 세상에 사
는 것은 뒷전이요, 관계가 없으며,
24 오로지 영혼만을 직접 구원하기 위하
여 나의 아들이 세상에 와 그 고통과
그 모든 역사를 한 것처럼 착각 속에
지금 가르치고 있으니,
25 그 말을 듣고 그리 믿고 가는 너희가
잘못된 것이니라.
26 예수는 너희가 실존하는 이 세상의 모
든 삶에 대하여 구원의 역사를 먼저
이루고자 했으며,
27 거기에 따라 동일 선상에 있는 영혼을
구하는 그 길의 안내자며, 그 길을 깨
우쳐 주고자 하는 것이 나의 성경이요,
28 너희가 살아가는 그 삶 속에서 모두
역사하고 변화되는 것을 너희에게 가
르치고자 했다는 그 의미를 알아야 할
것이니,
29 오늘의 너희의 영혼만 구하려고 나의
아들이 왔다는 그와 같은 착각을 이제
깨우치고, 그 생각을 버릴 때가 되었
음을 알라.
30 너희는 과연 어디에 비중을 두며 어디
에 매달려 믿음의 길을 가는가?
31 이 어리석은 자들을 깨우쳐 주도록 하
라, 사랑하는 나의 아들딸들아!

7,924 번째 하나님 말씀

2003년 10월 14일 11시 27분

1 사랑하는 나의 아들아!
2 "네, 아버님! 말씀하옵소서."
3 나 여호와가 사랑하는 나의 피조물 만
백성 너희를 세상에 내보냈음이니, 너
희는 어떠한 마음을 가지고 살아야 하
는가?
4 너희는 미덕의 마음을 가지고 살면 되
느니라.
5 용서하는 마음이요, 이해하는 마음이
요, 그리고 남보다 너그러운 그와 같
은 마음을 가지고 사는 그것이 바로
나의 뜻대로 사는 것이며, 나의 은혜
에 보답하는 길이며, 나로부터 받은
모든 것에 감사하는 행동임을 알아야

할 것이니라.
6 너희는 살아가면서 종교 집단이요, 지
도자들이 말하느니라.
7 '범사에 감사하라.' 그리 말하느니라.
8 말로써 모든 것에 감사하며 울고불고
감사하다 하면 무엇하는가?
9 행동이 따르지 아니하면 그와 같은 감
사함은 아무것도 아님을 너희는 알아
야 할 것이니라.
10 그러니 너희가 모든 범사에 감사하는
것은, 양보하는 마음이요, 이해하는
마음이요, 그리고 남의 용서할 수 없
는 것을 덮어 주는 것이며, 용서할 수
있는 마음을 가지고 사는 것이 모두
범사에 감사하는 길이라는 것을 알아
야 할 것이니라.
11 내가 너희에게 뭐라 말하였느냐?
12 너희가 어떠한 죄를 짓는다 해도, 지
옥 불로 가는 나의 백성 하나를 구원
하는 그 상보다 더 큰 죄는 없다 그리
말하지 아니하였던가?
13 그리고 너희가 나에 의해 하늘에 오
르는 길이라며 나에게 영광을 돌리며
나에게 은혜를 돌리는 그와 같은 것,
그리고 무엇인가를 바치며 무엇인가
행사를 하며 그와 같은 방대한 역사로
써 나를 기쁘게 하려 하며 나를 혼란
케 하지 말라 하지 아니하였던가?
14 너희 마음자리가 가장 중요한 것이며,
나의 뜻에 따라 살아가는 그것 하나가
소중한 것이라 그리하지 아니하였던
가?
15 그리고 너희가 나에게 무엇인가를 바
치고 나를 기쁘게 하려고 재물을 바
치며 금화와 은화를 바치는 행동을 하
지 말라 하였음이니라.
16 너희가 나에게 바치고자 하는 것을 네
이웃이요, 네 형제에게 나누어 주며,
그들에게 작은 것으로써 기쁘게 하는
그와 같은 삶을 사는 것이 나를 기쁘
게 하며, 너희가 바로 받을 수 있는 은
혜요, 영광이라 내가 그리하지 아니하
였던가?
17 너희가 나 여호와요, 나의 아들 예수
의 이름을 찾으며 나를 찾으며 나에게
쌓아 놓으려고 바치는 금화와 은화는
모두 다 죄를 짓는 것이요,
18 오로지 너희가 나에게 기쁨이요, 나에
게 바치고자 한다면, 어려운 너희 이
웃에게 사랑을 베풀며 나눔을 베풀며,
19 작은 것으로써 너희 이웃을 기쁘게 할
수 있는 그와 같은 마음을 갖는 그것
이 나로부터 상을 받는 것이요, 나로
부터 은혜를 받는 것이요, 나 여호와
를 기쁘게 하는 너희 삶이라 그리하
였음을 잊지 말라.
20 내가 너희에게 뭐라 말하였더냐?
21 죽은 자가 되라 하며, 구르는 돌이 되
라 그리하지 아니하였던가?
22 그 의미를 너희는 말로써 생각하며
말로써만 죽은 자가 된다 생각하며,
바위가 되며 돌이 되는 삶을 살겠다
하면 무엇하는가?
23 너희가 감정을 자제하지 못하며, 생각
을 자제하지 못하며, 환경이나 여건에
따라서 음성이 달라지며 행동이 달라
지며, 거칠고 부드러움을 조정하지 못
하니,
24 백날 천날 마음으로 죽은 자라 말하
며, 돌이라 말하며, 세상사 모든 것을

덮고 산다 말하면 무엇하는가?

25 너희가 여건에 따라서 그와 같이 성격이 변화된다면 이는 아무것도 아니며, 절대 깨달은 자도 아니요, 나의 피조물 만백성들을 구원할 길이 없으며,

26 아무리 정성을 들여 나의 법전을 만든다 해도 그 법전이 세상에 나가 빛을 보지 못하며 만백성을 구하는 역사를 할 수 없다 하지 않았더냐?

27 너희가 죽은 자가 되고자 하며, 바위가 되고 돌이 되려면, 정녕 죽은 자는 어떤 것이며 바위는 무엇인가를 알아 그대로 행하고 실천하는 삶을 산다면,

28 너희가 용서하는 마음이요, 이해하는 마음이요, 모든 것을 덮어 주고 갈 수 있는 아름다움으로 세상을 볼 수 있는 그 마음의 근본이요, 뿌리가 거기 있음을 알라.

29 이제 사랑하는 아들딸, 너희는 내가 죽은 자라 하며 바위가 되라 하는 것이 무엇인 줄 알겠느냐?

30 너희가 깨달음을 얻으라 함이니라.

31 깨달음을 얻는 것만이 너희가 죽은 자요, 바위가 되는 것이니라.

32 깨달음을 얻지 못하며 깨달음의 변화를 하지 못하며, 나의 아들을 통하여 내리는 강론을 들으며 나의 법전을 읽고 깨우치면서 변화되지 아니하는 것은 죽은 자가 될 수 없으며 바위가 될 수 없으며 돌이 될 수 없는 것이니,

33 죽은 자라 함은 너희가 깨우침을 가지라 하는 것이며, 깨달은 자가 가는 길이라는 것을 잊지 말라.

34 그러니 너희가 성령으로 임할 수 있는 마음의 변화를 역사하는 것, 그리고 나의 법전을 정독하고 정독해서 네 마음을 여는 것, 네 머리를 여는 것, 네 가슴의 생각을 여는 것, 그 모든 것이 변화되는 것이 죽은 자요, 돌이 될 수 있는 것이요,

35 변화되지 아니하며 깨달음이 없고 회개하는 것이 없이는 죽은 자가 될 수 없고 돌이 될 수 없음이니라.

36 나 여호와가 너희에게 죽은 자요, 돌이 되라 하는 것은, 회개하는 자요, 깨달음을 얻는 자요, 변화된 삶에서 너희를 매질하는 것이요,

37 나의 성령이 너희에게 임하도록 하는 그와 같은 삶을 살라 하는 그 가르침의 의미가 거기에 깊이 있음을 너의 제자들에게 깨우쳐 주도록 하라, 사랑하는 내 아들아!

7,925 번째 하나님 말씀

2003년 10월 14일 11시 32분

1 사랑하는 나의 아들아!

2 **"네, 아버님! 말씀하옵소서."**

3 수천 년 동안 너희들이 구원의 길이라며 오는 그 믿음의 신앙이요, 모든 종교 집단, 그것은 너희들이 바로 무엇이라 말하였느냐?

4 이 세상에 나의 피조물 만백성 중에 기복 신앙의 그 수를 헤아릴 수 없으나,

5 그중에서도 가장 강하게 축적되어 있으며 그 모든 기복 신앙의 원산지요, 근본의 역할을 하고 있는 것이 오늘의 종교 집단이요, 지도자 너희들이 가는 것이며,

6 너희들이 깨우쳤다며 공부하는 그 형
태가 기복 신앙의 근본이라 내가 말하
였느니라.
7 너희들이 기복 신앙이라는 그 정의가
무엇이던가?
8 인간 너희들이 그 욕심을 채우고자 하
나, 너희들 인간의 힘으로써 그 욕심
을 채우지 못하며 너희가 원한 것을
취하지 못할 때,
9 너희들 능력 밖의 것을 이용하여, 다
른 힘을 이용하여 너희 욕심을 충족시
키고자 하는 것이 너희들이니,
10 지금의 믿음의 길을 가는 너희들은 나
의 아들 예수와 나 여호와의 이름이
요, 나의 능력으로써 무엇인가 너희들
의 욕구를 채우고자 하는 그와 같은
대표적인 기복 신앙으로 가는 자들이
너희들이라 하였음이니라.
11 이 세상에 기복 신앙이 또한 그 강도
가 있음이니라.
12 그가 강하고 강하지 아니함에 따라서
너희들의 그 행동이 달라짐이니,
13 지금의 믿음의 길을 가고 있는 너희들
처럼 열성적이며 열광적이며 그 척도
요, 깊이를 잴 수 없는 기복 신앙의 대
표자들은 없음이니라.
14 오늘의 종교 집단이요, 지도자, 그 신
도들, 너희들이야 말로 그 강도가 강
하고 강하여 무엇으로도 깰 수 없는
그와 같은 것이 오늘의 그 기복 신앙
에 젖어 있는 자들이니라.
15 그러니 기복 신앙은 너희들의 욕심을
채우기 위하여 너희들이 다른 신을 이
용하고자 하며, 다른 힘을 이용하고자
하는 것이니,
16 너희들의 그 욕심에 의하여 욕구의 강
함은 이루 말할 수 없음이니라.
17 그러니 너희들의 욕심은 무어라 내가
나의 법전에 기록하여 전하였더냐?
18 너희들의 욕심이라는 것이 너희들의
그 죄악이라 내가 그리 말하지 아니하
였던가?
19 그러니 지금의 기복 신앙의 대표자라
하는 그 종교 집단이요, 그 신도들보
다 욕심이 강한 자가 세상에 없음이니,
20 바로 너희들이 이 세상에 가장 큰 욕
심을 가지고 있는 자들이니, 너희들이
욕심은 곧 죄라 하였음이니, 너희들보
다 더 큰 죄요, 너희들보다 더 무서운
죄를 짓는 자가 없음이니라.
21 그리고 너희들이 욕심은 죄의 근본이
요, 죄의 다음은 무엇이더냐?
22 멸망이라 그리 되어 있음이니라.
23 너희들이 죄로 인하여 멸망함이니, 너
희들의 멸망은 지옥으로 가는 것이 아
니던가?
24 그러니 이 세상에 가장 굳고 큰 욕심
을 가지고 있는 것이 오늘의 종교 집
단이요, 그 신도들이니, 너희들이 이
세상에서 가장 큰 죄를 지음이니라.
25 너희들은 인간에게 잘못한 것, 인간에
게 실수한 것은 용서를 받을 수 있으
나, 성령을 위배하는 자, 나의 뜻을 거
역하는 자는 용서받지 못한다 하였음
이니,
26 너희들이 수천 년 동안 나의 뜻을 거
역하며 나에게 용서받지 못하는, 나의
성령을 치받는 그와 같은 행위만을 하
고 왔음이니,
27 너희들이 가장 큰 욕심이요, 가장 큰

죄를 가진 자들임은 당연한 것이니,
가장 큰 멸망의 선두주자가 되어 지옥
행으로 가는 것이 너희들이니라.
28 그러니 큰 욕심의 기본을 버리지 아니
하고 너희들이 다시 태어나는 그와 같
은 삶을 살지 아니하며,
29 오늘의 너희들이 큰 욕심의 기복 신앙
의 그 뿌리를 돌아다보며 그를 자르지
아니하면, 너희 스스로 자신을 자르는
그 고통을 겪지 아니하면 너희들은 정
녕 구원의 길에 오를 수 없다는 것을
너희들은 알라.

7,926 번째 하나님 말씀

2003년 10월 14일 11시 36분

1 사랑하는 나의 아들아!
2 "네, 아버님! 말씀하옵소서."
3 지금 나의 피조물 만백성들을 이끄는
거짓 종교 지도자요, 거짓 선지자요,
삯꾼의 종교 지도자로서 날품을 팔다
시피 하는 그와 같은 자들,
4 그리고 단상에서 설교하며 강론하며
그 시간에 따라 재물을 받아 챙기는
그와 같은 삯꾼의 종교 집단 지도자,
그들의 형태가 무엇인 줄 알겠는가?
5 내가 너희에게 일찍이 깨우쳐 주었느
니라.
6 진정한 목자와 거짓 목자의 구분은 하
늘의 비밀을 모르는 자들이 거짓 목자
라 그리하였음이니라.
7 그러니 지금의 종교 집단이요, 지도자
들이 하늘의 비밀을 모르며 천국의 실
상을 알지 못하는 자들이니라.
8 더욱이 그들은 머릿속으로 생각으로
써 상상도 하지 못하는 자들이 저희
혀로 팔아 지금 믿음의 길이요, 하늘
에 오르는 길에 나의 백성을 인도한다
는 자들이니,
9 그들이 거짓 선지자요, 삯꾼의 종교
지도자들이요, 날품팔이 종교 지도자
라 하는 뜻이 여기에 있음을 너희는
알아야 할 것이니라.
10 너희는 그리 말하느니라.
11 나의 아들 예수를 믿기만 해도 쉽게
갈 수 있다고 주장하는 그들이 다 삯
꾼의 종교 지도자이며, 또한 너희는
뭐라 하느냐?
12 나의 아들 예수를 믿기만 하면 나로부
터 영광과 축복의 은혜를 무조건 받게
되어 있으며 인간 세상에서 너희가
충족하고자 하며, 육의 생활에서 이루
고자 하는 그 모두를 충족시켜 주며,
13 많은 금화와 은화를 누릴 수 있는 권
세와 부귀영화를 육의 세상에서 주는
것이라 그리 가르치니,
14 그것이 얼마나 잘못된 자들인 줄 알겠
는가?
15 그러니 너희는 하늘의 비밀을 모르며
천국의 실상을 모르며 상상도 하지 못
하는 자들이라 내가 그리 말하느니라.
16 그러면서 너희는 그 뒤에 이루는 것
이 무엇이던가?
17 각종 헌금과 재물을 거둬들이며,
18 헌금을 많이 바치는 자, 현물을 많이
갖다 바치는 자, 그 양에 따라 세상의
축복을 열배 백배 더 불어넣어 나 여
호와가 너희에게 준다고 가르치는 자
들이니라.
19 그것이 바로 거짓 선지자요, 삯꾼의

종교 지도자이니라.
20 그러나 너희는 알라.
21 제3의 시대에 나의 법전을 접하고 법
전을 읽고 깨우쳐 너희 자신이 회개
하며 천사와 같이 변화되는 삶으로 돌
아서는 대역사의 변화가 없다면, 너희
는 결국 하늘에 오를 수 없으며 심판
도 받지 못한다는 그 대목의 가르침을
중시하여 읽고 또 읽어 깨달음을 얻어
야 할 것이니라.
22 이제 너희가 가는 그와 같은 삶에서
돌아서는 새로운 믿음의 길을 선택하
지 아니한다면, 너희는 하늘에 오르는
그 빛이요, 그 영광까지도 볼 수 없는
것이요,
23 너희는 모두 다 귀가 다 막혀 있으며
눈이 감겨 있는 그와 같은 오늘의 믿
음 속에서는 절대로 태양의 밝은 빛을
볼 수 없으며, 광명 천지의 아름다움
을 볼 수 없으며,
24 내가 역사하는 자연의 아름다움도 느
끼지 못하고 너희는 그저 그대로 그
들을 따라 살다 지옥으로 간다는 것을
절대 잊어서는 아니 될 것이니,
25 내가 다시 강조하고 또 강조하는 의미
를 알라.

7,927 번째 하나님 말씀

2003년 10월 14일 11시 41분

1 사랑하는 나의 아들아!
2 "네, 아버님! 말씀하옵소서."
3 너희가 그리 울고불고 기도하며 광란
의 짓을 하며 갈구하는 것은 무엇이더
냐?
4 구원을 받아 나에게 오르고자 하는 것
이 아니던가?
5 그러나 구원은 너희 자신이 역사하는
것이요,
6 구원을 누구의 힘으로 그 누가 인도하
여 이루어진다는 생각을 버려야 할
것이니라.
7 나의 아들 예수의 성령의 보혈로써,
나 여호와의 성령으로써 모두 임해 주
며 나의 아들이 역사를 보임으로 너희
가 구원을 받는다는 그와 같은 믿음에
서 깨어나야 할 것이니라.
8 구원받는 것은 다 너희 자신에게 달
렸다 그리 전하라, 나의 백성에게.
9 너희 자신의 마음과 네가 살아가는 행
동에 의하여 모두 이루어지며, 그 심
판의 결과는 거기에서 이루어짐이니
라.
10 그러니 너희가 무너지는 것도 죄 속에
살면서 죄를 지으며 그 죄의 대가를
받아 그것을 치르는 것이 바로 너희
가 무너짐이며,
11 견딜 수 없는 고통 속에서 그 대가를
치르는 그와 같은 지옥의 문으로 가고
안 가는 것도, 그리고 나의 나라 천국
에 오고 못 오는 것도 모두 다 너희 마
음이요, 너희 자신에게 달린 것으로
써 역사한다는 것을 그들에게 전해 주
고 깨우쳐 주어야 할 것이니라.
12 나 여호와의 성령을 받아들이며 거듭
나는 나의 자식이 되는 것은 너희가
그와 같은 성령으로써 그 행함에 한
점의 부끄럼이 없는 그와 같은 삶을
사는 자가 나의 자식이요, 나의 아들
로서 부족함이 없다 생각할 때, 거듭

나는 백성이요, 나의 나라에 올 수 있
는 나의 아들딸이 된다는 것을 잊지
말라.
13 너희가 천국에 오고 못 오는 그 모두
는 현재 오늘을 살아가는 생활 속에서
이루어지는 모든 삶의 결과에 달렸으
며,
14 영원한 생명의 거듭나는 그 은혜를
입는 것이요, 거듭나는 그 영광을 얻
지 못하고 지옥으로 가는 것도 모두
다 오늘 현재의 생활에 있음이니라.
15 천국과 지옥이라는 것은 이 지상의 삶
에 연계되는 것이며, 오늘의 삶을 지
상의 천국에서 사는 자는 하늘의 천국
의 나라에 예견된 자로서 갈 수 있는
것이요,
16 그렇지 못한 자는 정녕 하늘의 나라
요, 나에게 올 수 없다는 것을 알아야
할 것이니라.
17 이것이 하늘의 법도요, 하늘의 비밀이
니, 이 모두를 내가 너희를 사랑하기
에 나의 아들을 통하여 너희에게 이
리 전하는 뜻을 깊이 받아들여야 할
것이니라.
18 이 세상에서 천국에 사는 삶을 사는
자는 하늘의 천국에 오름이요, 이것은
예견된 자들이요,
19 오늘을 잘못 산 자는 명단에 없으며
생명록에 기록된 것이 없음이니, 나에
게 올 수 없다는 것을 알라.
20 그러니 현재 오늘의 생활이 얼마나
귀하고 소중한 것인가?
21 그 모두는 그 결과에 따라서 거듭나고
못 나는 그 영광이 거기에 달렸다는
것을 내가 다시 한 번 너희에게 전함
이니,
22 전하고 또 전하는 그 의미를 깊이 깨
우쳐야 할 것이며, 절대 잊지 말라.

7,928 번째 하나님 말씀

2003년 10월 14일 11시 44분

1 사랑하는 나의 아들아!
2 "네, 아버님! 말씀하옵소서."
3 육의 삶이 어떠하던가?
4 너는 육의 세상에 살면서 네가 나 여
호와의 뜻에 따라 '너는 나의 선택된
선지자이니, 너는 나의 뜻을 받아 책
으로 만들어 만백성을 구하라'는 그
대명 한마디에 네가 오늘의 그 역사를
이루어 가는 나의 아들이 아니던가?
5 그러니 너는 그 단순한 나의 명령 한
마디로써 네가 그리 행함이니, 바로
네가 무엇이던가?
6 순종하는 나의 아들이요, 나의 명에
따라 움직이는 아들이니, 그것이 믿음
의 길을 가는 다른 백성과 다름이니라.
7 또한, 오늘 나의 법전을 만들며 너를
따르는 제자들은 과연 어떠하던가?
8 그들도 네가 전하는 나의 강론을 들으
며 그 법전을 읽고 깨우쳐, 이는 정녕
나 여호와의 뜻이라 하여 저희 모두를
바쳐 감이니,
9 그것이 바로 너희가 어떠한 은혜와
영광을 이룬 백성인 줄 알겠는가?
10 영원한 생명으로써 거듭나는 그와 같
은 은혜와 영광을 얻은 것이 너희이니
라.
11 그러니 나의 아들로서 네가 나에게 오
를 수 있으며, 너를 따르며 나의 법전

을 믿고 순종하는 오늘의 네 제자도
모두 천국에 오를 자격이 있는 백성이
라는 것을 너희는 알아야 할 것이니
라.
12 그 누구도 내가 너를 선지자라 명하며
나의 아들이라 명하며 내가 명하는 걸
받아 160권의 법전으로 만들어 세상
의 만백성을 구원하라는 그 명령에,
네가 뒤돌아보지 아니하며 순종하며
어렵고 힘든 그 길을 가는 것,
13 그것이 바로 나 여호와의 뜻이요, 나
를 기쁘게 하며 나를 믿는 그 강도가
그 누구도 너희를 따라올 수 없음이
니라.
14 또한, 나의 법전을 읽고 깨우쳐 이 길
이 정녕 나 여호와에게 오르는 길이라
하여 나의 뜻이라 하여 모두를 바쳐
역사하는 그들의 믿음의 강도는 이 세
상의 무엇으로써도 깰 수 없는 것이
그들이니,
15 그것이 바로 울고불고 광란의 짓을 하
면서 구원을 받았다는 그 백성과 내
면이 다른 자들이니라.
16 그리하여 나의 아들이요, 또한 제자들
모두 천국의 나의 나라에 이름이 와
있으며 올 수 있는 자라 내가 미리 너
희에게 하늘의 상을 내리는 것이 거기
에 있음을 알라, 사랑하는 나의 아들
딸들아!

7,929 번째 하나님 말씀

2003년 10월 14일 11시 52분

1 사랑하는 나의 아들아!
2 **"네, 아버님! 말씀하옵소서."**
3 나의 법전이 세상에 전해졌음이니라.
4 그러니 나의 법전이 창조주 나 여호와
의 뜻이며 이는 정녕 새로운 성경이
요, 마지막 시대의 심판의 말씀이며
새로운 성경이라는 것을 종교 집단이
요, 지도자들이 아는 자가 많이 있음
이니라.
5 그러나 그들은 진정한 새로운 성경이
라는 것을 알면서도 이를 따르지 아니
하며 지키지 못하는 그 이유가 바로
어디 있는지 알겠느냐?
6 지금 내가 너희에게 명하는 것이 나
의 아들이요, 나의 아들을 따르는 제
자들과 지금의 믿음의 길을 가는 그
백성과의 차이점이니, 너희는 이를 들
으라.
7 그렇지 아니하다 하거든 너희는 이를
나 여호와가 내리는 것이 아니며 내가
너희에게 지금 구분하여 말하는 것이
잘못되었다고 말하라.
8 지금 나의 아들을 따르는 제자들은 이
를 믿고 모두를 다 바쳐 한 길을 가고
있으며 저 자신이 변하는 그 역사를
위해 두려움이 없음이니라.
9 창조주 나 여호와의 일을 역사하며 나
의 뜻을 역사하여 만백성을 구하는 그
대명을 맡은 자들이니, 두려움이 없으
며 그 목숨이 다한다 해도 주저하지
아니하며 등 돌리지 아니할 제자들이
거기에 있음이니라.
10 그러나 지금의 믿음의 길을 가는 종교
집단이요, 지도자들 나의 법전을 읽으
면서 이것은 진정한 창조주 나 여호와
의 뜻이라 아는 자들도 육의 욕심 때
문에 따르지를 못하는 자들이 아니던

가?
11 너희는 지금까지 교단에서 강론하고
설교했으며 내 이름을 팔았으며 지금
까지 쌓아 온 그 모든 것을 잃고 하루
아침에 그 집단에서 출교되는 것이
두렵고 무서워서 그 말이 맞다 말하지
못하는 자들이 아니던가?
12 너희는 주 안에 있는 형제라 하여 지
금까지 믿음을 같이 왔던 그 교우들
에게 너희가 이 법전을 읽고 그 길을
간다 할 때 모욕과 핍박이 두렵고 무
서워 그를 말하지 못하는 자가 아니던
가?
13 그리하여 나의 법전을 숨겨 놓고 저
혼자만 그를 읽고 깨우쳐 제 마음의
소용돌이 속에서 갈등하는 자가 수없
이 있음이니, 그게 바로 이와 같은 내
용 때문이 아니던가?
14 그리고 너희는 동역자로부터 공격의
화살과 멸시가 두렵고 무서워 너희
자신이 지탱할 수 있는 용기가 없기에,
15 나의 법전을 들고 단상에 서서 이게
새로운 성경이요, 창조주의 말씀이요,
여태껏 우리가 배운 구약과 신약보다
도 더 위대한 사랑이요, 더 넓은 사랑
이요, 더 깊고 따뜻한 사랑이 이 법전
에 기록되어 있음이니,
16 정녕 너희는 나 여호와 창조주가 원
하는 것은 사랑이니, 구약과 신약 속
에 있는 것을 가르치는 종교 집단들
의 설교의 말보다도 이 법전에 있는
내용이 더 따뜻한 사랑이요, 훈훈한
사랑이요, 온유한 사랑이요, 더 큰 사
랑이 여기에 내포되어 있다 하면 정
녕 어떠한 것이 참진리인지를 잘 아
는 자들이니라.
17 그러면서도 동역자들의 공격과 화살
과 멸시와 핍박이 무섭고 두려워 감히
그와 같이 못 하느니라.
18 너희 집단에서 네 이름이 지워질 것이
두려워 그를 말하지 못하는 나약한 자
들이 있음이니라.
19 또는 작게는 자식과 아내와 그 가족들
로부터 멸시와 천대와 따돌림이 무섭
고 두려운 것이며, 이 세상 살아가면
서 지금까지 맺어 왔던 인간관계를
모두 다 저버리니 외톨이가 되는 그
길이 두렵고 무서워 이 길을 가지 못
하는 자들이 아니던가?
20 너희는 지금까지 가까웠던 친지와 친
구들까지도 멸시와 천대하는 것을 견
딜 수 없기에, 나의 법전이요, 나의 성
령이 진실이라는 것을 알며 나의 뜻이
라는 것을 알면서도 그 길을 선택하지
못하는 것이 오늘의 너희가 아니던가?
21 그렇다면 너희가 존재하는 것은 무엇
을 위하여 존재하던가?
22 너희는 나 여호와의 진리요, 하늘에
오르는 그 길을 위하여 산다 하나,
23 너희는 육의 삶을 위하여, 체면을 위
하여, 위신을 위하여, 너희 자신의 그
이름 석 자를 위하여 모두를 다 덮어
가는 자들이요,
24 영원히 구원을 받고 못 받는 그 거듭
나고 거듭나지 못하는, 생명이 태어나
고 태어나지 못하는 것까지 다 저버리
는 어리석고 불쌍한 자들이 아니던가?
25 너희는 그와 같은 마음 때문에 움직이
지 못하느니라.
26 그리고 너희가 모두를 저버렸을 때 마

음의 아픔을 견딜 수 없으며, 그를 다
스려 나갈 용기가 없는 나약한 자들이
기 때문이니라.
27 더군다나 고독하고 외로워 눈물을 흘
리는 그 세월을 보내야 하는 것이 두
렵고, 미래가 보이지 않는 고독하고
어려운 그 길을 가는 것이 자신이 없
기 때문이 아니던가?
28 너희는 그러한 것에 나약한 자들이니
라.
29 그리고 너희는 심지어 네 노후의 삶
이 두려우며 네 노후의 역사가 두려워
서 또한 그리 역사하지 못함이 아니
던가?
30 너희가 지금까지 이루어 놓았던 인간
관계요, 재물이요, 그 모든 것이 다 흩
어져 뿔뿔이 낙엽처럼 날아가는 그것
이 두렵고 무서워 그 길을 선택하지
못하는 것이 종교 집단의 지도자요,
31 그리고 수십 년 동안 믿음의 길을 왔
다는 자요, 나의 법전을 읽고 부끄러
워 고개를 들지 못하는 자들이 용기
있게 말하지 못하는 것은 아니던가?
32 한솥밥을 먹던 자가 그 자리에 제 밥
그릇이 없어지는 것이 두렵고 무서워
그것을 놓지 않을까 봐 겁이 나서 이
와 같은 역사를 하지 못하는 것이 아
니던가?
33 그러나 나의 아들이요, 나의 아들을
따르는 그 제자들은 이 모두를 다 초
월하였으며, 이를 두려워하지 아니하
며 이를 겁먹지 않는 자들이니라.
34 그들은 나 여호와가 같이하고 있음을
알며 내가 역사하고 있음을 알며, 참
진리요, 나 여호와의 뜻이요, 내가 받
치는 것을 알고 있음이니, 너희는 그
걸 모르는 어리석은 자이니라.
35 창공을 나는 새들과 모든 미물과 들짐
승에게도 먹이를 다 내려 준 나 여호
와요, 전지전능한 아버지라 하면서,
인간인 너희에게 주지 아니하였을까
봐 감춰 놓고 쌓아 놓고 거짓 하고 갈
취하는 그 사악한 자들이기 때문이니
라.
36 그것이 나의 아들이요, 나의 아들을
따르는 제자들과 수십 년 수천 년 동
안 흘러오면서 제 인생을 바쳐 믿음의
길을 가는 지도자요, 또 믿음의 안내
자라는 자들이, 내가 지금 나의 아들
을 통하여 전하는 이와 같은 것 때문
에 모두를 다 저버리는 자들이니,
37 거기에 믿음이 어디 있으며 진심이 어
디 있으며 나 여호와를 경배하는 것이
어디 있는가?
38 나를 아버지라 믿는 그 말에 정녕 아
버지라 부르는 자가 한 명도 없다 함
이니 그리 알라.

7,930 번째 하나님 말씀

2003년 10월 14일 11시 57분

1 사랑하는 나의 아들아!
2 "네, 아버님! 말씀하옵소서."
3 지금의 모든 백성이요, 그리고 믿음의
길을 가는 자들이요, 너희는 정녕 나
로부터 생명을 받아 세상에 나갔음이
니, 너희가 무엇을 위하여 어떠한 길
을 사는 것인가를 모두 다 망각하고
사는 백성이 되어 버렸느니라.
4 너희는 지금 살아가면서 무엇을 생각

하는가?
5 내가 너희에게 노는 문화를 위하여 생명을 주어 세상에 내보냈다 생각하는가?
6 춤추는 문화를 위하여 내가 너희를 내보냈는가?
7 너희가 알코올을 마시며 음식을 먹고 즐기는 그와 같은 문화를 위하여 과연 너희를 세상에 내보냈던가?
8 너희가 죄를 짓고 사악한 짓을 하며 그 유산을 후손에게 남겨 주는 그와 같은 오늘의 사악한 그 삶을 위하여 나 여호와가 세상에 너희를 내려보냈다고 생각하는가?
9 그리 착각하고 사는 것이 지금의 백성이니라.
10 그리고 그들에게 부채질하며 그들에게 더 죄를 짓게 하면서도 나의 아들 예수를 찾으면 죄가 되지 아니한다 하여 노는 문화요, 춤추는 문화요, 싸움하는 문화요, 거짓 하는 문화요, 간음하는 문화요, 도둑질하는 그와 같은 문화를 지금 형성시킨 것이 오늘의 지도자요, 종교 집단들이 한 역사니라.
11 그러니 이는 나 여호와의 뜻이 아니며, 나의 뜻을 거역하는 짓만을 한 것이 너희라 하였음이니라.
12 나의 백성 너희는 무엇을 위하여 살아가며 이 세상에 나로부터 생명을 받아왔는가?
13 너희는 아름다운 삶이요, 서로 사랑하며 의지하고 사는 천사와 같은 삶을 살아 나의 품에 올 수 있는 그와 같은 삶을 살도록 내가 너희에게 세상에 기회를 주었거늘,
14 너희는 오늘 어떠한 일을 위해 사는 것인가 너희 스스로 한번 돌이켜 보라.
15 그러면서 너희가 구원받을 자가 있으며 나에게 오를 수 있는 자가 있겠는가?
16 너희는 겉과 속이 다른 그와 같은 생활 속에서 살아가는 오늘의 대표적인 자들이니,
17 속으로는 그와 같이 내가 말하는 모든 잘못된 문화들을 위하여 몸부림치면서 겉으로는 나 여호와를 찾으며 깨끗하고 신선한 자인 것처럼 그리 행동하니,
18 이것이 내가 보기는 너무나 추하고 썩어져 있어 하늘을 오염시키는 것을 막고자 하는 것이 나의 뜻이라 함을 잊지 말라.

7,931 번째 하나님 말씀

2003년 10월 14일 11시 59분

1 사랑하는 나의 아들아!
2 "네, 아버님! 말씀하옵소서."
3 이 세상에 물은 많고도 많으나, 인간인 사랑하는 나의 백성이 먹을 수 있는 생수요, 생명의 물이 없다면 과연 너는 어찌 생각하겠느냐?
4 지금 나의 피조물 만백성을 하늘로 인도한다는 종교 집단이요, 지도자요, 그 광신도들은 발에 걸리듯 수없는 물이 있는 것 같으나, 그 물이 아무리 흔하고 흔하다 해도 그 물은 먹지 못하는 생수라면 무엇을 하겠느냐?
5 오늘의 교회를 너희가 말하기를 열 발짝 앞에 하나씩 지어 놓았으며 나의

피조물 만백성들을 하늘에 오르게 한
다 말함이니,
6 발에 치이는 것이 바로 너희 손으로
지은 교회요, 성전이요, 회막이니라.
7 그러나 발에 짓밟히고 치일 만큼 많
은 교회가 있으면 무엇을 하겠는가?
8 그 교회 안에 광신도요, 그저 맹종맹
신하는 자요, 제 욕심의 기복 신앙을
위한 자들만 우글거리는 그와 같은 형
국이니, 거기에 진정한 생명수요, 생
수가 없음이니,
9 그리하여 나 여호와의 아픈 가슴을 달
랠 길이 없다 함이니라.
10 이제 너희는 알아야 할 것이니라.
11 그와 같이 흔하고 흔한 그 교회 안에
진정한 깨달음이요, 진정한 생명수가
되는 나 여호와의 성령이 거기에 없음
이니,
12 나의 아들을 따르는 너희가 지금의
그 백성에게 먹을 수 있는 생수를 만
들고 또 전하는 그 역사를 해야 하기
에 오늘의 그와 같은 소중함을 알라
함이니라.
13 너희 손으로 만드는 그 법전만 나 여
호와의 말씀이요, 진정한 생명수의 말
씀이라는 것을 절대 잊지 말라.
14 지금 내가 물로써 너희에게 표현하였
음이니, 물이 많고 많아 발에 짓밟히
듯 그리 많아도 거기에 먹을 수 있는
생수가 없다면 그건 쓸모가 없지 않더
냐?
15 그와 마찬가지로 열 발짝마다 발에 차
이고 걸리는 것이 교회 문이요, 십자
가라 말할 수 있건만, 거기에는 진정
한 생명수요, 만백성을 구하는 성령이
없음이니라.
16 다 썩은 자요, 다 죽은 자이니,
17 그리하여 오로지 너희가 만든 나의
법전만 생수요, 생명수라 함이니, 이
를 만드는 것을 소홀히 해서도 아니
되며,
18 너희가 얼마나 위대한 역사를 하는
것인가를 깨달으라 함이니 그리 알라,
사랑하는 나의 아들딸들아!

7,932 번째 하나님 말씀

2003년 10월 14일 12시 03분

1 사랑하는 나의 아들아!
2 "네, 아버님! 말씀하옵소서."
3 나 여호와가 너에게 지치고 힘든 그
길을 가라 하며 너의 제자에게 어렵
고 힘든 그 길을 가라 명함이니, 그래
도 나의 피조물 만백성을 구원하기 위
하여 나의 아들 예수가 십자가에 못
박혀 죽어 가는 것을 내가 살릴 수 있
는 처방을 알면서도 그를 모른 체 등
을 돌리며 눈물 흘린 내 가슴의 아픔
보다는,
4 오늘의 나의 아들 네가 가는 길과 너
의 제자들이 가는 길이 그보다는 아프
지 아니함을 알아야 할 것이니라.
5 내가 너희에게 뭐라 말하였느냐?
6 너희가 하늘에 오르는 영혼의 구원은
너희는 영적으로 세상에 태어난 백성
이니,
7 너희가 성장하면서 예수가 가지고 있
던 그 영적인 한계에 도달했을 때 나
에게 오를 수 있는 길이라 하지 않았
느냐?

8 그러니 너희가 예수의 행함만큼 그
길을 가는 것이, 예수가 영적으로 성
장했던 것과 같이 지금 유아의 성장에
서 그리 변화되는 역사가 있지 않겠느
냐?
9 그러나 너희가 고통스러워하며 나의
아들이 힘들고 어려워하는 그 모습은
나의 아들 예수가 2천 년 전에 죽어
가는 고통스러움을 바라보는 그 고통
만큼은 못함이니, 너희는 그리 알아야
할 것이니라.
10 사랑하는 나의 아들을 따르는 내 사랑
하는 제자 너희는 들으라.
11 이 세상에 믿을 수 없을 만큼 말로써
믿는 자들이 홍수가 난 것처럼 지금
이 시대는 말로써 그 믿음이 홍수가
난 것 같으니라.
12 그러나 홍수 같이 밀어붙이는 그 말장
난으로써 믿음을 부르짖고 신앙의 길
을 간다 하나, 거기에는 정녕 행동과
행함이 없음이니, 이를 어찌한단 말이
더냐?
13 말로써 믿음은 홍수처럼 범람하여 세
상을 다 덮는 것이 오늘의 종교 집단
이요, 지도자들이니라.
14 더욱이 그 속에서 돈을 주고 직함을
사며 이름을 산 자들이야말로 말이
청산유수니,
15 홍수가 범람하여 물이 세상을 덮는 것
보다도 더 유창한 말로써 나의 피조물
만백성들을 지옥으로 이끌어 가는 그
와 같은 짓을 하면서 행동과 행함은
없음이니라.
16 정녕 제 것을 줄 줄 모르며 나눌 줄을
모르며, 받을것만 알며 챙길 줄만 아
니, 그것이 사랑을 역행하는 자들이
아니고 무엇이더냐?
17 이리 말하는 나 여호와의 가슴이 저
리고 터질 것 같은 그 아픔을 알겠느
냐?
18 잘못 가는 종교 지도자의 명칭을 받은
자들의 행함을 보며 분개하고 속상하
고 그들이 가련할 것이니라.
19 그러나 모두 나의 아들딸이거늘 그들
이 사악하고 잘못된 길을 가는 것은,
저는 베풀 줄 모르며 나눌 줄 모르고
받아들일 줄만 알며 거둬들일 줄만
알며 좋은 것을 제 앞에 놔야만 직성
이 풀리는 그 지도자들이, 말로써는
온갖 것을 다 사랑으로 베푸는 것처럼
말하니,
20 그들의 말이 홍수처럼 범람한 믿음의
형식이라 그리 말하지 않더냐?
21 그를 실천하며 그들에게 깨우쳐 주며
행동과 말이 모두 일치한 삶으로 보여
줄 것이 너희이니라.
22 그리하여 오늘 너희가 소중하며 너희
가 가야 할 그 대명이니라.
23 그리하여 내가 나의 아들을 통하여 너
희에게 강론을 내리며 나의 법전을 내
려 너희 가슴에 심어 줌을 알라, 사랑
하는 나의 아들딸들아!

7,933 번째 하나님 말씀

2003년 10월 14일 12시 07분

1 사랑하는 나의 아들아!
2 "네, 아버님! 말씀하옵소서."
3 수천 년 기적의 역사를 다 보였으나
오늘의 믿음의 길을 가는 백성이요,

지도자요, 그리고 광신도들의 그 마음
이 어떠하며 그 생각이 어떠한지 너
는 알겠느냐?
4 그들의 머리요, 입은 하늘나라에 와
있느니라.
5 지금 구원을 받았다 울고불고하는 자
들, 그리고 종교 지도자요, 사랑이라
는 것을 모르며 베풀 줄도 모르는 그
와 같은 자들이 지금 머리와 입의 그
믿음은 하늘나라에 와 있음이니라.
6 그러니 입으로만 나를 공경하는 믿음
이요, 점점 나와 멀어져 있으며 나와
관계없는 곳에 가 있는 것이 오늘의
그들이니라.
7 그들의 머리와 입이 하늘에 와 모두를
제 머릿속에 그리며 상상의 날개를 펴
고 있으나 그것은 오로지 상상일 뿐이
니라.
8 입과 머리는 하늘에 갖다 놓고 육으로
행하는 것은 전혀 행하지 아니하는 자
들이니,
9 입으로 나를 공경한다는 자요, 입으로
만 나의 아들 예수의 보혈로 은혜 받
았다 하는 자들이며 행함이 없는 자들
이기에,
10 그들은 나와 관계없는 백성이요, 나와
멀어지는 그와 같은 행동만 하는 것이
그들이니라.
11 마음이 나 여호와와 통하여야 하는 것
이며, 말 잔치로 풍성한 것으로써 이
루어지는 것이 아니니라.
12 사랑하는 나의 아들을 따르는 제자,
내 사랑하는 너희는 들으라.
13 너희 마음과 나 여호와의 마음이 통하
는 것이 중요하며 하나가 되는 것이
중요하고 소중한 것이니라.
14 말 잔치만 풍성한 것 말로써 모두 역
사하는 것은 얻어지는 것이 없으며 이
루어지는 것이 없으며 남는 것이 없다
는 것을 간곡히 가르쳐 주라.
15 그들이 얼마나 무서운 말을 하고 있느
냐?
16 사랑하는 나의 아들딸들아!
17 저희는 욕심이 있기 때문에 여호와가
원하는 모든 것을 할 수 없으며 계명
을 지키고 살 수 없으며 창조주의 뜻
대로 살 수 없다고 말하며 사람이기에
저희는 할 수 없다고 말하며 사람이
기 때문에 그와 같은 길을 갈 수 없다
하니, 말로만 가지고 가는 자들이니라.
18 너희는 입만 갖고 가고자 하는 자들이
요, 말만 갖고 가는 것이 오늘의 종교
집단이요, 지도자들이니 거기에 남는
것이 아무것도 없음이니라.
19 그저 바람이 조용히 불어 가고 남은
뒤에 아무것도 남는 것이 없는 그와
같은 형국이 오늘의 그들의 믿음이니,
아무것도 없는 그 믿음 속에서 나의
피조물 만백성들이 결국 지옥으로 가
는 그 고통을 겪음이니, 그들과 통하
여 그를 구원하도록 하라.
20 이제 너희는 전하라.
21 모든 하늘에 오르는 길이요, 그것은
말 잔치요, 풍성한 말의 행사가 아니
라, 나 여호와와 너희 마음이 하나가
되는 것, 그리고 생각이 통하는 것, 마
음이 통하는 것, 나눔이 통하는 것, 사
랑을 베풂이 통하는 그것이 너희가
나의 백성이요, 하늘에 오를 수 있는
자요, 나의 분신이라 함을 잊지 말도

록 그리 전하라.
22 머리와 입만 하늘에 있는 자들은 그것
이 추락할 날이 머지않았을 것이니,
내가 와 있는 그 머리와 입을 하늘에
서 불바다요, 유황불 속에 집어던질
날이 곧 옴을 그리 알라.

7,934 번째 하나님 말씀

2003년 10월 14일 12시 24분

1 사랑하는 나의 아들아!
2 "네, 아버님! 말씀하옵소서."
3 모든 종교 집단이요, 지도자가 모이고
또 모여 이루 말할 수 없는 온갖 행사
를 역사하며 그 행사를 치르느니라.
4 그러나 그것은 나 여호와의 뜻이 아님
을 알며 그들에게 깨우쳐 주라.
5 너희는 화려한 행사요, 그와 같은 집
회요, 행사 같은 것으로 나의 피조물
만백성들에게 재물이요, 금화와 은화
를 거둬들여 그와 같은 행사를 하며,
또 그곳에서 그들에게 거둬들임이니,
6 너희는 나의 사랑하는 백성으로부터
재물을 갈취하여 그 재물을 밑천으로
하여 장사하고 또 장사하는 방법으로
써 지금까지 성장하였음이니라.
7 백 명을 모아 놓고 그 백 명으로부터
거둬들여 또 천명을 모으며 천명의 나
의 사랑하는 백성으로부터 금화와 은
화를 갈취해서 만 명을 모으는 그와
같은 사악한 방법으로 오늘의 그 행사
가 행해졌으며,
8 그 모든 행사를 하는 것은 그와 같은
뜻으로 너희의 욕심으로 이루어진 것
이니, 사탄의 짓이요, 마귀의 자식들
이 하는 짓이라는 것을 그들에게 전하
라.
9 그와 같이 하는 것은 모두 나 여호와
와 관계없음을 알라.
10 조용히 가족적인 예배요, 가정적인 예
배요, 그리고 자신이 깨우쳐 가는 그
와 같은 믿음으로 가는 것을 나 여호
와가 원함이니,
11 내가 지금 나의 아들을 통하여 너희에
게 전하였음이니라.
12 백 명이라는 신도들에게 재물을 갈취
하고 거둬들여 또 천명을 모아 놓고
거기서 광분시키며 노래하고 찬송하
며 그저 온갖 악기를 동원하여 그들의
마음을 흥분하여,
13 그들의 주머니에 들어 있는 것을 아무
것도 주는 것 없이 갈취하여 그 배로
늘리는 그와 같은 사악한 행동을 하여
오늘의 종교 집단이요, 교회라는 것이
성장된 근본이니,
14 그러니 나와 관계없으며 사탄의 것이
라 내가 그리 말하는 그 의미를 깊이
깨우쳐 행하라.
15 이제 거기에 투자하는 자, 거기에 참
여하는 자는 거기에 갈 때마다 죄목이
늘며, 재물을 바칠 때마다 너희 목에
무거운 죄목의 쇠사슬이 걸쳐진다는
걸 절대 잊어서는 아니 될 것이니,
16 사탄에게 힘을 실어 주는 행위를 하는
것이 그 신도요, 거기가 울고불고 은
혜 받았다며 재물을 바치는 자들이니
라.
17 그 재물이 있거든 너희 노부모를 들여
다보며, 가난한 형제를 보며,
18 이웃의 불쌍한 백성과 굶주리는 자들,

그리고 슬픔과 고통 속에 우는 그들의
마음을 달래 주는 그와 같은 것으로
가는 것이 나를 위하는 길이요, 나에
게 상을 받는 길이요, 은혜를 받는 것
이요, 하늘에 오르는 길이라는 걸 잊
지 말고 전해 주도록 그들을 좀 깨우
쳐 주라, 어리석은 그 백성을.

7,935 번째 하나님 말씀

2003년 10월 14일 12시 28분

1 사랑하는 나의 아들아!
2 "네, 아버님! 말씀하옵소서."
3 나의 아들 예수가 세상에 와 뭐라 부
르짖었던가?
4 '회개하라, 사탄들아! 내가 이제 여호
와 아버님의 뜻을 따라 열매를 맺지
못하는 과수나무는 다 도끼로 찍어 내
어 버릴 것이다.' 그리 말하지 아니하
였던가?
5 그 말이 두렵고 무서워 그 믿음의 길
을 가는 자들이 나의 아들 예수를 그
와 같이 죽음의 길로 몰고 간 자들이
아니던가?
6 너희는 회개하라, 너희는 죄악이요,
죄 속에 사는 자들이요, 구원할 자 없
다 하니,
7 믿음의 길이요, 하늘에 오르는 길이라
믿고 왔던 2천 년 전의 대제사장이요,
종교 집단 지도자들이 저희보고 회개
하라는 그 말에 마음이 상했으며 그를
용서하지 못한 자들이 그들이니라.
8 그리고 열매 맺지 못하는 과수나무는
도끼로 찍어 내어 다 버린다 하였음이
니, 그것이 무엇이더냐?
9 내가 사람을 세상에 내려보내는 것을
과수나무로 예를 들어 그가 전한 것이
아니던가?
10 그러니 내가 세상에 내려보내는 것은
무엇이던가?
11 사람을 세상에 내려보내어 사람다운
열매를 맺고자 하는 것이며, 이는 성
령의 삶이요, 진정한 천사와 같은 삶
을 살게 하고자 내가 사람의 열매를
맺고자 사람을 세상에 내려보냈으나,
12 진정한 사람의 열매를 맺는 사람이 없
으며 그와 같은 나무가 없으니, 나의
아들 예수가 비유로써 전한 것이 아니
던가?
13 열매를 맺지 못하는 나무를 도끼로 찍
어 버린다는 것은, 사람을 내려보냈으
나 사람이 사람답게 살지 아니하며 참
진리가 아니요, 사탄 속에 살아가며,
회개할 일만 더덕더덕 남아 있는 그들
에게 회개하라 하며 제대로 열지 않
는 나무는 버린다 하니,
14 그들이 두렵고 무서워 나의 아들 예수
를 그와 같이 핍박과 고통 속으로 몰
아가 죽도록 한 것이 그들이 아니던가?
15 열매 맺지 못하는 나무라는 것은 열매
맺지 못하는 사람을 의미함이니라.
16 나 여호와가 세상에 사람을 내려보내
어 사람다운 열매를 맺도록 하고자 했
던 것이 하나도 맺는 열매가 없으니,
그 사람을 내가 벌한다는 것이 나의
아들 예수의 가르침이며 그가 말한 것
이니라.
17 그때 그 제사장이요, 믿음의 길을 가
는 자들 추하고 더러운 죄 속에 젖어
있는 그들이 얼마나 두렵고 무서우면

그와 같은 행위를 했겠는가?
18 그 길로 하여 그와 같은 도화선이 됐음을 알고 전하라.
19 지금 나의 아들이 어떠한 역사를 하는가?
20 지금의 모든 종교 집단이 잘못되었으며 지금 사탄의 자식으로서 역사한다는 나의 법전 160권이 세상에 나갈 때, 나의 아들이 그들에게 부르짖는 것, '죄악을 회개하라, 사탄들아! 그리고 마귀들아! 그리고 열매를 맺지 못하는 것은 다 뽑아 버릴 것이요, 도끼로 찍어 버릴 것이요, 그 과수나무를 뽑아낸다'는 예수의 가르침이 무엇이더냐?
21 이제 너희가 문을 닫으며 거미줄을 치며 이 세상에 존재하지 못하도록 모두 심판한다는 나의 뜻이 바로 그 뜻이니라.
22 그러니 예수가 나의 것을 가지고 다시 오는 자가 만백성을 구하는 역사를 한다 하였음이니, 이는 곧 예수 것이 아니요, 나 여호와의 것이요, 보낸 이의 것을 가지고 예수가 하고자 한 것을 똑같이 행하는 자요, 다른 보혜사가 세상에 온다는 그 의미요, 뜻이 일치하니,
23 오늘의 나의 아들이 그 명을 받고 세상에 온 자임을 알라.
24 그러니 그 뜻과 이 뜻이 일치할 것이니, 오늘의 종교 집단이요, 지도자들이 그들보다 더 사악한 방법으로 나의 법전을 찢어 버리고 태우려 할 것이며 나의 아들을 존재치 못하게 할 것이니라.
25 회개하지 아니하는 자, 지금의 믿음에서 뒤돌아봐 뛰쳐나오지 아니하는 백성, 그대로 가는 자는 지옥 불에 가며,
26 거기서 뛰쳐나와 법전을 보고 하늘에 오르는 길로 오른 자는 구원을 받을 것이라는 그 무서운 내용을 보고 그들이 가만히 있겠는가?
27 그러니 내가 서서히 나의 법전이 역사하도록 함이니, 너희는 조심스럽게 들여다보고 최선을 다하여 법전을 만들고 전하는 데만 모든 생각을 다 두도록 그리하라.

7,936 번째 하나님 말씀

2003년 10월 14일 12시 32분

1 사랑하는 나의 아들아!
2 "네, 아버님! 말씀하옵소서."
3 이 어렵고 힘든 길이요, 그리고 위험한 길이요, 모든 종교 집단 지도자로부터 핍박을 받으며 그 견디기 어려운 것을 모두 다 인내하는 그 길을 네가 지금 가고 있음이니, 내 마음이 아픔은 이루 말할 수 없음이니라.
4 그러나 지금 수천 년 동안 믿음의 길을 오며 나의 백성을 구원한다는 자, 그리고 구원을 받았다는 광신도들을 내가 들여다보는 그들의 속내가 어떠한 것인 줄 알겠느냐?
5 그들의 속을 나는 다 들여다보며 그를 유리알처럼 보고 있음이니,
6 그들은 노략질을 일삼는 이리와 같은 형국인 자들이 지금 이 세상을 지배하고자 하며, 모든 백성을 그 길이 하늘에 오르는 길이라 하여 지금 이끌어

가고 있음이니,
7 나의 재물을 노략질하며 나의 백성을
노략질하는 그와 같은 사악한 자들이
니라.
8 이리보다도 더 무서운 자들이 오늘의
종교 집단이요, 지도자요, 광신도라
하여 지금 울고불고하는 자들임을 너
희는 알아야 할 것이니라.
9 그러니 그들을 어찌 바로잡고 어찌 깨
우쳐야만 하겠는가?
10 그러니 그들을 바로잡고 세우는 것이
얼마나 힘들고 어려운 길이면 내가 나
의 아들을 통하여 이 법전을 만들어
전하도록 하며, 이를 함부로 세상에
전하지 아니하고 시기와 때를 기다리
며, 너희에게 준비하고 단련시키는 그
와 같은 훈련을 거듭하고 거듭하겠는
가?
11 이를 역사해야 하는 그와 같은 시대
이니라.
12 그리하여 이를 바로잡고자 하는 것이
나 여호와의 뜻이니, 이리가 노략질하
는 것을 내가 그를 잡을 것이며,
13 그들이 나의 백성에게 노략질하지 못
하도록 그를 다스리고자 하니 너희는
그리 알아야 할 것이니라.
14 지금의 너희가 하는 그 형태가 그러
하니, 그를 더 이상 내가 볼 수 없음을
알라.
15 이제 나의 아들을 따르는 백성이요,
나의 법전을 읽고 깨우친 너희는 이
제 겸손하고 겸허한 자세로 살아가는
그 마음에서 그들에게 모두 보여 주
어야 할 것이니 그리 알라.
16 '저의 죄를 용서하여 주옵소서, 아버
님!' 그와 같은 기도와 더불어, '전지
전능한 아버님! 저 보기를 불쌍히 여
겨 주옵소서.' 그와 같이 기도드리는
마음 자세로 세상을 살아가도록 그리
하라.
17 나 보기를 불쌍히 여겨 달라는 그 애
절한 기도의 마음을 가지고 바로 살아
간다면, '저의 죄를 용서하여 주옵소
서.' 하는 기도의 의미를 알며, 너희를
불쌍한 여겨 달라고 갈구하는 마음을
그들이 알 때가 있을 것이니,
18 그와 같은 마음 자세로써 바로 서 가
는 길에 최선을, 다하라.
19 그리하면 너희가 내가 이루고자 하는
역사를 할 것이며 속과 겉이 다른 자
들이요, 나의 피조물 만백성을 노략질
하는 가면을 쓴 그 이리들이 발붙일
곳이 없을 때가 올 것이니 그리 알라,
사랑하는 나의 아들아!

7,937 번째 하나님 말씀

2003년 10월 15일 06시 47분

1 사랑하는 나의 아들아!
2 "네, 아버님! 말씀하옵소서."
3 나로부터 선택된 목자요, 나의 뜻을
역사하는 자는 미래를 알고 있으며 미
래를 볼 수 있는 것이니라.
4 그리하여 나 여호와가 미래에 역사함
을 다 보여 주며 알려줌이니, 자신의
앞날을 모르고 사는 사람과 자신의 앞
날을 알면서 가는 것과는 어떠한 차이
가 있는가?
5 그것이 바로 너희가 가는 길이며, 일
반 종교 집단이요, 지도자들이 가는

길과 그것이 바로 차이점임을 너는 알
아야 할 것이며 너의 제자들 또한 그
를 알아야 할 것이니라.
6 네가 나에게 묵상하고 기도함으로써
너희의 모두를 내가 알려 주며 모두
를 너는 알고 있지 않은가?
7 그것보다도 더 위대하고 소중한 것이
세상사에 없음을 알아야 할 것이니라.
8 모든 백성은 눈으로 본 가시적인 역
사의 기적이요, 그것을 보고 믿는 그
와 같은 백성의 형국이 되어 있으나,
그것은 다 부질없는 것이라는 것을 알
아야 할 것이니라.
9 너희가 정녕 역사하는 것, 정녕 나 여
호와의 뜻을 이루는 것보다 모든 미래
의 역사의 변화됨을 알고 가는 그것이
더 위대한 것이며,
10 너희가 지금 이루는 그와 같은 것은
나의 뜻과는 관계없는 자들이 하는 행
위요, 행동이라는 것을 알아야 할 것
이니라.
11 이제 내가 너희에게 가시적인 그 어
떤 기적의 역사가 필요하다면 나 여호
와 또한 그와 같은 역사를 이룰 것이
며 내가 다 행할 것이니라.
12 그러니 너희가 오늘의 힘들고 어려운
길이라 해도 더 이상 어떠한 아픔을
생각하지 말아야 할 것이니라.
13 너희가 진정한 참진리요, 아름다운 하
늘에 오르는 그 길을 갈 수 있는 것,
그리고 모든 가지를 쳐 버리며 오로지
아름답게 성장해 가는 그와 같은 오늘
의 삶으로써 얼마나 은혜가 있는가를
너희는 알아야 할 것이니라.
14 내가 너희에게 이르기를 이 세상에
사람을 내려보낸 그 이유와 그 뜻을
알지 않는가?
15 내가 너희에게 사람을 내려보내는 것
은 사람다운 그 열매를 맺고자 하는
것이 나 여호와의 뜻이라 내가 그리
가르치지 않았던가?
16 그러나 지금 사람을 수없이 세상에 생
명을 내려보내나 사람이 사람의 열매
를 열지 못하며 지금까지 열지 못하게
한 것이 오늘의 잘못된 믿음의 길을
가는 자들이 있기 때문에 그와 같은
역사가 이루어졌음을 알아야 할 것이
니라.
17 성경에 기록하여 전하지 않았던가?
18 열매를 맺지 못하는 나무는 도끼로 다
찍어 태워 버린다는 그 말을 알지 않
느냐?
19 그게 사람의 비유가 아니고 무엇이던
가?
20 그러니 결실이 없는 가지는 쳐 버리듯
이, 너희가 그와 같은 결실을 맺지 못
하는 사람이 되었을 때는 모두 버린다
는 그 뜻이 거기에 있음을 알라.
21 내가 나의 법전을 읽어 깨우치지 아니
하고 정독하지 않는 자는 구원을 받지
못하며 심판을 받지 못한다 한 뜻과
성서에 전한 내용의 그 의미가 같은
것을 너희는 알아야 할 것이니라.
22 내가 이와 같은 중요한 내용을 다시
한 번 나의 법전에 기록하여 전하고
또 전하는 그 의미요, 뜻을 너희는 알
아야 할 것이니라.
23 이 세상에 사람으로서 그 열매를 맺을
수 있는 것은 너희며 과일나무가 과
일을 맺을 수 있는 것은 너희뿐이라는

것을 알아야 할 것이니라.
24 아무리 내가 많은 생명을 세상에 내려
보냈어도 인간이 인간다운 그 결실이
요, 그 열매를 거둬 나에게 바치는 자
가 없었음이니, 그것이 지금까지의 슬
픔이요, 지금까지 너희가 수천 년 동
안 흘러온 역사의 결과이니라.
25 그리하여 내가 사람으로 하여금 사람
의 열매를 맺고자 하여 내가 나의 아
들을 내려보냈으며, 나의 아들을 통하
여 160권의 대장정의 법전을 세상에
내보냄이니,
26 이를 접하고 이를 깨우치고 이를 가지
고 공부하는 너희야말로 바로 무엇이
더냐?
27 인간이 인간다운 열매를 맺어 가는 그
길을 가는 것이니라.
28 이제 너희는 머지않아 모두 다 역사
할 것이니라.
29 너희가 과연 인간다운 인간으로서 열
매를 맺을 것인가?
30 너희도 모든 종교 집단이요, 지도자
밑에서 구원을 받으며 하늘에 오른다
는 백성과 너희가 말한 이방인들처럼
지금까지 인간으로서 열매를 맺어 오
지 못한 그 삶의 길을 갈 것인가, 여기
서 너희는 깨우쳐야 할 것이니라.
31 인간이 인간의 열매를 맺기는 고통과
시련이 있음이니라.
32 그러니 너희가 인간으로서 남들이 못
맺어 온 인간의 그 열매를 맺기 위해
고통의 길을 가겠는가, 그렇지 않으면
너희 스스로 물러나겠는가, 이를 알라.
33 내가 과일나무를 심었음이니 열매가
열지 아니하고 열매를 맺지 못한다면
그 나무는 결국 도끼로 찍어 내어 태
워 버리며 버린다 하지 아니하였던가?
34 그러니 그와 같은 형국에서 열매를 맺
는 나무와 맺지 않는 나무의 고통과
그 시련이 다름을 너희는 알아야 할
것이니라.
35 그저 인간이 살아가는 모든 인간의 삶
이요, 그리고 오락에 빠지는 삶이요,
그리고 해서는 안 되는 그와 같은 인
간의 향락과 즐거움을 위하여 그 생활
에 젖어 가는 것은 열매를 맺지 않는
나무가 무성하게 가지에 이파리가 펴
져 나가는 것이요,
36 그렇지 않은 것은 모든 고통과 시련을
인내하고 감수하면서 그 열매를 맺고
자 하는 그 나무의 고통은 잎과 가지
만 무성한 나무와 다름을 너희는 알
아야 할 것이니라.
37 지금 인간의 열매를 맺어 거두고자 하
는 것이 나 여호와의 뜻이니, 너희가
오늘의 고통을 딛고 넘어가 수확을 거
두는 그와 같은 백성이 될 것인가, 그
렇지 아니하면 잎과 가지만 무성한 나
무로서 남기를 원하는가?
38 나 여호와는 너희가 아름다운 열매를
맺으며 결실을 거둘 수 있는 그와 같
은 나무요, 인간으로서 성장하도록 하
려고 오늘의 훈련을 시킴이니,
39 그 고비를 지금 너희가 넘을까 말까,
넘을 수 있을까 없을까 하는 마지막
그 단계까지 온 것이 나의 법전을 만
드는 제자들이요, 오늘 이 방에 앉아
내가 나의 아들을 통하여 내리는 그
뜻을 듣는 너희이니라.
40 그것이 얼마나 소중하고 귀한 것인가

를 알아야 할 것이니라.
41 이제 너희가 한 바가지의 물을 부으
면 그 그릇이 채워지며, 한 바가지를
붓지 아니하면 그 물은 그대로 떠 놓
고 또 사람들이 쓰기 시작하면 줄어들
게 되어 있음이니, 너희가 지금 마지
막 붓는 그 단계에 왔음을 알라.
42 내가 너희를 사랑하노라.
43 마지막 단계의 한 바가지의 물을 부어
놓는 그 고통이 필요하니라.
44 이제 마지막이니라, 거의 다 왔음이니
그리 알라.
45 너희 마음을 알며 너희 생각을 내가
아느니라.
46 단 한 명의 그와 같은 자가 세상에 나
와도 나의 기쁨이 말할 수 없거늘, 오
늘 아침에 나의 아들을 통하여 내리는
이 시간에 세 명의 나의 아들의 제자
들이 앉아 있음이니, 그 기쁨은 이루
말할 수 없음이니,
47 마지막 고비의 힘들고 어려운 그 고
개를 넘어 마지막 한 바가지의 생수를
갖다 그 그릇에 채우는 역사를 하라.
48 마지막에 지치고 힘들다 하여 쓰러져
서는 아니 됨이니, 여기까지 온 그 노
고를 내가 기쁘게 생각하며 너희를
사랑하노라.

7,938 번째 하나님 말씀

2003년 10월 15일 06시 52분

1 사랑하는 나의 아들아!
2 **"네, 아버님! 말씀하옵소서."**
3 이 세상의 모든 백성이 잘못 가고 흔
들리고 있음이니라.
4 그리고 무너지는 그 길을 가고 있음이
니, 그들을 가르치고 깨우치는 그 방
법이 과연 어떠하던가?
5 그것은 너희가 가르치는 그 길밖에 없
음이니라.
6 그러나 가르치는 자의 말을 듣지 아니
하며 가르치는 자를 등 돌리고 돌아서
는 자라면 과연 그들을 어찌 깨우칠
수 있겠는가?
7 그는 결국 깨우칠 수 없음이니라.
8 오늘의 모든 백성이 저희가 오는 믿
음이요, 저희가 온 길만이 하늘에 오
르는 길이요, 구원의 길이라는 그 마
음이 굳어져 있음이니,
9 가르치는 자에게 감사하며 가르치는
자의 고마움을 모르고 사는 것이 그들
이니, 과연 그들의 마음을 어찌 다스
리겠는가?
10 다스릴 길이 없음이니라.
11 너를 따르는 제자들 또한 그러니라.
12 너를 통하여 내리는 나의 성령의 내용
을 그들이 열심히 들으며 법전의 내용
을 정독하며 강론을 내리는 것을 직접
들어 깨우치고 저희 것으로 만들고자
하면 무한한 변화의 영광이 있으나,
13 가르치는 자의 감사함을 모르며 가르
치는 자의 은혜를 모르며 그를 듣고
배우려 하지 아니한다면 과연 그 제자
가 수천수만이 있으면 무얼 하겠는가?
14 그러니 오늘의 모든 백성은 참진리요,
아름다움을 가지고 아무리 전하고 전
한다 해도 그들은 그 감사함을 모르며
그 역사함을 모르느니라.
15 다만, 그들은 강권으로 기적의 역사가
이루어져 가시적으로 눈으로 보일 때

그저 믿는 것같이 하나 그 또한 다 부
질없는 믿음인 것이 그들이니라.
16 그들은 그때 가면 저에게 내려 주지
아니하며 저에게 역사하지 않은 것이
있다면 질투와 시기로써 반목의 세상
이 될 것이며,
17 이는 말할 수 없이 헝클어진 그와 같
은 세상이 또한 이루어지는 것이 오늘
의 나의 백성의 마음이니라.
18 나 여호와가 너희에게 말하느니라.
19 강권적인 그 어떤 기적의 역사를 이
루는 것만으로 역사하는 것이 아니요,
그와 같은 역사를 보고서 하는 자는
진실한 믿음이요, 진실한 변화가 없는
자들이니라.
20 다만, 내가 나의 아들을 통하여 강권
적인 기적의 역사를 이루고자 한다면,
필요할 때 내가 그 역사를 이룬다 하
지 아니하였던가?
21 그러니 너희는 오늘에 나의 법전을
만들어 만백성의 손에 쥐여 주고, 그
들이 던져도 또 쥐여 주는 그와 같은
역사 이외는 어떠한 가르침도 그들을
바로잡을 수 있는 것이 없기에,
22 오늘 내가 160권의 법전을 만들어 너
희에게 이 세상을 다 덮으라 함이 여
기 있음이니라.
23 정녕 조용한 시간이요, 조용히 가르침
을 전할 때, 귀를 막고 절대 듣지 아니
하며 보지 않으려 하는 것이 오늘의
백성의 그 마음이요, 믿음 속에서 젖
어 있는 그 형태이니,
24 무엇을 가르치고 전한다 해도 절대 역
사할 수 없음이니라.
25 그러니 그들은 이루어지는 강권적인
기도요, 또한 강권적인 기적도 볼 수
없음이니라.
26 다만, 무엇이라 말할 수 있겠느냐?
27 나의 법전을 전하고 쌓아 놓고 또 쌓
아 놓으니, 옆에 있는 자도 이 법전을
읽으라 하며 뒤에 있는 자도 법전을
보라 하며 법전만이 위대한 것이라 그
저 서로 말해서 스스로 그 말이 세상
을 덮고 전해 갈 때, 그때 그들이 비로
소 이를 보게 되는 그와 같은 것이니,
그리 가르치는 길밖에 없음을 알라.
28 그리하여 나의 법전으로 세상을 덮으
라 함이니라, 사랑하는 나의 아들딸들
아!

7,939 번째 하나님 말씀

2003년 10월 15일 13시 40분

1 사랑하는 나의 아들아!
2 "네, 아버님! 말씀하옵소서."
3 성서에 기록되어 전하기를, 사막에서
도둑맞아 죽어 가는 그 백성을 살려
보호하는 사람과 같은 마음을 가지고
살아가는 것이 나의 아들 예수가 곧
나 여호와의 뜻이요, 하늘에 오르는
길이라 그리 말하였느니라.
4 그러니 너희는 이 세상에 살아가면서
사막에서 가진 자가 도둑맞아 지금 죽
음 직전에 있는 그 고통을 당하는 것
이나, 너희 앞에 지금 쓰러져 가는 노
숙자요, 갈 곳이 없는 그 백성과 과연
무엇이 다르다 생각하는가?
5 도둑맞아 쓰러져 가는 그 백성과 오갈
데 없어 병들어 쓰러져 가는 그 백성
과, 과연 어떠한 차이가 있으며 어떠

한 관계가 있다 생각하는가?

6 그 모두가 다 힘들고 어려워 죽어 가는 것은 마찬가지가 아니던가?

7 그렇다면 하늘에 오르는 길이요, 창조주 나 여호와의 뜻에 의해 역사하는 것은, 내가 나의 아들 예수를 통하여 성서에 기록하여 전했듯이,

8 너희가 이방인이든 누구든 생명을 가진 자, 고통 속에 괴로워 우는 자를 달래 주며 그 어려움을 위로해 주는 것이 하늘에 오르는 길이라 내가 그리 가르쳐 전했거늘,

9 지금 어렵고 힘든 네 이웃에 있는 백성은 과연 어떠하던가?

10 그들이 그 도둑맞은 자요, 그들이 지금 죽어 가는 자들이 아니던가?

11 너희는 그들을 위하여 너 자신을 던져서 과연 얼마나 봉사하며 진정 그들을 위해서 어떠한 역사를 하는가?

12 너희는 보여 주기 위해서 너희 자신의 이름을 내기 위해 하는 짓은 아닌가?

13 이제 나의 아들을 따르는 제자들이요, 나의 법전을 읽고 깨우친 백성 너희는 알아야 할 것이니라.

14 내가 너희에게 대명이 뭐라 말하였느냐?

15 이 세상에서 지상의 낙원을 만들어, '인간이 하나님의 명을 받들어 지상의 낙원을 만들었음이니, 그 지상의 낙원이 이리 아름답고 편함이니, 하늘의 낙원이요, 하늘나라는 내가 꼭 가는 사람이 되겠다.' 하여

16 그들을 돌봐 주며 그들이 마음을 돌릴 수 있도록 그와 같은 역사를 하는 것이 너희라 내가 그리하지 아니하였던가?

17 내가 너희를 통하여 이루고자 하는 그 대역사의 사업과 너희가 어렵고 힘든 자를 보호하고 돌봐 주는 것이 그 근본의 기초가 거기 있지 아니하던가?

18 그러니 지금의 믿음의 길을 가는 백성이요, 종교 지도자요, 그리고 근엄한 자요, 품위 있는 자요, 그와 같은 모습으로써 설교하고 강론하는 종교 집단이요, 지도자들이요, 그리고 구원을 받았다는 그 백성, 그리고 몇십 년 동안 믿음을 가졌으니 저는 깨끗하다 말하는 자,

19 너희가 강도 맞은 자를 보살피듯이 네 이웃의 어렵고 힘든 노숙자요, 길거리를 헤매는 사람들을 과연 얼마나 보호하고 도와주었는가?

20 그들을 보호하지 아니하며 그를 돕지 아니하는 자는 나에게 올 수 없다고 나의 아들 예수를 통하여 그리 전했듯이,

21 너희는 네 주변의 어렵고 힘든 그들을 볼 줄 알아야 할 것이며, 그들을 위하여 무엇인가 할 수 있는 마음 자세를 갖고 살아야 함을 알아야 할 것이니라.

22 여기서 너희가 깨우쳐야 할 것이니라.

23 육의 세상에서 재물을 긁어모은 자, 재물을 많이 가진 자, 너희가 죽어 올 때 하나도 가지고 오지 못하나,

24 네가 가진 재물을 어려운 노숙자요, 강도 맞은 자요, 병들어 허덕이고 고통스러워 눈물짓는 자를 위해 베풀고 나누어 준다 하면 그 행위를 나에게

가져와 나로부터 심판을 받을 때, 그
것이 하늘에 오르는 길이요, 그게 하
늘에 오를 수 있는 기초의 다짐이라는
것을 절대 잊어서는 아니 될 것이니라.
25 너희는 나에게 와 심판을 받을 때 가
지고 올 수 없는 것을 위하여 모두 다
바치면서, 정녕 가지고 오는 길에는
인색하며 돌아다보지 아니하며 바라
보지 아니하느니라.
26 이것이 오늘 나의 피조물 만백성 너희
가 가진 그 마음이니, 이를 보는 나 여
호와의 마음이 과연 얼마나 아프고 저
린지를 아느냐?
27 사랑하는 나의 아들을 따르는 제자들
이요, 그리고 나의 법전을 읽고 깨우
친 만백성 너희는 사막에서 도둑맞아
죽어 가는 자를 살리며 노자를 주는
그와 같은 것이 하나님 나 창조주의
뜻이며 하늘에 오르는 길이라 예수가
전하고 가르쳤던 그 대목을 깊이 가슴
에 새겨,
28 네 주변에 있는 자들을 돕는 데 그들
을 생각하는 데 주저해서는 아니 되며,
29 그들을 모르고 등 돌린다 하면 그게
바로 죽어 가는 자에게서 등 돌리는
종교 집단이요, 지도자요, 대제사장들
이 하고 간 그 행동과 다름이 없음이
니 그리 알라, 사랑하는 나의 아들딸
들아!

7,940 번째 하나님 말씀

2003년 10월 15일 13시 43분

1 사랑하는 나의 아들아!
2 "네, 아버님! 말씀하옵소서."
3 너를 따르는 제자들이요, 나의 법전을
읽고 깨우쳐 가는 사랑하는 백성에게
너희는 그리 전해야 할 것이니라.
4 나의 십계명을 암송하는 너희가 법전
을 읽고 쓰고 깨우친다 해도 그 내용
대로 행하지 아니한다면 과연 무엇이
겠느냐?
5 너희는 무엇이라 말할 수 있겠는가?
6 내가 성서에 기록하여 너희에게 전하
였느니라.
7 너희는 소금과 같은 인간이 되며 소금
과 같은 삶을 살라 그리 가르치지 아
니하였더냐?
8 소금이 그 짠맛을 잃으면 쓸 수가 없
으며 버림을 받는 것이라 내가 그리
기록하지 아니하였던가?
9 그러니 나의 법전을 읽고 만들며 깨우
침을 가는 너희가 그와 같이 행하지
아니하며 그와 같은 삶을 살지 아니하
며 거기에 기록된 대로 실천하고 살지
아니한다면,
10 너희는 바로 짠맛을 잃은 소금처럼 나
로부터 버림을 받는다는 것, 나에게
올 수 없다는 것, 내가 너희를 기억하
지 아니한다는 것을 알아야 할 것이
니라.
11 수천 년 동안 흘러오는 그 십계명을
지키고 사는 마음을 하나 가져서 그리
살았다면 오늘의 만백성들이 먹을 수
있는 소금의 능력을 제대로 했을 것이
며, 그와 같은 능력을 했을 때 이 세상
은 아름다운 세상이요, 고통받는 백성
이 없을 것이니라.
12 그러나 너희는 소금 같은 역할을 하지
못했으며, 소금이 그 짠맛을 버리는

그와 같은 행위를 하고 살아왔음이니,
13 인간으로서는 계명을 지킬 수 없다며 그를 행하지 아니하는 그와 같은 삶을 살았기에 오늘에 이와 같이 험악한 세상이 되었음을 알아야 할 것이니라.
14 내가 다시 한 번 나의 아들을 통하여 너희에게 전함이니라.
15 나의 법전을 읽고 깨우치며 십계명을 암송하며 너희 손으로 직접 써서 항상 가슴에 안고 이를 읽고 암송하는 자가 그대로 행하지 아니하면 소금이 짠맛을 버린 자와 같은 자가 되니,
16 그는 곧 길거리에 버려지며 나로부터 버림을 받으며 나로부터 버려지는 백성이 된다는 것을 절대 잊지 말라.
17 나의 아들을 통하여 듣는 강론이요, 그리고 법전을 통하여 듣는 그 모두를, 새로운 성경이요, 나의 법전에 기록된 그 모두를 그리 행하고 그대로 실천하지 아니하면 아무런 가치가 없으며 의미가 없다는 것을 명심하고 또 명심해야 할 것이니 그리 알라, 사랑하는 나의 아들딸들아!

7,941 번째 하나님 말씀

2003년 10월 15일 13시 48분

1 사랑하는 나의 아들아!
2 "네, 아버님! 말씀하옵소서."
3 나의 법전이 세상에 내려가니 그 제자들, 또 그를 보고 깨우치는 너희는 모두 지금 살아가는 그 생활의 하나하나를 절대 숨기지 못할 것이며, 그것을 감추고 살 수 없는 것이 너희 운명이라는 것을 알아야 할 것이니라.
4 지금 나의 아들을 따르는 제자들이요, 나의 법전을 읽고 깨우쳐 선택된 너희는 어느 시점의 세월이 흐르며 나의 법전이 세상을 덮었을 때,
5 너희가 살아가는 생활 하나하나요, 지난날 살아왔던 그 과거사부터 현재의 삶이요, 미래의 삶을 하나도 숨기고 감추고 살 수 없음이니,
6 하늘을 향하여 한 점의 부끄럼이 없는 그와 같은 삶을 살지 아니하면 아니 되는 것이 오늘의 너희 운명임을 알라.
7 모두 다 밝혀질 것이며, 모두 다 들춰낼 것이며, 모든 것이 광명 천지에 다 밝혀질 것이니, 너희는 그날을 대비하여 한 점의 부끄럼이 없는 그와 같은 삶을 살도록 그리하라.
8 세상을 비추는 해요, 달과 같이 이 세상에 그 빛을 받지 아니하는 곳이 없으며 그 빛을 속일 수가 없으며 그 빛을 거부할 수 없는 것이 이 지구에 존재하는 모든 것이 아니더냐?
9 그 빛을 막을 수 없음이니라.
10 너희는 태양이 비추는 그 빛이요, 밤에 비추는 달빛을 그 누구도 피할 수 없으며 그를 가릴 수 없는 것과 마찬가지로, 너희가 살아가는 것이 모두 세상에 다 드러날 것이니, 너는 그를 대비하여 삶을 살도록 그리하라.
11 오늘에 힘들고 어려움이 있다 하여 너희 자신을 속이며 이웃을 속이며 하늘을 향하여 한 점의 부끄럼이 있는 그와 같은 삶을 살아서는 아니 되니 그리 알라.
12 그 삶을 대비하여 준비된 삶을 살지 아니하면 너희가 정녕 구원받으며 천

국의 문에 들어서기를 그리 소원하는
그 모두는 다 이루어질 수가 없음을
너희는 알아야 할 것이니라.
13 내가 너희에게 다시 한 번 전하느니
라.
14 너희는 변화된 삶이요, 천사와 같은
아름다운 마음을 가지고 살지 아니하
면 아니 되느니라.
15 세상사 '나는 죽은 자요, 나는 아무것
도 모르는 자요, 나는 돌과 같은 자요'
너희 자신을 저버리고 사는 그와 같은
아름다운 마음으로 살았을 때,
16 나의 법전을 만드는 자요, 나의 법전
을 전하는 백성 너희가 이제는 인간
세상에서 한 계단 높은 차원 높은 곳
에서 세상사를 내려보도록 그와 같이
전진하지 아니하며 변화되지 아니하
면 아니 됨을 알아야 할 것이니라.
17 남들이 하루에 열 개의 죄를 지을 때,
너희는 열 개의 선한 일을 하지 아니
하면 아니 됨이니라.
18 그것이 너희가 나에게 오르는 길이니
라.
19 나의 아들을 따르는 제자들이요, 선택
된 백성 너희는 남들을 내려다볼 수
있는 그와 같은 경지가 높은 세상에
올라와 만백성을 내려다보는 그와 같
은 자리에 있지 아니하면 아니 될 것
이며,
20 너희가 위에서 사랑하는 나의 백성을
내려다보는 그와 같은 경지에 도달했
을 때 나의 사랑하는 백성은 너희에
게서 비치는 그 빛을 보고 너희를 쫓
아가고 따라가고자 노력할 것이니라.
21 너희가 한 계단 두 계단 아름다운 마
음이요, 천사와 같이 변하는 그와 같
은 삶으로 변하지 아니하면 아니 됨이
니라.
22 너희가 한 계단 두 계단 높이 올라와
세상을 내려다보는 그 눈이 되어야 할
것이며, 세상을 내려다보는 그 눈에서
아름다운 그 빛이 비침이니,
23 그 빛을 보고 나의 피조물 만백성들이
오늘의 삶에서 다시 한 번 돌아다보
며, 어떠한 것이 하늘에 오르는 길이
요, 어떠한 것이 참진리의 길이요, 어
떠한 것이 인간의 삶인가를 너희를
보고 그 빛을 쫓아 올 수 있는 그와 같
은 길을 열어 주어야 하는 것이 너희
기에,
24 세상사 하늘을 향하여 한 점의 부끄럽
이 없는 그와 같은 삶을 살라.
25 한마디의 거짓이 살인하는 것이라 내
가 말하지 아니하였던가?
26 거짓된 행동을 해서는 아니 되며, 한
점의 부끄럽이 있는 삶을 살아서는 아
니 됨이니라.
27 오늘의 고통과 시련을 인내하고 아름
다운 마음으로 살지 않으면 아니 됨이
니, 그것이 너희가 가야 할 길이며 역
사할 길이니라, 사랑하는 나의 아들딸
들아!

7,942 번째 하나님 말씀

2003년 10월 15일 13시 54분

1 사랑하는 나의 아들아!
2 **"네, 아버님! 말씀하옵소서."**
3 나 여호와가 나의 아들을 통하여 160
권의 법전이요, 새로운 성경을 세상에

내려보내며, 내가 하늘의 뜻을 하나하나 기록하며 하늘의 비밀을 나의 아들을 통하여 너희에게 전하고 깨우치는 그 뜻이 과연 무엇이며 어디 있는지 너희는 아는 백성이 아니더냐?

4 너희가 이 세상에 존재하는 그 의미가 무엇이며 나의 법전을 만드는 데 선택된 그 귀하고 소중한 네 자리를 지킴이 무엇인 줄 알겠느냐?

5 너희가 크게는 세상에 지상의 낙원을 만들어, 하늘나라에 나 여호와가 존재하며 하늘나라가 있으며, 하늘에서 역사하는 그 영광을 받을 수 있도록 나의 피조물 만백성들을 구원하는 그 역사를 만드는 것이 대명이요,

6 작게는 내가 너희의 소명이 뭐라 말하였느냐?

7 너희가 작은 아름다운 빛이 되어 만백성에게 그 작은 빛을 비추니, 많은 백성이 너희에게서 비치는 그 작은 빛을 보고 착하고 아름다운 삶을 살아가며,

8 너희의 아름다운 행실이요, 살아가는 그 모습을 보고 그들이 너희를 따라 변할 수 있도록 하는 것이 너희가 존재하는 것이라 내가 그리하지 아니하였더냐?

9 그러면서 너희는 그와 같은 역사를 깨달을 때, 그 백성은 나 여호와의 존재함을 알며 나 여호와에게 감사하는 그와 같은 마음을 가져 스스로 변하는 그들의 기본이 될 것이니라.

10 이는 곧 무엇이더냐?

11 나로부터 멀어진 나의 아들딸들에게 나의 아들딸로서 거듭나며 다시 돌아올 수 있는 개인의 변화의 그 역사를 이루고자 함이 나 여호와의 뜻이 아니던가?

12 너희는 이를 알아야 할 것이니라.

13 이 땅에 선한 마음이요, 지상의 낙원이 이루어지는 그 뿌리를 내릴 수 있도록 그 모든 것을 너희를 통하여 역사하고자 하는 것이 나 여호와의 뜻이니라.

14 세상이 기복 신앙으로 젖어 있으며, 자기를 위하며, 저만을 위하여 기도하는 그 백성이요, 오로지 제가 더 갖고자 더 이루고자 더 얻고자 하는 그와 같은 기도를 드리는 기복 신앙의 대표적인 그 백성 속에,

15 너희가 남을 위해서 기도하며 남을 위하여 오늘의 법전을 만드는 그 영광된 사업은 오늘은 고통이요, 시련의 길이라 하나, 너희는 그만큼 받을 상이 있으며 얻어짐이 있다는 것을 알아야 할 것이니라.

16 세상사 똑같이 살아가면서 미래가 보이지 아니하며 구원의 길이 아니요, 지옥으로 가는 그 길을 위해 살아가는 백성과 달리,

17 미래를 알며 미래에 나에게 오를 수 있는 그 길을 가며 창조주 나 여호와가 원하는 그 역사의 사업을 하는 너희의 그 삶은 얼마나 마음과 발길이 가벼운 삶이던가?

18 그와 같은 은혜를 받은 너희는 작은 빛이 되어 나로부터 받은 은혜를 만백성에게 전하는 아름다운 삶이요, 아름다운 행실이요, 하늘을 향하여 한 점의 부끄럼이 없는 그와 같은 삶으로

살아가는 변화를 이루지 아니하면 아
니 됨을 알라.
19 너희 각자는 작은 빛이 되어 그 작은
아름다운 빛으로써 많은 백성을 구원
할 수 있는 그와 같은 천사와 같은 자
가 되라.
20 너희는 구슬과 옥을 닦고 다스리지 아
니하면 그 빛을 상실하게 되지 않더냐?
21 닦고 관리함으로써 그 빛을 냄이니,
22 너희의 사악한 마음의 뿌리를 갈아
내고 또 잘라 내고 또 닦아 내며, 너희
가 돌에 돌을 갈고 갈듯이 너희의 사
악한 마음들을 다 그리 녹여 갈아서
없애며, 오로지 선하고 아름다운 천사
와 같은 마음만 가슴에 뿌리를 내릴
수 있도록 삶을 살 때,
23 너희가 작은 빛이 되어 그 빛은 찬란
하게 만백성의 가슴에 전해지는 역사
를 이룰 것이니라, 사랑하는 나의 아
들딸들아!

7,943 번째 하나님 말씀

2003년 10월 15일 14시

1 사랑하는 나의 아들아!
2 "네, 아버님! 말씀하옵소서."
3 지금의 모든 집단이요, 지도자가 구약
의 의미를 모르며 신약의 의미를 모름
이니라.
4 그리고 그 비유의 뜻을 모르는 자가
종교 지도자요, 목자라 하여 단상에서
나의 피조물 만백성들을 잘못 인도하
고 잘못 이끌어 왔기에 오늘과 같은
험악한 세상이 되었음이니라.
5 사랑이 있는 것이 아니요, 제가 편하
고자 남을 이용하며, 남의 것을 가지
고 제가 좀 더 나은 생활을 하고자 하
는 인간의 생각이요, 욕심을 버리지
못하고 사는 이 세상이 되지 아니하였
더냐?
6 그리하여 내가 제3의 시대를 열어 새
로운 성경을 나의 법전이요, 심판의
기본이요, 근본이라 하여 내려, 그 모
두를 역사하는 시대를 다시 이루고자
하는 것이니,
7 이는 너희 생각이 아니요, 인간의 생
각이 아니요, 나 여호와 창조주의 뜻
에 의해 이루어지는 역사함이라는 것
을 너희는 알아야 할 것이니라.
8 그러니 나 여호와가 역사하는 뜻이요,
내가 역사하는 모든 것을 누구든지 나
의 법전을 읽지 아니하며 정독하지 아
니하는 자, 이를 버리는 자는 하늘에
오를 수 없으며 심판을 받을 수 없다
는 그 무섭게 가르치는 나의 뜻을 너
희는 깊이 새겨 두지 아니하면 아니
됨을 알라.
9 너희는 어찌하여 성서에서 가르치는
것과 나의 법전에서 가르치는 것이 뜻
이 똑같거늘, 하나는 하늘의 뜻이요,
한 획을 고쳐서도 아니 된다 하며, 하
나는 사탄이요, 이단이요, 사악한 자
의 가르침이라 그리 말하는가?
10 이것은 오로지 제 믿음만이 가장 중요
하며 제 것만 소중하다는 그 아집이
요, 고집에서 벗어나지 못하며, 미래
를 볼 줄 모르며 변화되는 그 역사를
볼 줄 모르는 어리석은 백성이기 때문
이니라.
11 성서에 기록되어 전하지 아니하였더

냐?
12 여자를 보고 음욕을 품는 자마다 마음
에 이미 간음한 자와 같다 그리 말하
고 전하지 않는가?
13 너희는 성경에 기록되어 있는 구절은
절대적으로 믿으며 그것은 성경의 말
씀이라 믿으나,
14 나의 법전에 기록하여 너희에게 뭐라
전하였느냐?
15 내가 좀 더 상세히 설명하여 너희에
게 전했음이니라.
16 육은 생각의 뜻에 따라서 움직이는 것
이요, 그리하여 육보다는 생각이 먼저
있으며 지혜가 있으니, 마음이 먼저
있다 하지 아니하였더냐?
17 그러니 법전에 내가 기록하여 너희가
행동하는 것보다는 마음으로 생각하
여 지시하는 것이 더 앞에 있는 것이
기에,
18 너희가 간음하려는 마음을 먹는다면
그것이 간음이요, 더 무섭고 더 빠르
게 한 계단 앞에서 짓는 죄라 그리 가
르쳤거늘, 이 내용은 사탄이요, 이단
이라 그리 말함이니라.
19 내가 성경에 기록된 것을 좀 더 깊이
풀어 그 의미가 무엇인가를 너희가
알기 쉽고 듣기 쉽게 깨우친 것은 사
탄이요, 이단이요, 악마가 하는 짓이
라 그리 말함이니, 너희가 얼마나 지
금 어리석은 자들인 줄 알겠는가?
20 그러니 지금 믿음의 길을 오는 종교
집단이요, 지도자요, 목자요, 그 백성
이 하나는 알면서 열을 모르는, 이 세
상에서 가장 어리석은 백성의 대표적
인 자들임을 너희는 알아야 할 것이
니라.
21 그리하여 내가 너희에게 이르노니, 나
의 법전은 새로운 성경이며 나의 뜻을
전함이니, 이를 읽고 깨우치라 함이며,
22 또한 이를 정독하여 3회 이상 읽지 아
니하면 너희가 이 뜻을 깨우쳐 알 수
가 없기 때문에 나의 법전을 3회 이상
읽으라 함이니라.
23 3회 이상 나의 법전을 읽고 나서 성경
을 보았을 때, 거기서 너희의 눈이 열
리며 거기서 비유의 뜻과 나의 아들
예수가 너희에게 외친 그 음성을 직접
들을 수 있음을 알라.
24 그러니 너희는 하나는 알고 열을 모르
는 어리석은 백성으로 그리 살아가지
말라.
25 나 여호와가 나의 아들 예수를 통하여
뭐라 말하였느냐?
26 구약과 신약이요, 지금 나의 법전보다
도 가장 위대하고 소중한 것은 무엇이
더냐?
27 내가 지금 직접 지금 내리는 명령이니
라.
28 지난날의 구약과 신약이요, 지금 내가
나의 아들을 통하여 내리는 새로운 성
경이요, 기록된 그 내용보다도 내가
이 순간에 나의 아들에게 '가라' 한다
면 그 명령보다 더 위대한 것이 없으
며,
29 바로 내리는 그 명령이 가장 위대하고
소중함을 일찍이 내가 깨우쳐 주었거
늘, 그와 같은 뜻을 모르는 자들이 지
금의 모든 종교 집단이요, 지도자이니
라.
30 제3의 시대를 열어 내가 새로운 성경

을 내려보냄은, 신약 성경에 이와 같
은 보혜사가 내려온다는 것을 다 기록
하여 전하였거늘, 그를 덮어 두고 인
식하지 아니하려 하니, 그게 다 너희
의 욕심이니라.
31 제가 받으며 제 집단에서 받은 것은
참진리요, 하나님의 뜻이요, 창조주의
뜻이나, 남들이 받으며 남들이 가르치
는 진리는 비진리요, 악마와 사탄이
하는 것이라는 그와 같은 어리석음에
서 깨어나지 못하는 불쌍한 백성이기
때문에, 참진리요, 세상의 아름다움을
보지 못하는 어리석은 백성이니라.

7,944 번째 하나님 말씀

2003년 10월 15일 14시 06분

1 사랑하는 나의 아들아!
2 "네, 아버님! 말씀하옵소서."
3 너희는 바람과 같은 사랑이요, 태양과
같은 사랑이요, 그와 같은 사랑을 실
천하지 아니하면 정녕 구원의 길에 오
를 수 없다는 것을 알아야 할 것이니
라.
4 그와 같이 변함없이 꾸준히 베푸는 사
랑이요, 대가 없이 내리는 사랑의 근
본을 깨우치지 못한다면 너희는 의인
의 길을 갈 수 없으며 창조주 나 여호
와요, 너희가 그리 갈구하는 천국의
나라에 올 수 없다는 것을 알아야 할
것이니라.
5 그와 같은 사랑을 베풀지 아니하고 사
는 자, 주는 데 끝이 없이 주며 베푸는
데 끝이 없이 베풀며 대가 없이 주는
것, 그리고 기대하는 것 없이 주는 것,
그리고 아낌없이 주는 것, 아쉬움 없
이 주는 것,
6 그와 같이 모든 것을 태양과 바람처럼
끊임없이 베풀어 주고 대가 없이 내
려 주는 사랑하는 마음으로 거듭나지
아니하면, 모든 나로부터 받는 영광을
포기하는 백성이라는 것을 너희는 알
아야 할 것이니라.
7 너희가 죽어 와 심판을 받아 나에게
받을 수 있는 그 영광의 은혜를 모두
지상의 세계에서 포기하는 자들이라
함을 알라.
8 너희가 죽어 와 심판대에 섰을 때 나
로부터 벌을 받아 지옥에 가면 두 번
다시 변화되는 길이 없으며 두 번 다
시 거듭나는 그와 같은 기회가 절대
없음이니라.
9 오늘의 육의 세상에서는 너희가 쓰러
졌다가 또 일어서며, 실패했다가 일어
서며, 넘어졌다가 일어서며 남을 미워
했다가 용서하며, 원수를 사랑할 수
있는 마음으로 돌릴 수 있는 것,
10 그 모두를 역사하는 것은 너희가 오
늘의 살아 있는 이 세상에서만 이루어
지는 길이니,
11 여기에서 너희가 가진 특권이요, 여기
서 너희가 변화될 수 있는 그 위대한
영광이요, 오늘의 삶을 함부로 버려서
는 아니 되며, 너희 자신을 그리 낭비
해서는 아니 됨이니라.
12 너희 자신의 소중함을 알라.
13 그리고 너희 자신의 귀중함을 알라.
14 길거리에 쓰러져 있는 자, 노숙자 그
리고 병들어 죽어 가는 자, 이름 없는
자, 근거 없는 자, 그 모든 백성은 나

로부터 선택받은 자들이요, 나로부터
생명을 받아 세상에 나간 자들이니 나
의 아들딸이니, 너희가 얼마나 소중하
고 귀한 것인가?
15 너 자신이 소중함을 먼저 알도록 그리
하라.
16 너 자신이 소중한 줄 안다면 자신을
저주할 것 없으며, 결코 함부로 모두
를 포기할 수는 없는 것이니라.
17 그러니 이제 나의 아들을 따르는 제
자, 너희는 스스로 소중함을 알며, 너
희가 소중함을 안다면 그 소중한 생명
은 누구로부터 왔으며 누구로부터 은
혜를 받은 역사인가?
18 그러다 보면 너희는 나 여호와로부터
받은 은혜를 알 것이니라.
19 나 여호와로부터 받은 그 은혜를 갚고
자 하며 거기에 보답하고자 한다면,
내가 나의 아들을 통하여 지금 전했듯
이, 바람과 태양처럼 끝없이 주고 내
리비춰 주며 대가를 바라지 않는 것,
20 그 수고로움을 자랑하지 않으며, 저의
노고를 남에게 말하지 않는 것, 제가
누구라는 것을 말하지 아니하며, 제가
태양빛을 비추어 주지 아니하면 식물
이 어떻고 동물이 어떻고 세상이 캄캄
해서 살지 못한다는 그와 같은 것을
자랑하지 않는 자, 그리고 그를 과시
하지 않는 자,
21 바람이요, 산소가 없을 때 너희는 몇
분도 살지 못하며, 모든 동식물이 썩
어져 가며 모두 신선한 마음으로 살
수 없다 하며,
22 저 자신이 할 수 있는 수천수만 가지
그 역사함을 자랑하지 아니하며 광내
지 아니하며 남에게 과시하지 않는,
그와 같은 사랑을 베푸는 마음으로 너
희가 살아가는 것이 나에게 보답하는
길이요, 나의 은혜를 갚는 길이니라.
23 내가 너희에게 뭐라 말하였더냐?
24 그와 같은 나의 은혜에 감사하는 마음
으로 그리 살면 나에게 올 수 있는 그
모든 은혜와 영광을 받을 수 있으며
나로부터 얻을 수 있는 것을 다 얻는
것이요, 그렇지 않으면 너희는 다 버
리는 자라 그리 말하지 아니하였느냐?
25 나의 아들을 따르는 제자들이요, 나의
법전 새로운 성경을 읽은 백성 너희가
가야 하는 길이며 너희가 베풀어야
할 사랑의 길은, 태양과 바람 같은 사
랑의 그 길뿐임을 명심하고 또 명심해
서 깨우쳐 가도록 그리하라, 사랑하는
나의 아들딸들아!

7,945 번째 하나님 말씀

2003년 10월 15일 14시 11분

1 사랑하는 나의 아들아!
2 "네, 아버님! 말씀하옵소서."
3 너희가 몸부림치는 그 믿음이요, 그리
고 그리 갈구하는 구원의 길이요, 하
늘에 오르고자 수천 년 동안 교회요,
또는 성당이요, 회당에 가 재물을 바
치며 종교 지도자를 따라 맹종 맹신하
며 따라가는 것이 무엇인 줄 알겠는가?
4 너희는 무엇을 위해서 그 길을 가며
무엇을 얻고자 그리 가는 줄 알겠는가?
5 오늘의 너희의 믿음은 너무나 잘못
가고 잘못되어 있음을 알아야 할 것
이니라.

6 너희는 구원을 받는 것이 아니요, 구
원을 받는 그와 같은 믿음이 아니니라.
7 너희와 나는 하나의 결합체이며, 너희
는 나의 분신이니라.
8 그러니 너희는 나의 분신으로서, 누가
뭐라 해도 나와 하나로 결합하여 결
합체가 되는 것이 가장 소중하고 귀중
한 것이니라.
9 그러니 너희는 나의 분신으로서 하나
로 결합하였을 때 모두 제자리를 지
키는 것이며, 너희가 제자리에서 능력
을 발휘할 수 있는 것이니라.
10 그러니 예수의 보혈로써 구원을 받았
으며 믿음으로써 구원을 받았으며 구
원을 받겠다는 생각을 하지 말며 나
여호와의 분신인 너희는 나 여호와의
분신으로서 나와 하나로 결합하는 그
와 같은 그 길을 가라.
11 나 여호와는 썩지 아니하며 깨끗한 생
수이나 너희가 썩어져 있고 병들어
있다면, 그 분신체인 나의 분신이 내
몸체에 올 수 없으며 나와 하나로 결
합이 될 수 없음이니,
12 너희는 상하지 않는 분신이요, 썩지
않는 분신으로 너희를 다스려 나와
결합하는 데 최선의 노력을 다하는
그와 같은 삶을 먼저 살면 너희가 얻
을 수 있는 모든 영광의 그 은혜는 스
스로 얻게 됨이니라.
13 그러나 나의 백성 너희는 나와 결합
함이 아니요, 가장 행복하며 위대함을
지금 모르고 있음이니라.
14 너희는 그저 구원을 받았다는 것, 예
수의 이름으로 구원을 받았다는 것,
교회에 가 헌금하고 재물을 바치고 기
도하며 울고불고하면 구원을 받았다
는 것은 가장 소중함을 너희가 모르
는 것이니라.
15 너희는 나의 분신으로서 나 여호와와
결합하는 것이 가장 행복하며 가장 위
대한 역사요, 가장 소중한 것임을 알
라.
16 나와의 결합이 아니고 멀어져 가는 그
길만 지금 가르치는 것이 종교 집단
이요, 지도자들이니, 너희 자신이 존
재할 수 없으며, 나에게 와 하늘에 오
르는 그 길을 얻을 수 없음이니라.
17 나의 분신으로서 너희는 내 일부요,
네 자리가 있음이니라.
18 네 자리에 올 자격이 없는 자요, 올 수
없는 교육을 받으며 올 수 없는 것만
너희가 소화시키니, 그리하여 너희가
나에게 올 수 없다는 것은 바로 무엇
이더냐?
19 나는 너희를 버림이니, 그리 알아야
할 것이니라.
20 그리하여 내가 너희에게 나와 결합할
수 있는 모든 능력을 너희에게 주었음
을 알라.
21 내가 나의 아들을 통하여 너희에게 전
하지 아니하였던가?
22 나의 피조물 만백성 너희는 사탄과
똑같은 능력이요, 힘을 똑같이 주었으
며,
23 그리하여 너희가 사탄과 싸워 이길
수 있는 것이기에 내가 공의의 하나
님이요,
24 사탄은 강자요, 너희에게 약한 능력을
주어 싸우고 이기라 함이 아니라 하지
않았더냐?

25 바로 여기에 그 뜻이 있음이니라.
26 너희는 분신으로서 너 자신을 지켜
나와 같이 하나로 결합할 수 있는 모
든 능력이요, 기적을 이룰 수 있는 모
두를 다 주었음이니라.
27 그러나 너희는 어렵고 힘든 노력의
길을 포기하며 쉽고 간단한 육의 세상
의 향락에 젖는 그와 같은 삶에 너희
스스로 빠지다 보니, 나로부터 멀어져
가는 그와 같은 길만 가고 있다는 것
을 알아야 할 것이니라.
28 그리하여 나에게 와 나의 분신으로서
제자리를 찾음이 아니요, 점점 멀어짐
이니,
29 구약의 시대요, 신약의 시대요, 그 모
든 세상에서 너희는 나의 분신으로
제자리를 잡지 못했음이니라.
30 내가 제3의 시대에 새로운 성경을 세
상에 내려보내면서 나의 법전을 '하나
님 말씀하옵소서.' '하늘에 오르는 길'
이라 하여 나의 아들을 통하여 160권
의 책을 세상에 내려보냄이니,
31 이를 읽고 정독하고 깨우치지 아니하
면 너희는 분신으로서 나와 결합할
수 없다 함을 알라.
32 너희는 나 여호와와 결합할 수 있어
야 하며, 그리 결합하기 위해 가까이
올 수 있는 그 노력에 최선을 다할 때
그 노력 속에서 변하는 삶을 얻을 것
이며,
33 그 변하는 삶 속에서 이 세상의 정녕
진실한 모습을 모두 볼 수 있음이니라.
34 아름다운 모습이요, 위대한 모습이요,
찬란한 나 여호와가 역사하는 그 모
든 것을 알게 될 것이며, 그렇지 아니
한 자는 절대 알 수 없음을 알라.

7,946 번째 하나님 말씀

2003년 10월 15일 14시 16분

1 사랑하는 나의 아들아!
2 "네, 아버님! 말씀하옵소서."
3 내가 너희에게 다시 한 번 전하며 너
희를 깨우쳐 주고자 함이니라.
4 지금 수천 년 동안 믿음 속에 온 그 백
성이 그 믿음을 원하는 것, 그리고 바
라는 것, 그리하여 오늘의 믿음은 저
희는 나로부터 구원을 받았으며 예수
의 보혈로써 죄가 없는 자요, 과거·현
재·미래의 모든 죄를 다 사함을 받았
다 말하는 그와 같은 자,
5 그리고 구원받았다는 자, 저희는 하늘
에 오를 수 있는 모든 준비가 되어 있
다는 자, 그리고 죽어 나에게 와서 저
희가 얼마나 큰 상이요, 위대한 상을
받을 것인가, 꿈에 젖어 사는 그와 같
은 백성,
6 저희가 말로써는 풍성하며 말로써는
세상 것을 다 이룬다 하나, 행함은 추
하며 행함은 하지 아니하는 자들 그러
면서 구원을 받았다 말하는 그들이 얼
마나 어리석은 백성이며 무모한 백성
인가?
7 너희는 그를 함부로 말하는 자들임을
알아야 할 것이니라.
8 나 여호와는 너희에게 그리 말하느니
라.
9 너희는 나의 분신으로서 나와 하나가
되지 않으며 결합할 수 없는 그와 같
은 삶을 사는 자는 결코 나에게 오를

수 없다는 것을 알라.
10 그러니 너희에게 다시 한 번 내가 전
하노라.
11 너희는 나와 결합하여 하나가 되는 그
길을 위하여 노력해야 하며 그리 생
각해야 하며, 거기에 대한 삶으로 모
두 변화되지 아니하면 절대 아니 됨을
알라.
12 이것이 너희에게 가장 중요한 오늘의
삶이니라.
13 그러한 깨달음을 하나도 지금 얻지 못
하고 있으며 그를 바라보지 못한 자들
이 너희이니라.
14 그러한 깨달음을 하나 얻기도 전에,
십계명이요, 구약이요, 신약이요, 나
의 법전이요, 아무리 아름다운 나의
성령의 뜻을 내려보낸다 해도 그를 알
수 없으며 그 내용을 알 수 없으며 그
비유의 뜻을 모르는 것이니라.
15 그러니 너희가 나의 분신으로서 그
자리를 지키고자 피나는 노력 끝에 나
에게 오겠다는 그 애정 어린 노력으로
끝없이 나를 향하는 마음으로 나의 진
리를 따르며 내가 원하는 것이 무엇인
가를 노력하는 백성이 아니면, 아무리
구약과 신약을 통달하며 나의 법전을
통달한다 해도 정녕 하늘의 뜻을 볼
수 있는 눈이 뜨이지 아니함을 알라.
16 너희는 구원을 받았다는 망발이요, 어
리석은 소리를 하지 말라.
17 이제 그와 같은 말을 할 수 있는 자는
하늘의 비밀을 아는 자만 그 말을 할
수 있는 것이요,
18 나로부터 직접 성령을 받으며 나의 뜻
을 받으며 메시지를 받으며 하늘의 비
밀을 받아 그를 행하는 그와 같은 자
가 아니면 절대 누구도 구원을 받았다
안 받았다, 하늘에 오르는 자다 못 오
르는 자라는 그 이름을 말할 수 없으
며, 너희 자신이 그리 말할 수 없는 것
이니,
19 너희가 얼마나 어리석은 백성인가를
알라.
20 너희는 나의 분신으로서 결합함이 우
선이니, 나와 결합하기 위하여 끝없는
애정을 가지고 끝없는 노력을 기울이
는 그 속에서만 모든 구원의 길을 볼
수 있다는 것을 잊지 말라.

7,947 번째 하나님 말씀

2003년 10월 15일 14시 20분

1 사랑하는 나의 아들아!
2 "네, 아버님! 말씀하옵소서."
3 나 여호와가 일찍이 전하여 깨우쳐 주
었음이니라.
4 그리고 수천 년 동안 지금까지 오는
믿음의 종파에 속해 있는 모든 백성
그들 또한 알고 있음이니라.
5 나 여호와의 본체가 무엇이냐 너희에
게 묻는다면 나 여호와는 큰 사랑이
요, 사랑이 하나님의 본체라 그리 말
하며 그리 깨우칠 것이니라.
6 그러니 너희는 여기서 알아야 할 것
이니라.
7 너희가 이 세상을 살아가면서 창조주
나 여호와의 본체가 사랑이면, 나의
분신인 백성 너희는 과연 어떠한 마
음을 가지고 살아야 한다는 것을 알지
않겠는가?

8 너희가 사랑을 떠나서 생각하는 것,
사랑을 떠나서 어떠한 것도 진실이 있
을 수 없음이니라.
9 그리하여 사랑을 저버리고 어떠한 생
각을 하는 것, 어떠한 연구를 하는 그
속에는 진실이 없다는 것을 알아야
할 것이니라.
10 그리하여 내가 사랑이 소중함이라 하
느니라.
11 사랑을 갖고 생각할 때 그 속에 참진
리의 싹이 트게 됨이니, 너희는 사랑
의 바탕에서 생각하는 그와 같은 삶
을 살아야 할 것이니라.
12 나 여호와의 뜻이 사랑이기 때문이니
라.
13 사랑이 없는 모든 행함은 나의 뜻이
아니기 때문에, 너희가 어떠한 역사를
한다 해도 무엇을 이룬다 해도 내가
너희를 모른다고 대답함을 알아야 할
것이니 그리 알라.
14 사랑하는 나의 아들딸들아!
15 너희가 사랑을 저버리고 어떠한 생각
을 하거나 어떠한 계획을 세우지 말라.
16 사랑을 저버린 마음에서 너희 자신이
어떠한 계획이요, 생각하는 것이요,
무엇을 이루고자 하는 모든 것도 수립
하지 말라.
17 오로지 사랑하는 마음의 그 바탕에서
모든 것을 수립하고 계획하도록 그리
하라.
18 그것만이 진실한 진리의 길이요, 너희
가 나의 뜻에 역사하는 모든 삶의 기
초가 되기 때문이니라.
19 그러나 오늘의 모든 종교 집단이요,
지도자들이 사랑을 저버렸으며 나와
결합하는 것을 방해하며 그를 훼방하
는 자들이 지금 하늘에 오르는 길을
간다 하는 자들이요,
20 나의 사랑하는 백성을 하늘에 오른다
하여 저희 손으로 지은 교회요, 그 죄
의 온상에 와 재물을 바치며 울고불고
기도하고 경배하면 구원을 받는다고
가르치는 자들이 나와 너희가 결합할
수 있는 나의 분신들이 나에게 오는
것을 방해하며, 달려오는 자를 막는
자들이며, 넘어트리는 자들이니,
21 그 사악한 자들의 문을 닫으며 내가
그들을 다스리고자 하는 것이 나 여호
와의 뜻이니 그리 알라.

7,948 번째 하나님 말씀

2003년 10월 15일 14시 22분

1 사랑하는 나의 아들아!
2 "네, 아버님! 말씀하옵소서."
3 너희가 이 세상을 살아가면서 이 아름
다운 세상의 모든 것을 보는 것은 너
희가 어떠한 눈으로써 세상을 보느냐
에 따라서 하늘과 땅의 차이요, 지옥
과 천국같이 모두 다르게 보인다는 것
을 알아야 할 것이니라.
4 너희가 아름다운 마음을 가지고 세상
을 보면 그 눈이 보는 것처럼 아름답
게 보일 것이니라.
5 너희가 악한 마음을 가지고 세상을 본
다면 세상은 아름답게 보이지 아니할
것이니라.
6 그러나 너희는 내가 내려 준 그 눈이
요, 그 모두를 가지고 세상의 아름다
움을 그대로 보며 그대로 바라볼 수

있으며 같이 즐길 수 있는 그와 같은
나의 백성을,
7 오늘의 종교 집단이요, 교회의 지도자
라는 자들이 지금 아름답게 보아야 하
는 너희 눈을 흐리게 만들었으며, 아
름답게 보는 너희 눈을 막은 자들이
니라.
8 그리하여 아름답게 볼 수 있는 너희를
악의 눈빛으로써 세상을 보게 한 것
이 오늘의 종교 집단이요, 지도자요,
9 그리고 선명하게 보지 못하도록 너희
눈을 흐리게 만들고 세상사의 물체가
보일 듯 말듯 흐리게 보이도록 한 것
이 지금의 종교 집단이요, 지도자요,
10 소위 말하는 종교 지도자라는 자들이
그와 같이 나의 피조물 만백성들을 현
혹하여 미혹하였음이니라.
11 지금 어떠하더냐?
12 나의 사랑하는 백성이 그 아름다운
소리를 듣는 그 귀는 악의 소리만을
듣게 하였으며, 남과 시시비비하며 남
에게 불쾌한 말을 하는 그와 같은 언
성만 너희 귀에는 달콤한 말로써 들
리는 나의 백성을 만들어 놓은 것이
니라.
13 그러니 지상의 낙원을 아름다운 하늘
의 낙원처럼 이루고자 하는 내 뜻이
요, 너희가 소망하는 것이 이루어지지
못함을 알고 있는가?
14 그러니 지상의 낙원의 아름다움이 어
디에 있겠는가?
15 그리고 하늘에서 이루어진 천국의 낙
원이 지상에서 어찌 이루어지는가?
16 너희의 마음과 생각은 과연 어떠하더
냐?
17 과연 너희가 지금 보는 세상의 눈이
얼마나 악하게 보며 듣는 말을 악의
소리만 듣게 되어 있는가?
18 이 모두는 너희를 천사와 같이 만들
어 하늘에 오르는 길로 인도한다는 종
교 집단 지도자들이 제 인간의 생각이
요, 육의 생각이요, 제 욕심을 먼저 두
며,
19 나의 백성을 구원과는 관계가 없는
참진리가 아니요, 비진리로 역사하는
그와 같은 2천 년의 세월이 흘러왔기
때문에 그러함을 너희는 알아야 할
것이니라.

7,949 번째 하나님 말씀

2003년 10월 15일 17시 51분

1 사랑하는 나의 아들아!
2 "네, 아버님! 말씀하옵소서."
3 너희는 죽은 자가 되라 하며 돌이 되
라 함은 오늘의 삶이요, 또한 미래의
삶에서 아름다운 삶이 아니요, 추하고
더러운 그와 같은 삶이요, 남으로부터
부끄러운 삶이요, 나 여호와에게 용서
받지 못하는 그와 같은 삶을 살지 말
라 함이요,
4 그리고 옳고 곧은 것만 보고 살아가라
는 그와 같은 깨우침이요, 가르침이
있으나,
5 너희에게 내가 돌이 되며 죽은 자가
되라 함은, 너희의 과거요, 지난날 삶
의 그 무엇에서 벗어나라 함이니, 그
또한 나의 사랑의 은혜가 거기 있음을
알라.
6 너희가 지난 삶에 대한 것을 모두 다

벗어 버리지 아니하며 지워 버리지 아
니하고 거기에 연연하며 그에 몸부림
칠 때 너희는 앞으로 전진할 수 없으
며 내가 이루고자 하는 그 역사를 이
룰 수가 없음이니라.
7 너희의 지난날의 그 삶은 나 여호와의
역사함을 모르며 만백성을 구원하는
그와 같은 대명을 받고 역사한 백성
이 아니지 않던가?
8 지금은 너희 자신을 위해 사는 것이
아니요, 나의 법전이요, 나의 아들을
통하여 내리는 나의 뜻을 글로써 책으
로 만들어 만백성에게 전함이니, 그것
이 바로 너희가 이 순간부터 나로부
터 대명을 받은 자들이 아니더냐?
9 그러니 나로부터 명을 받아 내가 역사
하는 마지막 시대에 나의 백성에게
마지막 내리는 그 은혜요, 상이요, 너
희가 하늘에 오르고 못 오르는 그 심
판의 기준의 그 역사를 이루는 나의
법전을 만드는 너희는, 내가 죽은 자
가 되라 하였음이니,
10 이는 현재와 미래의 그 모두를 다 아
름다운 쪽이요, 잘못된 것이요, 사악
한 것을 버리고 살라 함도 있으나,
11 내가 너희의 지난날의 고통스러움이
요, 지난날의 그 삶이요, 지난날의 생
활을 모두 다 용서하며 덮어 줌이니라.
12 그러니 거기에서 고통스러워하지 말
며 괴로워하지 말며 그곳에서 벗어나
지 못하는 그와 같은 아픔을 갖지 말
라.
13 오늘 내가 나의 아들을 통하여 너희에
게 그리 내린 것 또한 너희가 오늘 최
선을 다하여 가는 그 상이니, 이는 사
탄도 말하지 못할 것이며 천사도 감히
말할 수 없음이니라.
14 나약하고 여린 너희가 오늘의 이 역
사를 이룸이니, 이제 너희가 가는 그
길이 얼마나 위대하고 소중한 길인가
를 알 것이니,
15 내가 너희에게 과거 지난날의 삶에서
벗어나라 하는 것은 내가 너희에게 당
연히 내릴 수 있는 상이며 너희가 받
을 만큼 노력했기 때문이니라.
16 나의 아들 너 또한 너의 제자들 모두
과거사에 번민하지 말며 고통스러워
하지 말며 모두 머릿속에서 지우도록
그리하라.
17 머릿속에서 모두 지우고 오늘의 그 삶
을 바로 살아가는 그와 같이 새로 태
어난 백성으로서 한 점의 부끄럼이
없이 살아가는 그 길에 최선을 다하도
록 그리 전하라.

7,950 번째 하나님 말씀

2003년 10월 15일 17시 58분

1 사랑하는 나의 아들아!
2 "네, 아버님! 말씀하옵소서."
3 모든 종교 집단이요, 지도자요, 그 신
도들이 하는 말이 다 맞는 것 같으며
그 말이 진리인 것같이 들릴 것이니라.
4 지금 나의 피조물 만백성 너희에게 종
교 지도자들이 뭐라 하는가?
5 예배를 통하여 너희가 나를 만날 수
있으며 예배를 통하는 그 순간에 나의
성령이 임한다 가르치느니라.
6 그러면서 그 예배 장소를 교회요, 또
성당이라 하여 회당이라 하여 그걸 만

들어 놓고 그곳에 와 기도하도록 나의
백성을 끌어들이는 것이니, 너희의 생
각이 어디 있던가?
7 그와 같이 예배를 통하여 나에게 기도
드리는 그 장소요, 거기에는 재물을
거둬들이는 사악한 생각이 있는 자들
의 집단이니,
8 그곳에는 나 여호와가 있지 아니함을
내가 오늘 나의 법전에 기록하여 전함
이니 그리 알라.
9 너희 스스로 변하는 마음이요, 가족
단위로 변하며 나에게 경배하며 나의
계명대로 살아가는 그곳에 내가 항상
기쁜 마음으로 같이 있으며,
10 너희가 만들어 놓은 죄의 온상인 그곳
에서 아무리 예배를 드리고 울고불고
한다 해도 나는 거기에 있지 아니함을
알라고 전하라.
11 그러면서 너희는 뭐라 말하느냐?
12 나 여호와에게 고마운 마음이요, 아름
다운 마음으로써 기도함이 나 여호와
가 가장 기쁜 것이라 너희는 그리하
고 있음이니라.
13 그러나 너희가 지금 기도를 드리며
나에게 경배하며 예배하는 것이 무엇
이냐?
14 나의 뜻을 거역하는 것이요, 이보다
더한 것을 드린다 해도 그와 같이 오
늘의 순종치 않는 마음으로써 나에게
드리는 그 기도는 내가 듣지 아니함이
라 일찍이 너희에게 말하여 주었느니
라.
15 너희는 예배하는 자는 나를 기쁘게 하
는 자세로써 모두를 드려야 하며, 내
가 가장 기쁨을 느낄 수 있는 자세로
써 예배를 드리는 것이 도리라 그리
말함이니라.
16 그러나 나는 너희의 몸가짐이요, 외형
의 자세를 원하는 것이 아니니라.
17 마음과 행동이 중요함을 너희는 알아
야 할 것이니라.
18 너희가 말로써는 천사와 같으나 행동
은 사탄과 같은 행위요, 악마와 같은
죄를 지으면서 나에게 아무리 경건한
자세요, 올바른 자세라 한다 해도, 그
는 다 부질없는 짓이니라.
19 그러기에 너희가 오늘날 행사하며 집
회요, 역사하는 모든 것은 육의 생각
으로써 그리하는 것이지,
20 나의 뜻을 전하며 내 뜻을 역사하고
자 하는 것이 아니라는 것이라 내가
그리 깨우쳐 주지 아니하였던가?
21 너희는 예배를 보는 것이 아니요, 예
배는 오로지 창조주 하나님께 기쁘게
드리는 것이라 그리 말하느니라.
22 너희는 예배는 보는 것이 아니요, 나
에게 드리는 예배가 되어야 한다고
말하지만, 너희가 정녕 기도하고 경배
하고 예배할 때 무엇을 말하느냐?
23 너희는 나에게 그저 달라 이루어 달라
는 그것밖에는 무슨 말을 더 하는가?
24 이것이 말과 행동이 다른 너희이니라.
25 너희는 달라는 것뿐이니, 평생 아무것
도 나에게 드리는 것이 없는 그와 같
은 기도 형태가 오늘의 믿음이요, 신
앙의 자세이니, 그것을 내가 더 이상
볼 수 없을 만큼 역겹다 함이 거기 있
음이니라.
26 너희의 믿음을 기뻐하는 것은 참진리
의 길을 믿을 때 나 여호와가 너희를

기뻐하며 너희에게 감사하는 것이거
늘,
27 너희가 드리는 그 믿음이요, 그 감사
는 다 계산적이며 이해관계에 따른
그와 같은 행위로써 이루어짐이니, 거
기에는 순종함이 없음이니라.
28 너희는 순종하는 자를 나 여호와가 기
뻐한다 말하며 그리 가르치나, 너희는
나의 뜻이요, 참진리를 알지도 못하며
내가 원하는 길도 모르며,
29 순종이 아니라 나의 뜻을 거역하는 그
와 같은 역사의 신앙생활을 하고 있
다는 것을 알아야 할 것이니 그리 알
라.
30 너희는 모든 것을 나에게 감사하며 기
뻐하는 마음으로 사는 그것이 나에게
하는 도리라 그리 말하느니라.
31 그러나 너희는 눈에 보이는 것에 감
사하는 것으로 젖어 있으며 너희가
역사하는 곳에서 감사를 드리며 너희
가 얻었을 때 그에 감사하는 마음이
요, 그와 같은 행위가 너희가 모두 감
사하는 마음이니라.
32 네가 얻으려는 것, 네가 이루려는 것,
네가 소원하는 것이 이루어지지 아니
하는 것으로도 진정 나에게 매사에 감
사하는 마음으로 살아가는가?
33 너희는 그와 같이 계산적인 면에서 감
사함을 느끼고 거기에 감사하며 너희
가 얻고 잃는 것에 따라서 수시로 변
하는 것이니, 그게 나와는 관계없다
함이니라.
34 너희는 여기서 들어야 할 것이니라.
35 나 여호와의 가장 큰 기쁨이요, 나의
즐거움이요, 나의 행복이라 하면, 너
희가 아무런 조건 없이 나의 계명대로
사는 것,
36 그리고 지금 마지막 시대에 나의 아들
을 통하여 너희에게 내리는 새로운
성경이요, 나의 법전을 읽고 깨우쳐
너희가 그 길을 따라가고자 노력하는
자, 그를 보고 깨우쳐 너희가 변하는
그 모습, 천사와 같은 형태로 아름다
운 모습으로 변하는 그것을 보는 것이
나 여호와의 가장 큰 기쁨이니,
37 이는 육을 가진 너희가 인간 세상에
서 자식이 아름답게 성장하는 것보다
더 기쁨이 없는 그보다 백배 천배 더
한 것이 나 여호와의 기쁨임을 알라.

7,951 번째 하나님 말씀

2003년 10월 15일 18시 02분

1 사랑하는 나의 아들아!
2 "네, 아버님! 말씀하옵소서."
3 내가 나의 법전에 기록하여 수없이 전
함이니, 이는 내가 그들을 탓함이 아
니요, 이미 썩어질 대로 썩고 타락될
대로 타락된 자들을 탓하고자 하는 마
음이 없음이니라.
4 다만, 다시 태어나며 새로 생명을 얻
으려 나의 뜻이요, 나의 아들로서 거
듭나는 사랑하는 백성에게 교훈을 삼
으며 너희에게 본보기로 이리 가르치
고 전함을 알라 하지 아니하였던가?
5 지금의 모든 종교 집단이요, 그 믿음
의 지도자들이 어찌 가고 있는가?
6 너희는 나 여호와를 위한 믿음의 길을
가는 것이 아니요, 그리고 지금 광신
도처럼 울고불고하는 그 백성이 창조

주 나를 위한다고 말하며 나를 위하
는 믿음을 간다 말하나,
7 너희는 인간 종교 지도자를 기쁘게
하려는 행위요, 믿음이 거기에 다 젖
어 있음을 알라.
8 나 여호와에게 오는 믿음이요, 나 여
호와를 기쁘게 하며 나 여호와의 뜻에
살아가는 그 믿음이 아니라, 너희 앞
에 강론하는 종교 지도자가 신처럼 보
이며, 그들이 기뻐하게 하려고 오늘의
믿음 속에서 헤어나지 못하는 어리석
은 백성이 거의 다 그를 차지하고 있
다는 것을 알라.
9 창조주 나 여호와는 어디 있는지 너희
가 한번 생각하며 뒤돌아보는 그와 같
은 마음이 있는가?
10 정녕 나는 잊어 버리고 사는 백성이
아닌가?
11 종교 지도자를 기쁘게 하기 위한 신앙
으로 지금 너희가 타락되어 있음을
알라.
12 너희는 믿음이요, 하늘에 오르는 그
길을 간다면서 나의 아들 예수의 보혈
로써 은혜를 받았다며 나의 아들 예수
의 그 고통을 생각하며 나 여호와에
대한 진리를 배우며 또 나 여호와를
기쁘게 하려는 그와 같은 믿음이요,
너희 삶을 뒤돌아보며 조심스러운 삶
을 사는 것이 아니라,
13 너희를 가르치고 인도한다는 종교 지
도자들을 기쁘게 하려고 오늘 신앙의
생활을 하고 있으며, 그 눈치를 보며
그 마음을 맞추려고 온갖 어렵고 힘
든 시련의 길에 재물을 바치며 비위를
맞추며 살아가는 것이니,
14 종교 지도자 인간을 기쁘게 하려는
오늘의 신앙생활을 하는 자들이니, 나
여호와요, 나의 아들을 위로하며 나를
기쁘게 하는 자들이 아니니라.
15 또한, 무엇이더냐?
16 오늘의 종교 집단이요, 지도자들이 그
자리에 서고자 하며 그와 같은 대우를
받고자 하며 그와 같이 대하지 아니하
는 자는 인간으로 취급하지 아니하며,
내 사랑하는 백성으로 생각하지 아니
하며,
17 믿음에 관계없이 저희를 얼마만큼 기
쁘게 하느냐에 따라서 그 신도의 이름
을 부르고 안 부르는 이와 같이 사악
한 곳으로 전락하여 있음을 알라.
18 지금은 참진리를 가르침이 아니요, 나
여호와의 성령을 가르치는 것이 아니
니라.
19 사람의 말을 듣고자 지금까지 신앙생
활을 했으며 사람의 말을 듣고 은혜
받았다 영광 받았다 그리 말하며,
20 종교 지도자 그들 또한 참진리요, 어
렵고 힘든 길을 가르치고 가도록 하는
것이 아니라, 인간 저희의 생각이요,
말을 듣고 그저 찬양하며 눈물짓고 콧
물 지으며 '아멘, 할렐루야!' 부르도록
같이 장단 맞춰 춤추는 그것이 바로
오늘의 신앙이요, 믿음이니라.
21 나의 뜻에 순종하는 것이 아니요, 종
교 지도자의 뜻에 따라 종교 지도자에
게 기쁨을 주려고 그 명령에 따라 그
를 숭배하고 그를 따라가는 그와 같은
신앙이 너희의 오늘의 믿음이요, 그와
같은 자로서 전락하고 타락되었음이
니라.

22 그와 같은 생활을 하며 그와 같은 믿
음을 믿고 나에게 와 말하기를, '나는
창조주 아버님의 뜻에 따라 계명에 따
라서 어긴 것이 없이 그 명한 대로 충
실히 살았나이다.' 그리 말하나,
23 '나는 너를 모른다.' 하는 것은 오늘의
너희가 그와 같은 믿음의 길이기 때문
이니 그리 알라.

7,952 번째 하나님 말씀

2003년 10월 15일 18시 06분

1 사랑하는 나의 아들아!
2 "네, 아버님! 말씀하옵소서."
3 오늘의 너희 신앙이요, 믿음이 얼마나
타락되었으며 얼마나 추하게 되어 있
는지 알겠는가?
4 그들은 지금 살아가면서 장삿속으로
전락하며 상업적으로 바닥까지 떨어
졌다 내가 그리 말하지 아니하였던가?
5 그보다 더한 것이 지금 너희가 가는
형태이니라.
6 종교 지도자요, 집단 너희가 보이지
않는 희생이요, 너희 자신을 희생하여
봉사하는 그와 같은 마음으로 살아가
는 것이 나 여호와의 뜻이요, 사랑이
나 여호와의 본체라 그리 말하였거늘,
7 너희는 모든 신앙생활을 하면서 어떠
한 역사를 해도 대가성이 있는 신앙
이요, 상이 없는 어떠한 신앙생활도
절대 하지 말라 그리 말하느니라.
8 기도를 하며 봉사하며 무엇을 하더라
도 나 여호와로부터 대가성이 있는 것
이며 나 여호와로부터 받을 상이 있으
니,
9 나로부터 상을 받는 것, 나로부터 대
가성을 얻을 수 있는 그와 같은 신앙
생활을 하며 그와 같은 믿음을 가며
그와 같은 행동을 하라, 하늘에서 상
을 받지 못할 것은 하지 말라 그리 가
르치느니라.
10 너희는 모두 순종과 사랑과 범사에 감
사하라 그리 말하면서, 그 모두 대가
성이 있는 행동으로써 하도록 말하며,
항상 대가성을 생각하고 계산을 하고
기억에 두고 살아가라고 그리 말하지
아니하나,
11 오늘 나의 피조물 만백성들을 가르치
고 인도하는 것은 그보다 더 잔인한
방법으로 나의 백성의 마음을 황폐하
게 하는 자들이 너희이니라.
12 나 여호와요, 창조주 하나님께 감사하
라, 경배하라, 그리고 충성을 다하라
그리 말하면서도,
13 상이 없는 경배와 충성이요, 상이 없
는 회개의 기도요, 절대로 얻어지는
것이 없는 그와 같은 기도는 하지 말
라 그리 가르치는 자들이 오늘의 너희
집단이요, 지도자이니라.
14 매사에 하나 움직일 때마다 나로부터
상이 있으며 은혜가 있다고 가르침이
니,
15 너희 상이 없고 은혜가 없는 것은 절
대 하지 말라는 그리 사악한 자들로
타락될 대로 타락된 것이 오늘의 종교
집단이요, 지도자들이 가는 길이니라.
16 내 형제를 구하며 이웃을 구원한다는
복음의 전파도 모두 상이 있는 행동이
라 생각하며 상이 있을 때만 하라, 그
리고 항상 상을 생각하라, 은혜를 생

각하라,
17 그리고 은혜가 있을 것이니라, 상이
있을 것이니라 그리 너희가 강조하고
가르침이니,
18 상이 없으며 은혜가 없는 짓은 절대
하지 말라, 손해 보는 짓은 하지 말라
고 가르치는 자들이니, 이보다도 더
사악하고 간악한 자가 어디 있는가?
19 고리대금을 하는 인간인 자린고비보
다도 더 사악한 자들이 오늘의 종교
집단 지도자 너희의 가르침이니,
20 알고 가르치는 자, 모르고 가르치는
자 뒤범벅이 되어 있는 것이 오늘의
너희 실체이니라.
21 은혜와 축복과 상과 관계없는 자신의
희생과 봉사는 절대 하지 말라고 가르
침이니라.
22 상이 없는 희생이요, 상이 없는 관계
된 일은 일체 하지 말라 그리 말하니,
자기 희생이 따르는 봉사가 너희에게
과연 어디 있는가?
23 너희는 그저 말 한마디를 해도 그 은
혜요, 상이 있는 것, 거기에 대한 대가
성이 있는 것만 하도록 가르치며 있다
말하고 가르치는 것이 너희이니,
24 그 말을 듣고 들어온 백성은 스스로
자신도 모르는 사이에 은혜와 축복과
영광이 없는 것은 절대 하지 아니하려
는 것이니,
25 이 세상이 이와 같이 험악해지며 말
세가 된 것이 바로 종교 집단이요, 구
원을 받았다 광분하는 너희의 그 마
음이 그리 타락되었으며 썩어져 있음
을 알아야 할 것이니라.

부 록

【하나님께서 가르쳐 주신 운동】

천재지변이 일어날 때, 동물이나 미물들은 미리 알고 대피하지만, 인간은 알지 못하고 큰 화를 당합니다. 하나님께서 인간에게 가장 높은 지혜를 주시고 완벽하게 창조해 주셨기에 동물들보다 더 잘 알 수 있지만, 욕심으로 마음이 혼탁해져서 한 치 앞을 보지 못하는 것입니다.

마찬가지로, 인간은 누구나 스스로 필요한 운동을 해서 건강을 지킬 수 있도록 하나님께서 만들어 주셨습니다. 우리의 머리에서 우리 몸에 필요한 동작을 해 달라고 끊임없이 신호를 보내지만, 인간이 혼탁하게 살아서 그 신호를 알아채지 못합니다. 그러니 자연스럽게 자기 몸이 원하는 그 신호를 따라서 운동하는 것이 하나님께서 가르쳐 주신 운동 방법입니다. 바로, 우리의 영이 육을 이끄는 운동입니다.

▶ 하나님 운동법

1. 눈을 감고, 발을 어깨너비로 벌리고 바르게 선다.
2. 몸에 힘을 풀고, 허리를 숙이면서 손과 머리를 아래로 내린다.
3. 허리를 펴고 싶을 때, 천천히 펴면서 하고 싶은 동작을 하면 운동이 시작된다. (사람마다 다르다.)
4. 멈추지 말고, 어떤 동작이든지 자기 몸의 느낌대로 계속 이어서 한다.

▶ 참고 사항

① 눈을 감은 상태로 아무 생각 하지 않고, 자기 몸의 느낌대로 움직입니다.
② 마음을 비우고, 욕심을 버리고, 지난날의 잘못을 반성하면서 몇 차례 시도하다 보면, 자기도 모르게 하고 싶은 동작이 끊임없이 생깁니다.
③ 운동 장소는 방 안이든 운동장이든 관계없으며, 걷거나 달리고 싶을 때는 눈을 떠도 됩니다.
④ 매일 40분 이상, 주 4회 이상, 3개월 이상 하면 음식 조절에 들어갑니다.
- 음식으로 생긴 병은 음식으로 치료하게 되며, 어떤 음식을 먹어야 하는지 스스로 알게 됩니다.
(자기 몸에 필요한 음식만 먹고 싶어집니다.)
⑤ 사랑하는 사람과 함께 운동하면 서로 치료해 주기도 합니다.
⑥ 운동을 하다가 몸의 어느 한 부분을 계속 손으로 자극한다면 그쪽에 이상이 있는 것이니, 의사에게 상담을 받고 적절한 치료를 받으면 됩니다.
⑦ 다이어트 및 기타 건강관리에 효과적입니다.
⑧ 꾸준히 운동하여 영이 맑아지면, 자신의 과거와 미래를 스스로 보게 됩니다.

누구나 스스로 하실 수 있습니다.

간행사

《새로운 성경》은:

· 새로운 성경은, 하나님께서 선량하고 선한 자를 선택하여 십계명을 암송하도록 하시고, 십계명을 암송한 다음에 음성으로써 들려주시는 말씀을 듣고 그대로 카세트테이프에 녹음해서 받아쓴 책입니다.

· 90분짜리 녹음테이프 700여 개에 달하는 말씀으로, 1999년 8월부터 2004년 7월까지 총 160권(권당 288쪽)을 완성하였으며, 그 이후에도 현재까지 계속 말씀을 내려 주고 계십니다.

· 새로운 성경은 "하늘을 두루마리 삼고 바닷물을 먹물 삼아 쓰고 써도 다 못 쓴다"는, 끝없이 방대한 하나님의 말씀이 두루마리로 직접 내려오는 것입니다. 이러한 새로운 성경은 구약과 신약을 폐하려는 것이 아니라 "인봉된 성서의 비유의 뜻"을 상세히 설명하여 완성하고자 하나님께서 직접 내려 주신 말씀입니다.

《새로운 성경》의 구성:

· 제 목: 2013년, 160권 모음집을 발간하면서, 본 도서의 제목을 "하나님! 말씀하옵소서"에서 《새로운 성경》으로 명해 주셨습니다.

· 단행본: 각 권당 288쪽(신국판) 책이 160권까지 시리즈로 출판됩니다.
(모음집은 단행본을 16권씩 묶어서, 총 10부로 구성됩니다.)

《새로운 성경》의 성경적 근거:

· 신약 성경 [요한복음] 16장 13절에 "진리의 성령이 오시면 그가 너희를 모든 진리 가운데로 인도하시리니 그가 자의로 말하지 않고, 오직 듣는 것만을 말하며" 하신 말씀처럼 하나님의 음성을 들은 것만 기록하였으며,

· "장래 일을 너희에게 알리시리라" 하신 말씀과 같이 개인, 나라, 인류의 "장래"일을 하나님께서 알려 주시는 것만 기록하여 책으로 만들었습니다.

《새로운 성경》의 기록 방법:

· 1999년 8월부터 하나님께서 저에게 들려주시는 음성을 기록하였습니다. 처음에는 제가 들은 말씀을 불러 주면 저의 아내가 기록하여, 2000년 1월 29일에 1권 초판이 세상에 나왔습니다. 2000년 4월부터는 주시는 말씀을 받아 녹음기에 기록하여 시리즈로 출간하기 시작하였습니다.

· 녹음을 시작하면서 하나님의 말씀을 받는 데 가속도가 붙었고, 2001년 5월 3일에 1부(1~16권까지)를 인쇄하여 출판하였으며, 2004년 7월까지 총160권 분량의 말씀을 받아 기록하였습니다.

하나님께서 저에게 주신 것은:

· 첫째, 만백성을 상대로 내려 주시는 "기도", 둘째, 수시로 내려 주시는 "묵상", 셋째, 개인의 과거, 현재, 미래를 알려 주시는 "개인 기도", 넷째, 개인의 건강을 위해서 내려 주시는 "음식 처방", 다섯째, 하나님께서 가르쳐 주신 "운동"등이 있습니다. 이 중에 첫 번째, "기도"를 책으로 편찬하였습니다. 사람의 생사, 개인의 미래에 관한 천기는 수록하지 말라 하셨습니다.

강론 안내:

· 하나님께서는 지금도 매일 저에게 새로운 하늘의 비밀의 말씀을 내려 주고 계십니다. 수시로 내려 주시는 말씀을 정리해서 제자를 육성하라는 말씀에 따라 매주 강론을 하고 있습니다. 누구나 무료로 들으실 수 있습니다. (book160.com)

《새로운 성경》을 읽는 분들에게 드리는 선물:

· 개인 기도: 개인의 과거, 현재, 미래에 관하여 말씀을 내려 주십니다.

· 음식 처방: 사람은 음식을 먹고살다가 건강을 잃으니, 음식과 운동으로 건강을 되찾는 방법을 알려 드립니다. 단, 하나님이 계심을 믿고, 십계명을 지키겠다고 진실로 서약하는 분들께 알려드립니다.

《새로운 성경》의 은혜와 기적:

· 새로운 성경 전160권은 16권씩 묶어서 총 10부의 모음집으로 구성됩니다. 모음집 한 부를 읽고 깨우치는 자에게 하나님께서 다음과 같은 기적이 있다고 하셨습니다.

· "첫째, 그가 죽어 하늘에 갔을 때 그의 죄를 묻지 아니하며, 구원을 받는 위대한 은혜가 있으며, 둘째, 그의 소원과 소망이 이루어지고, 셋째, 죽은 자(부모, 형제, 자식, 사랑하고 은혜 입은 분)의 이름으로 구입한 책을 읽고 누군가 한 사람이 깨우칠 때, 그 죽은 자가 지옥에서 천국으로 구원을 받게 되며, 넷째, 유산, 중절 수술 등으로 태어나지 못한 아이를 위하여 구입한 책을 보고 한 명이 깨우쳤을 때, 그 아이가 사람으로 다시 한 번 태어나는 은혜를 받는다."

· "새로운 성경"을 3회 이상 정성을 다해 정독하는 자, 성서의 비밀을 알게 되고, 세상의 이치를 알게 되며, 세상을 지배하고 통제할 수 있는 지혜를 다 얻게 된다고 하셨습니다. 이 책은 만백성이 정독하고 이웃에게 전하여, 평생 가슴에 묻은 슬픔과 고통의 짐을 벗고 미래를 위한 힘찬 삶을 살아가도록 하는 책입니다.

끝으로

· 하나님께서는 흰 눈이 세상을 덮듯이 새로운 성경을 온 세상에 전하라고 하셨습니다. 《새로운 성경》을 각국어로 번역해서 온 인류에게 구원의 길을 깨우쳐 주고, 그 수익으로 가난하고 어려운 백성을 구제하여, 만백성의 영과 육을 함께 구원하는 선지자의 임무를 수행하라고 저에게 명하셨습니다.

· 하늘에서 내려 주신 말씀의 보화를 만백성에게 나누어 주는 것이 선지자의 임무라고 하셨습니다. 새로운 성경을 통해서 얻는 재물을 사용할 곳도 하나님께서 일일이 명해 주십니다. 모든 재물은 저의 자의로 쓸 수 없고, 하나님께서 명하시는 대로만 쓰여집니다.

· 어떤 명분으로든 십일조나 각종 헌금을 거두어들이지 말라 하셨으며, 국내뿐 아니라 각국에 성전과 단독 서점을 운영하며, 한국의 많은 젊은이들을 전 세계에 지도자로 내보내라고 하셨습니다.

· 우리는 세계적으로 새로운 성경을 보급하며 어려운 이들을 돕는 역사를 해 나갈 것입니다. 지금까지 비록 몇 명 안 되는 제자들과 함께 이러한 일을 역사했지만, 앞으로도 계속 하나님께서 기뻐하시는 일들을 해 나갈 것입니다. 부족한 저희에게 여러분들의 지혜와 성원을 보내 주시기를 바랍니다. 많은 분들의 참여와 도움을 간절히 기다립니다. 감사합니다.

한국어로 내려온 《새로운 성경》 단행본을 출간하며
2016년 4월 10일

발행인 **김 용 철**

한국어로 내려온

새로운 **성 경** · 7부 · 제109권

지은이 하나님 말씀
대역자 김용철

초판인쇄 1쇄 2017년 4월 3일

펴낸 곳 도서출판 하얀마음
등록번호 제 10-2107호 (2001년 2월 14일)
주소 서울시 노원구 덕릉로86길5, 2층
전화번호 02) 313-1114
팩스 02) 393-5554
전자우편 book160@hanmail.net
편집위원 조나영 김미향 이석교
제작지원 김남태 이은미 김보라 조옥순

도서상담 1600-7527
ISBN 978-89-5875-209-7 (04230)
978-89-5875-100-7 (세 트)

값 10,000원
잘못된 책은 구입하신 곳에서 바꾸어 드립니다.

※이 책은 10부로 제작되며, 각 부 16권씩 총160권으로 구성됩니다.※

1부	2부	3부	4부	5부	6부	**7부**	8부	9부	10부
1권	17권	33권	49권	65권	81권	97권	113권	129권	145권
2권	18권	34권	50권	66권	82권	98권	114권	130권	146권
3권	19권	35권	51권	67권	83권	99권	115권	131권	147권
4권	20권	36권	52권	68권	84권	100권	116권	132권	148권
5권	21권	37권	53권	69권	85권	101권	117권	133권	149권
6권	22권	38권	54권	70권	86권	102권	118권	134권	150권
7권	23권	39권	55권	71권	87권	103권	119권	135권	151권
8권	24권	40권	56권	72권	88권	104권	120권	136권	152권
9권	25권	41권	57권	73권	89권	105권	121권	137권	153권
10권	26권	42권	58권	74권	90권	106권	122권	138권	154권
11권	27권	43권	59권	75권	91권	107권	123권	139권	155권
12권	28권	44권	60권	76권	92권	108권	124권	140권	156권
13권	29권	45권	61권	77권	93권	109권	125권	141권	157권
14권	30권	46권	62권	78권	94권	110권	126권	142권	158권
15권	31권	47권	63권	79권	95권	111권	127권	143권	159권
16권	32권	48권	64권	80권	96권	112권	128권	144권	160권